PUENTE
ENTRE DOS
MUNDOS

*Aprende a comunicarte
con tus seres queridos del más allá*

JOHN HOLLAND

 ARKANO BOOKS

Título original: *Bridging Two Realms*

Traducción: Isabel Blanco González

© 2018, John Holland
Publicado originalmente en 2018 por Hay House Inc. EE.UU.

Publicado por acuerdo con Hay House UK Ltd., Astley House, 33 Notting Hill Gate, Londres W11 3JQ, Reino Unido
www.hayhouseradio.com

De la presente edición en castellano:
© Arkano Books, 2018
    Alquimia, 6 - 28933 Móstoles (Madrid) - España
    Tels.: 91 614 53 46 - 91 614 58 49
    www.alfaomega.es - E-mail: alfaomega@alfaomega.es

Primera edición: mayo de 2019

Depósito legal: M. 15.007-2019
I.S.B.N.: 978-84-15292-95-1

Impreso en España por: Artes Gráficas COFÁS, S.A. - Móstoles (Madrid)

Índice

Dedico este libro al Espíritu, a los médiums del pasado y del presente que me han allanado el camino y a mis alumnos; no olvidéis jamás que vuestros guías y ayudantes espirituales nunca os defraudarán.

Hay un lenguaje especial que trasciende el tiempo y el espacio; una lengua no constreñida por las limitaciones de las meras palabras, pues consiste en señales, símbolos, energía y pensamientos. Sin embargo, se trata de un lenguaje que solo se puede oír y ver cuando de verdad prestamos atención… Es el lenguaje del Espíritu.

Introducción

PODRÍA HABER MUCHAS RAZONES para explicar tu atracción hacia este libro; o quizá la sincronicidad haya jugado un papel en el hecho de que esta obra te haya encontrado a ti.

Puede que hayas sufrido una pérdida recientemente y te halles en pleno duelo, tratando de encontrar una palabra de consuelo, esperanza o inspiración. Quizá busques respuestas y necesites desesperadamente creer que existe un mundo espiritual; tal vez quieras saber si tu ser querido fallecido ha sobrevivido a la muerte física y se encuentra feliz y a salvo.

O quizá tu intención sea saber si es posible comunicarse con aquellos que habitan al otro lado. Puede que tu interés por explorar lo que ocurre después de la muerte responda al deseo de aliviar tu situación o la de otra persona.

También podría ser que estés buscando respuestas después de haber tenido tus propias experiencias psíquicas. O quizá algo bulle en tu alma y te interesa aprender a mantener tu propia conexión íntima con una fuente más elevada.

Ya seas un alumno de estudios psíquicos o un médium, un creyente o un escéptico, ya te sientas afligido por una pérdida o simplemente seas curioso, he puesto sumo cuidado a la hora de escribir este libro con el objeto de proporcionarte una información abundante y valiosa: todo en uno. Desearía que la lectura de esta obra supusiera para ti un primer paso en la solución a algunas de esas preguntas que llevas haciéndote durante mucho tiempo.

Quién soy

Me doy cuenta ahora de que desde niño he tenido siempre un pie en este mundo y el otro en el más allá. Incluso a una edad muy temprana, yo ya sabía que era «diferente» del resto de mi familia. Era un chico muy sensible, con unas capacidades psíquicas que se mostraron a las claras a una corta edad. Sencillamente sabía cosas que otros ignoraban. Yo era capaz de percibir si algún pariente caía enfermo e informaba a mis padres de que íbamos a recibir una visita inesperada. A veces incluso sabía exactamente qué estaba pensando la gente. Y, por si esto fuera poco, algunas noches, mientras yacía despierto en la cama, veía a las «personas del Espíritu», caminando de un lado a otro por mi dormitorio. Sus contornos eran borrosos a pesar de tratarse de figuras iluminadas, con rostros amables y un halo a su alrededor. Desde mi primer encuentro con ellas, supe que no habían venido para asustarme; de hecho habían tenido que dar un rodeo para acercarse a saludarme con cariño o decir un hola rápido. No sabía quiénes eran, pero me sentía extrañamente reconfortado y protegido en su presencia.

Todo esto era perfectamente normal para mí. Jamás llegué a asustarme de verdad, ya que contaba con esta destreza tan poco corriente desde mi nacimiento. Así que, ¿por qué temer algo que había sido siempre mío? Conforme fui creciendo, fue aumentando también progresivamente mi fascinación por la existencia de aquello que habita más allá del mundo físico en detrimento de todo lo que se nos presenta ante los sentidos. Incluso a una temprana edad, yo ya sabía que la vida no podía ser solamente lo que vemos. Yo veía que había otro mundo; un lugar del que la mayoría de la gente no era consciente. Me sentía profundamente atraído hacia temas esotéricos diversos, relacionados con las religiones, los santos, los ángeles, los espíritus, las reencarnaciones, los viajes astrales y la magia.

Siempre estaba acurrucado y con la nariz metida en algún libro cuando era pequeño. Leía todo lo que encontraba en relación con estas materias.

Por entonces no podía ni imaginar que de algún modo estaba preparándome para convertirme en médium espiritual, además de profesor, ni que acabaría ayudando así a miles de personas. Hoy en día dedico buena parte de mi tiempo y energía a enseñar a los demás. A través de mis demostraciones como médium, las lecturas y los talleres soy capaz de explicar los entresijos y la mecánica de trabajo del médium en el mundo espiritual desde una posición de humildad, conocimiento y experiencia.

Encuentro muy beneficioso y de gran ayuda comenzar cada demostración de mis habilidades como médium con una charla breve e informal. He descubierto que el público disfruta más, y además lo encuentra interesante. Estas introducciones consisten bien en una explicación de cómo trabajo, bien en unos cuantos relatos de mensajes anteriores; de esta forma, el público se siente más cómodo, y comprende mejor lo que está a punto de suceder. También intento difundir la filosofía espiritual que me enseñaron mientras desarrollaba mis habilidades. Y esto último lo hago por dos razones: para aleccionar al público acerca del proceso, y porque, de esta manera, aquellas personas que no reciben ningún mensaje al menos vuelven a casa con un poco más de sabiduría e inspiración, algo que siempre podrá serles útil en la vida.

También trato de hacer reír al público. Sí, ya sé que la muerte de un familiar no tiene ninguna gracia; yo también he sufrido más de una pérdida. Sin embargo, me gusta explicar que nuestros seres queridos quieren que estemos contentos y que continuemos con nuestra vida hasta el momento en que volvamos a verlos. Además, cuando alguien se ríe, siempre se relaja, y esto ayuda a abrir la puerta del otro lado. Nada me hace más feliz que ver sonreír y soltar una breve carcajada a una persona en pleno duelo; literalmente, se ve cómo el dolor desaparece de su rostro poco a poco. Puede que sea la primera vez desde hace días, semanas o incluso meses que esa persona se permite a sí misma sentir y expresar una emoción como la felicidad. Y esto contribuye a que la demostración fluya con más facilidad.

A veces, los espíritus, impacientes por hallar la oportunidad de que se les preste atención y desesperados por hablar con sus seres queridos, presentes entre el público, tienen que esperar y hacer cola. En otras ocasiones se presentan todos ellos al unísono, y entonces, por lo general, los mensajes resultan hipnotizadores y bellísimos de contemplar. En algunos casos incluso me hacen llorar, sobre todo cuando hay niños implicados. Se trata de momentos de gran ternura, muy íntimos y profundamente sentidos por todos.

En mi primer libro, *Born Knowing*, que (por increíble que pueda parecer) se publicó hace 15 años, en 2003, compartí la historia de cómo descubrí, acepté y desarrollé mis talentos psíquicos. A lo largo de los años siguientes he publicado muchas más obras y barajas de cartas oráculo relacionadas con este tema. Tengo muchas razones para sentirme agradecido, ya que he disfrutado del privilegio de viajar por todo el mundo para dar conferencias y hacer demostraciones de mi don ante el público a lo largo y ancho de Estados Unidos, Inglaterra, Canadá y Australia. Con la demostración de mis capacidades como médium he sido capaz de ayudar a sanar a decenas de miles de personas que habían sufrido una pérdida y de facilitarles continuar en paz con sus vidas. He dedicado mi vida al Espíritu (al cual solemos referirnos también como Dios, el Universo y la Fuente) y a enseñar el desarrollo psíquico. Doy conferencias sobre todos los aspectos de la espiritualidad y del poder del alma, demostrándole así a la gente que es posible despertar las fuerzas psíquicas que yacen dormidas en nuestro interior.

Un cambio interior global

Algo ha cambiado drásticamente desde la publicación de mi primer libro. Me he dado cuenta de que se ha producido un cambio *interior* en el alma de las personas, por mucho que la gente no comprenda por qué. Los asuntos metafísicos y esotéricos siempre nos han fascinado a todos, pero en este momento percibo una ola muy *notable* de interés renovado por todos estos temas. Y no se trata solo de que exista una fuerte atracción en general por la espiritualidad, los temas psíquicos y la vida después de la muerte, sino que además en todo el mundo está teniendo lugar un elevado y extraordinario despertar de la conciencia de la humanidad.

No hace mucho tiempo, la gente se conformaba con visitar a un intuitivo o un psíquico para pedirle una lectura con la esperanza de encontrar cierta orientación necesaria en su vida. Otros acudían a un médium para recibir un mensaje de sus amigos y seres queridos fallecidos. Hoy en día, sin embargo, la gente quiere *más*. Están poniendo a prueba nuestras percepciones y hacen preguntas que nos incitan a reflexionar, tales como, por ejemplo:

«¿Qué están haciendo mis seres queridos ahora que han fallecido?».

«¿Siguen todavía sintiendo y escuchando mis pensamientos y las oraciones que les envío?».

«¿Está el mundo del Espíritu acercándose de alguna manera a nuestro mundo?».

«Siento que estoy en contacto con personas del otro lado, ¿significa eso que yo también soy médium?».

«¿Por qué estoy tan sensible últimamente, y qué puedo hacer al respecto?».

Así pues, ¿qué es exactamente lo que está ocurriendo en la sociedad? ¿Podría ser que todavía estemos cuestionándonos la naturaleza de nuestra propia existencia, y que por ello nuestra espiritualidad se nos aparezca de una forma tan patente? ¿Acaso está acelerándose la evolución de la energía espiritual de la humanidad? En mi opinión, es cierto que se está produciendo un cambio drástico en nuestra conciencia. Siento que nos estamos transformando en personas psíquicamente más sensibles al mundo físico que nos rodea, a los dominios espirituales y, por supuesto, a los demás. Todos estamos conectados y, de alguna manera, como especie, estamos «despertando espiritualmente».

Este hecho ha sido mi fuente de inspiración a la hora de escribir este libro precisamente en este momento. Quería difundir toda la información que me fuera posible en un único volumen capaz de ayudar a cuantas más personas, mejor. Deseaba animar a la gente afligida por una pérdida a comprender que hay otra vida después de la muerte física; mi intención era proporcionar una prueba de la existencia del mundo del Espíritu, y de lo que ocurre en aquellos dominios espirituales. Quería ofrecer consuelo a través del conocimiento de que nuestros seres queridos están a solo un pensamiento de nosotros, y que, por lo tanto, todavía podemos comunicarnos con ellos. Siguen cerca de nosotros, y con frecuencia intentan alcanzarnos para procurarnos su amor y su apoyo. Están ahí para mitigar el miedo en el momento en que tú o un ser querido tuyo deis el paso hacia el otro lado.

Qué puedes esperar

Con el libro *Puente entre dos mundos* quiero compartir todos mis conocimientos, conquistados tras décadas de experiencias personales, además de transmitiros las inspiradoras historias y los estudios de casos de personas de la vida real que tanta influencia han ejercido en mi vida. El libro está plagado de creencias espirituales y filosóficas con las que sintonizo profundamente. Este libro combina las enseñanzas que me han transmitido los seres espíritu con la información que he bebido de otras fuentes, por lo que ofrece uno de los panoramas más amplios y claros del mundo espiritual. Por eso espero que ayude al lector a desarrollar sus propias habilidades con sabiduría y sin correr riesgos.

Considero que posiblemente sea esta la primera vez que escoges un libro de esta naturaleza, y por eso mismo en esta obra en particular quiero proporcionar una definición comprensible de las palabras *Espíritu*, *espíritu* y *alma*. Mencionaré las tres a lo largo de todo el libro.

- *Espíritu*: escrito con mayúscula, esta palabra se refiere a Dios, la Fuente divina y el Universo. En todos nosotros habita una chispa del Espíritu; está en la fuerza vital, en la energía vital que anima a todo ser vivo.
- *espíritu*: escrito con minúscula, el término se utiliza para definir a un individuo que ya no dispone de cuerpo físico. Es una persona que habita en el mundo espiritual.
- *Alma*: para los propósitos de este libro, esta palabra se utiliza de forma intercambiable o como sinónima de *espíritu*. Sin embargo expresa además la idea de que nuestro verdadero yo es el alma: pura conciencia. Es el alma la que se reencarna y guarda en sí todas las diferentes reencarnaciones y recuerdos de otras vidas pasadas.

He incluido y mejorado ciertos materiales de mis libros anteriores que, según la opinión de algunas personas, resultaban particularmente útiles. Creo que en esta obra hay ciertas áreas, sobre todo en lo relativo a la preparación para convertirse en psíquico y médium, que aportan una valiosa información que merece la pena repetir; sobre todo teniendo en cuenta a aquellas personas que están descubriendo y explorando su propio potencial psíquico y sus habilidades como médiums. Tal y como he dicho, sé que otros lectores en cambio tienen en sus manos un libro mío por primera vez, y por eso he recopilado toda la información útil para así confeccionar una obra completa de mis enseñanzas.

Espero que este libro te proporcione lo que estás buscando en este momento, ya se trate de una nueva forma de ver, de otro modo de acercarte a la vida, o simplemente de comenzar tu propio despertar espiritual personal. En definitiva, espero que te aporte una confirmación de que ejercer como médium no consiste sencillamente en conectar con el mundo del Espíritu; es necesario también ayudar y sanar la vida. Tienes que saber que todos somos capaces de construir un vínculo espiritual para contactar con nuestros seres queridos fallecidos, además de edificar el puente más importante de todos: el que nos une con nuestro propio espíritu.

Primera parte:
El mundo espiritual

Capítulo 1:

Tu verdadero hogar

⌘

C IELO, SHANGRI-LA, PARAÍSO, ETERNIDAD, *el otro lado* e incluso las *escaleras ascendentes* son algunos de los nombres que se utilizan con frecuencia para referirse al mundo del Espíritu. No obstante, muchos de nosotros raramente hablamos de una forma abierta de ese extraordinario y misterioso lugar. Puede que nos retiremos a la intimidad de nuestros propios pensamientos para sopesar o imaginar cómo será. En esos momentos de callada reflexión nos damos cuenta de que, algún día, llegaremos a conocer ese lugar tan especial por nosotros mismos… otra vez.

Como médium espiritual activo, hay una cuestión primordial que surge de vez en cuando: «¿Dónde están mis seres queridos, ahora que han abandonado este mundo?, ¿están en paz?». Se trata de una pregunta muy profunda, que naturalmente tiene una respuesta igual de complicada.

Pero antes de responder a semejante cuestión, quiero intentar ayudarte a comprender que somos un alma que viene con un cuerpo; no un cuerpo que viene con un alma. En primer lugar somos alma. El alma es eterna, y jamás puede morir o dejar de existir. El alma es tu *verdadero* yo, compuesto de pura conciencia. Eras ya un alma antes de venir al plano de la existencia, y seguirás siendo un alma mucho después de abandonar este cuerpo para volver a tu casa… en el mundo del Espíritu.

La gente se imagina y define el mundo del Espíritu de muy diversas formas: desde un lugar fantasmal hasta el más bello y etéreo de los mundos. Hay diferentes perspectivas o explicaciones del mundo del Espíritu, estas dependen de la educación religiosa, la fe y los condicionamientos sociales. Demasiadas personas se ven influidas por el exceso de dramatización en el retrato del otro lado que dibujan los libros de ficción, los programas de televisión y las películas. No obstante, jamás sabremos cómo es de verdad ese mundo mientras no abandonemos el plano físico y entremos en los planos espirituales por nuestro propio pie.

Creo sinceramente que el mundo del Espíritu *es* nuestro auténtico hogar, y que nuestros seres queridos, que viven allí, están perfectamente sanos. Ya no sufren, ni sienten dolor. Y lo que es más importante: se sienten completos y se han reunido con aquellos familiares y amigos que los precedieron. Quienes nos quedamos aquí somos los que sentimos dolor cuando alguien nos abandona, y lamentamos la pérdida física de una persona a la que de verdad amábamos.

Como seres racionales, invertimos una porción significativa de nuestro tiempo y energía tratando de comprender y de dar sentido a nuestras propias creencias sobre la vida y la muerte. Hay muchas filosofías, demasiadas opiniones y miles de formas de encarar este tema tan delicado. Y todo este proceso de pensamiento puede llegar a ser agotador. Es completamente cierto que ninguna persona puede proporcionar una prueba física definitiva de la existencia del mundo del Espíritu, ya que está más allá de la esfera de esta vida *física*.

No obstante, cada vez hay más y más personas que se atreven a explicar cómo, tras pasar por un estado de muerte clínica, resucitaron y volvieron a la vida. Vuelven a este mundo físico con recuerdos e imágenes vívidas de lo que han visto y experimentado cuando cruzaron temporalmente al otro lado. Muchas de estas personas hablan de sensaciones, como, por ejemplo, la sensación de separarse de su cuerpo físico, o de sentimientos, como el de la serenidad, e incluso del cese del dolor físico asociado a una enfermedad crónica. A estos incidentes se les llama experiencias cercanas a la muerte

(ECM). (Discutiremos sobre qué podemos deducir de estas ECM en el capítulo 2).

En lo relativo a la descripción del mundo espiritual, yo me guío por lo que he estudiado y experimentado, además de por la información que he averiguado a través de los seres espíritu, que me cuentan cosas de sus vidas en el mundo espiritual. Sin embargo, a pesar de todo el tiempo que llevo ejerciendo esta profesión, me sigue fascinando la información que me transmiten sobre sus vivencias en el hogar del Espíritu. Es una alegría oírles hablar de las personas con las que están, de su entorno, y de cómo ven todo lo que ocurre aquí, en el mundo físico, con su familia y amigos. Siempre es un honor y un privilegio actuar de puente entre este plano y el otro, y compartir la certeza de que ninguno de nosotros está jamás solo. Y ahora echemos un vistazo más profundo a lo que hay al otro lado.

¿Dónde está el mundo del Espíritu?

¿Alguna vez has oído a alguien rezar y llamar a un ser querido fallecido? Es muy habitual ver a personas con las manos firmemente entrelazadas, en actitud de oración, alzando la vista. O, al revés, miran al cielo, y luego llaman a sus seres queridos. Yo, sin embargo, creo que el mundo del Espíritu no está «allí arriba», sino *aquí* abajo, justo donde estamos nosotros, a nuestro alrededor. No está situado más allá de las nubes o a miles de kilómetros en algún lugar distante, sino más cerca de lo que puedas imaginar.

El tiempo también funciona de una forma diferente en el mundo del Espíritu. Como los humanos tenemos una mente analítica, vivimos con arreglo a medidas estándar del tiempo de 24 horas por día y 60 minutos por hora; el tiempo mismo nos gobierna. De hecho, fuimos los humanos los que desarrollamos el concepto del tiempo lineal. Muchas personas viven en un estado perpetuo de preocupación porque no tienen tiempo. Y esto solo demuestra la importancia del papel que juega el tiempo en nuestras vidas. Sin embargo, en el mundo del Espíritu, el tiempo no tiene sentido; se trata de un lugar al que no le afectan las limitaciones del tiempo y del espacio.

El mundo del Espíritu no está separado de la Tierra por la distancia, en el sentido convencional de este término, como un espacio que podamos medir en millas o en kilómetros. El asunto aquí estriba en la definición, y así yo prefiero encuadrar ese lugar espiritual, conocido como «el otro lado», en otra dimensión, esfera o dominio.

Todo está constituido por energía, que vibra con su propia y única frecuencia; y el mundo del Espíritu no es diferente. Este mundo espiritual vibra a una frecuencia mucho más alta que la nuestra, que comparativamente es lenta y propia de este plano tridimensional en el cual existimos, aquí en la Tierra. Como el nivel de frecuencia vibratoria del mundo del Espíritu es tan alto, somos incapaces de verlo con nuestros ojos físicos. Sin embargo, el hecho de que para nosotros sea invisible no lo hace menos real. Algunas personas han captado atisbos de ese otro lado: aquellas que pasan años entrenándose en la clarividencia, las personas capaces de experimentar un viaje astral, quienes nacen con una percepción elevada o, por último, las personas que han muerto y han vuelto a la vida.

Planos espirituales de la existencia

El mundo del Espíritu está compuesto por muchos planos de conciencia y rangos de vibración. No puede localizarse en ningún lugar físico y geográfico porque está a nuestro alrededor, en diferentes estados de conciencia que se entrelazan y funden con nuestro mundo.

Cuando entramos en el mundo espiritual pasamos por diferentes planos. Cada uno de los planos vibra a un nivel más alto que el anterior.

Nuestra propia vibración se incrementa progresivamente conforme alcanzamos el siguiente plano. Podría compararse con subir en ascensor, piso por piso, pasando de un plano a otro. Estos planos

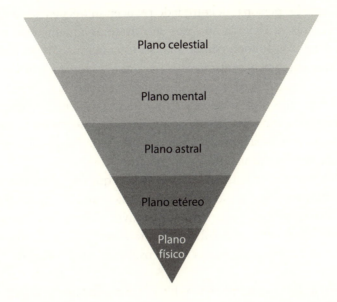

se sitúan uno sobre otro empezando por el plano que vibra en una frecuencia más densa (plano físico) y terminando por el que tiene una vibración más sutil (plano celestial).

A continuación te ofrezco la mejor explicación posible para ayudarte a comprender los planos de la existencia y cómo funciona este universo no-físico:

El *plano físico*, que es el nivel más bajo de todos, está aquí, en la Tierra, donde existimos ahora nosotros. Es el plano más denso, su vibración molecular es la más lenta, y es el lugar en el que la materia es todo lo sólida que puede llegar a ser. El tiempo ordena los acontecimientos.

Sé por mi trabajo como médium que aquellos que residen al otro lado tienen que rebajar considerablemente su energía para poder conectar y comunicarse con los médiums de aquí. Y al contrario, para poder comunicarme, yo también tengo que elevar mi energía o vibración. Este proceso de *aceleración* es tanto un estado mental como una disciplina, que a mí me ha llevado años perfeccionar.

Como las personas del otro lado reducen su frecuencia vibratoria mientras yo elevo la mía, nos encontramos a medio camino, y sus energías se funden con la mía; así es como me envían pensamientos, palabras y sentimientos para que yo los transmita a sus seres queridos. A veces me resulta difícil mantener la conexión, así que tengo que centrar de verdad mi mente y silenciar cualquier pensamiento superfluo. Estoy convencido de que a ellos también les cuesta reducir su energía durante períodos tan largos de tiempo cuando se comunican a través de médiums como yo.

Me produce un extraño sentimiento ver que ese enlace comienza a romperse. Veo a esos seres dar un paso atrás, y siento cómo gravitan lentamente para regresar a su nivel. Utilizando la analogía de la radio, es como si el volumen fuera bajando despacio; o como si ellos se dirigieran de vuelta al ascensor para subir a su piso.

Subir al siguiente nivel y reducir la densidad nos lleva al *plano etéreo*. En este plano, el tiempo y el espacio empiezan a debilitarse y a perder consistencia, lo que convierte a este nivel en la entrada al mundo no-físico del universo. Como está situado muy cerca del plano físico, los objetos siguen viéndose en su estado sólido y la energía se limita a viajar a la velocidad de la luz. Al fallecer, el tránsito por este plano es relativamente rápido. A veces, sin embargo, la gente puede permanecer un poco más en él, en una especie de estado de sueño, hasta que se hacen más conscientes o despiertan a su nueva existencia en los dominios espirituales.

El *plano astral*, también conocido como *Summerland*, es el nivel siguiente. Es el lugar al que gravitamos todos después de la muerte; todos nos veremos allí al final. Cuando trabajo como médium y me fundo con el Espíritu, estoy convencido de que me comunico con los seres queridos que se asoman desde el plano astral.

Este asombroso nivel no-físico está repleto de amor, sanación y compasión. El plano astral es el lugar en el que nos enfrentamos a nuestras heridas del pasado y a otras desilusiones que dejamos sin resolver aquí, en la Tierra. Constituye una oportunidad para revisar cómo ha afectado nuestra vida a otras personas, si positiva o negativamente, y para sanarnos y perdonar, en caso necesario. Allí nunca estarás solo, y siempre tendrás mucha familia, amigos y guías para ayudarte a lo largo de tus progresos espirituales.

En raras ocasiones algunos espíritus tardan en llegar a este plano; es como si el ascensor hiciera una pausa entre planta y planta. Veo que, a veces, a algunos seres les cuesta trabajo esa transición terrenal, pero creo firmemente que los del otro lado nos ayudan en nuestro viaje de un plano de la existencia a otro. Y aunque pueda haber gente que haya tenido sus propias experiencias y creencias diferentes, en mis más de 20 años de práctica como médium, personalmente jamás he visto a ningún espíritu padecer un «estancamiento» o sentirse «atrapado» sin poder moverse. Realmente siento que Dios, la Fuente, el Espíritu en toda su gloria, amor y compasión jamás permitiría que ocurriera eso.

Algunas personas me han preguntado qué opino acerca de las apariciones. Aunque yo jamás me he visto involucrado en ningún fenómeno de estas características, ni tampoco he sido testigo de nada parecido, comprendo que un hecho traumático puede dejar una imagen psíquica o emoción en la atmósfera que, al final, se reinterpreta perpetuamente como un bucle del tiempo o un disco rayado. Es la emoción lo que queda; no el espíritu. Yo creo que las apariciones son un fenómeno excepcional. Si alguien cree ser víctima de una, bien podría ocurrir que un ser querido suyo estuviera intentando llamar su atención. Por lo tanto, en mi opinión, se trata de una visita; no de una persecución.

Los dos planos siguientes de la existencia son los menos densos: el *mental* y, finalmente, el *plano celestial*. Estos planos se encuentran más allá del plano astral, y son tan diferentes de nuestro mundo que con nuestras mentes pensantes resulta difícil incluso comprender cómo son.

Existen distintas creencias que enseñan que el *plano mental* es el lugar en el que las energías se mueven más allá de nuestro concepto de la velocidad, y los objetos y las cosas no permanecen en

ningún estado en concreto. Es el plano en el que adquirimos la
habilidad de mover y desdoblar nuestra conciencia, y de estar en
muchos lugares al mismo tiempo.

Por último, el *plano celestial*. Siguiendo con la analogía del ascensor, este plano puede considerarse el apartamento de lujo del ático.
Aquí la energía no responde a ningún patrón y su poder no conoce
límites. La gente, los objetos y las cosas no existen en la forma en
que nosotros los conocemos. Además aquí el tiempo es irrelevante.

En algunas tradiciones y creencias, este plano más alto de la
existencia es un estado del Dios-conciencia; un lugar al que podemos referirnos como el Cielo; la morada de los maestros ascendidos,
los profesores, los seres celestiales, las guías y aquellos a los que nos
referimos con la palabra «ángeles» en algunas fes. Podemos recibir
mensajes de algunos de estos seres, a pesar de que existan más allá
del plano astral. Su existencia se desarrolla a un nivel mucho más
alto porque han estado más tiempo en el mundo del Espíritu, y su
progreso ha llegado más lejos. Creo sinceramente que, aunque sean
seres superiores, jamás dejan de progresar a nivel espiritual, al igual
que nosotros.

En nuestros sueños

¿Sabías que muchos de nosotros visitamos el mundo espiritual
cuando dormimos?

Nuestro cuerpo físico no puede existir sin tomarse un tiempo
para descansar, curarse, regenerarse y recargarse de energía. Dormir
es una función vital en nuestra rutina diaria y, en general, para
nuestro bienestar. Nuestro espíritu, creo yo, utiliza además este
tiempo para una función similar. Cuando dormimos (y por lo general durante el estado más profundo del sueño), nuestro espíritu
se separa de su carcasa física (de nuestro cuerpo) para ir a visitar el
mundo espiritual y regenerarse. Durante esos momentos sigue conectado a nuestro cuerpo físico a través de lo que se conoce como
el «cordón plateado» o el «cordón etéreo».

Los sueños son una bonita manera de tender un puente entre este mundo y el siguiente. Mucha gente cuenta que ha tenido un sueño en el que se comunicaba con sus seres queridos, ya fallecidos. Cuando vemos a nuestros familiares en un estado de sueño semejante a este, normalmente se trata de una visita fugaz. Todos nuestros parientes tienen siempre un aspecto mucho más joven, saludable y vibrante de lo que recordamos, porque así es como son *en realidad* en el mundo del Espíritu.

Conforme despertamos y nuestro espíritu vuelve a nuestro cuerpo, sentimos que la conexión comienza a menguar; es como si los soltáramos después de abrazarlos. A menudo la gente me cuenta cómo se despierta con lágrimas en los ojos al sentir que esa visita tan especial se desvanece poco a poco. Recuerdo la primera vez que me sucedió a mí.

Esperé un año entero a que mi madre se manifestara después de fallecida. Y, cuando al fin se presentó, me acuerdo de que me desperté de ese sueño tan especial con la nítida sensación de haber estado juntos, abrazados. Pude sentir su amor igual que si hubiera estado conmigo. Todavía hoy guardo ese sentimiento en mi corazón.

Cualquiera que haya asistido a mis conferencias y demostraciones me habrá oído preguntar al público: «¿Quién, de entre todas las personas que hay aquí, ha tenido un sueño con un ser querido en el que se abrazaran?» Por lo general se alza un mar de manos, al tiempo que otros asienten con la cabeza y sonríen, confirmando así que ellos también han experimentado un sueño en el que aparecía un ser querido. Resulta muy emotivo ser testigo de todo esto, que en realidad no sirve sino para ratificar la existencia del mundo del Espíritu.

Si el sueño que has tenido con un ser querido es una visita real, entonces lo más probable es que te anime y te haga feliz. Por el contrario, si sueñas con alguien y experimentas pena o miedo, entonces no se trata de una verdadera comunicación tras la muerte. Es mucho más probable que estés todavía trabajando para superar una pérdida. (Reflexionaremos sobre la comunicación tras la muerte y cómo reconocer esta experiencia en el capítulo 4).

Créeme: sabrás que se trata de una visita real cuando experimentes una. Son visitas preciosas y muy sanadoras, y nadie podrá quitártela ni decirte que es un producto de tu imaginación, que te está jugando una mala pasada… o sencillamente un engaño. Tú sabrás que esa visita es real porque lo sentirás en tu corazón.

La buena noticia es que no tenemos que morirnos para captar un atisbo del mundo del Espíritu. A pesar de seguir aquí, podemos conectarnos de verdad con nuestros seres queridos que ya han cruzado al otro lado.

El espacio fino

¿Alguna vez te ha parecido que te hallabas en un lugar concreto en el que sentías más de cerca la presencia de Dios, del Espíritu o del Cielo? Me refiero a un entorno que sencillamente sabes que es especial, como si te conmoviera el alma. Una sensación de paz y de tranquilidad envuelve todo tu ser, y, por alguna razón inexplicable, te sientes atraído hacia ese sitio, a pesar de no entender en realidad por qué. Pero, una vez llegas allí, es casi como si el velo entre este mundo y el otro se hubiera alzado, aunque solo sea por unos segundos.

En la tradición celta, estos lugares que nos permiten una mirada a la magnificente gloria de Dios y del Espíritu se llaman «espacios finos». Hay un dicho celta que afirma que entre el Cielo y la Tierra solo hay una separación de unos noventa centímetros; en estos espacios finos, no obstante, la distancia es aún menor.

Sharlande Sledge, pastora y poeta, nos ofrece la siguiente descripción:

> Los celtas llaman «espacios finos» a esos lugares,
> tanto visibles como invisibles,
> en los que la puerta entre este mundo y el siguiente
> se entreabre por un momento.
> Y la luz no está toda al otro lado.

Dios dio forma al espacio.
Sagrado.

Los espacios finos no solo nos procuran una sensación de calma, sino que además nos transforman; es como si nos desenmascararan. Mientas estamos en esos lugares somos conscientes de que somos mucho más que meros seres físicos; nos *sentimos* a nosotros mismos como seres espirituales, captamos nuestro auténtico ser esencial: cuerpo, mente y alma. Podemos hallar espacios finos en cualquier lugar del planeta, incluyendo iglesias, templos, paisajes bonitos y ruinas antiguas. Cualquiera de estos lugares sigue llamando y atrayendo a peregrinos de todas partes hoy en día, ya estén situados en plena naturaleza o en el entorno urbano de una ciudad bulliciosa.

Yo comencé a ser consciente de los espacios finos a través de mi trabajo como médium, y además también porque empecé a sentir esa proximidad del Espíritu en diversos lugares del mundo. Uno de esos sitios destacados que más me impresionó fue Nueva Orleans (Luisiana). Cuando tenía algo más de veinte años, me lancé a cruzar Estados Unidos con un amigo con el fin de mudarme a vivir a California, y fuimos parando en diferentes sitios por el camino. Fue una época de gran entusiasmo y excitación, pues nos aventurábamos a salir solos por ahí por primera vez. Por aquel entonces yo no sabía qué era un espacio fino, pero volviendo la vista atrás a aquella época creo firmemente que eso fue lo que experimenté por primera vez en Nueva Orleans. Y me parece que fue el resultado de todo un poco: de la historia, la arquitectura, la gente, el paisaje, la comida y la maravillosa música; todo ello combinado tuvo como efecto un sentimiento de acercamiento al mundo del Espíritu.

Otro lugar en el que sentí exactamente la misma reacción fue en el Gran Cañón. Nada más aparcar justo al borde, salimos a contemplar la magnificencia y belleza indiscutible del lugar. No había edificaciones urbanas ni bullir de gente; nada de música ni comida rápida: ¡solo pura belleza natural! Aquellas vistas me arrebataron el aliento, y sentí de verdad que Dios estaba a mi alrededor. De alguna forma parecía como si el tiempo se hubiera detenido… aunque solo fuera por un momento.

Sería un descuido por mi parte no mencionar otro sitio muy especial cuyo recuerdo guardo en mi corazón. No puedo explicar por qué, pero, de vez en cuando, me siento atraído hacia ese lugar, y, con un poco de suerte, espero poder ir a visitarlo durante el resto de mi vida. Se trata de un diminuto pueblecito costero llamado Trevone, situado en el escarpado condado de Cornualles, en el cabo más al suroeste de Inglaterra. Puedo afirmar sin incurrir en falsedad que no hay ningún sitio como aquel en todo Estados Unidos, y eso que he tenido el placer de visitar algunos de los pueblos pesqueros más bellos de toda la costa de Maine.

Trevone no es más que un conjunto de casitas que rodea dos encantadoras playas; un lugar en el que se puede ver a los críos jugando en el mar, a las parejas paseando de la mano y a los ancianos tomando el sol. La costa va dibujando diversas calas bien protegidas al abrigo de los riscos más altos e increíbles que he visto jamás, con un respiradero natural formado tras el derrumbe de alguna cueva, por el que la fuerza de las olas lanza una columna de agua en forma de géiser cientos de metros por el aire. Hay un sendero a lo largo de todo el risco desde el cual se puede contemplar cómo van muriendo una tras otra las olas del Atlántico, dejándonos el rostro cubierto con una fina capa de agua salada. Estar allí resulta tonificante y rejuvenecedor al mismo tiempo. Yo capté esa sensación de proximidad entre este mundo y el otro al salir a caminar a solas por aquel risco; era literalmente como si pudiera dar un paso adelante y cruzar el umbral hacia el otro lado. Se trata de un lugar extraordinario, cargado con una fuerte energía espiritual. Siempre que he salido a pasear por allí, he vivido un momento muy especial. Y no solo porque sea un sitio asombroso, sino además porque allí siento la presencia de mi madre acercándose a mí. Siento su amor por mí mientras recuerdo esos bellos momentos que compartimos juntos, cuando ella vino a visitarme al Reino Unido; se me llenan los ojos de lágrimas, que al instante se funden con el vapor salado del océano.

Los espacios finos nos ofrecen la oportunidad de abrirnos a la espiritualidad, de estar presentes en el ahora y de prestar atención a la belleza que vemos y sentimos a nuestro alrededor. Son lugares especiales, en los que tenemos la ocasión de soltar todas esas restricciones y cargas que impiden nuestra comunicación con Dios, con el Espíritu y con nuestros seres queridos. He querido compartir aquí estos recuerdos tan especiales para inspirar y alentar a mis lectores… y haceros partícipes de algo tan precioso y tan personal para mí.

Si tienes la oportunidad y dispones de un poco de tiempo de calidad para ti, te invito a que pienses o reflexiones sobre los espacios finos que has conocido a lo largo de tu vida. ¿Hay algún lugar especial donde te sientas despertar y notes que tu espíritu se revigoriza, al tiempo que se abre la puerta hacia el otro lado? ¿Existe un sitio en el que te hayas sentido más cerca de Dios, del Espíritu o de tus seres queridos?

Puedes volver a visitar ese lugar especial cada vez que lo desees. Pero trasládate allí no solo de una forma física, sino también con la imaginación o cuando medites. Te será posible experimentar con los espacios finos una vez que aprendas sencillamente a abrir los ojos, los oídos, el corazón… y el alma.

¿Qué hay al otro lado?

Por regla general, la gente tiene miedo a abandonar este mundo, no obstante, también siente curiosidad por saber qué va a encontrar al otro lado *antes* de llegar allí. Y, últimamente, este deseo de saber es cada vez más y más frecuente. Por este motivo, mi respuesta a todas estas reflexiones no deja de ser otra pregunta:

¿Estas personas sienten simple curiosidad o en realidad se están preparando, aunque de manera inconsciente, para alcanzar cierto nivel espiritual?

Como vivimos aquí, en el mundo físico, nos resulta difícil comprender o imaginar qué hay al otro lado o qué podrían estar haciendo las personas espíritu, ahora que ya no tienen cuerpo físico. Mucha gente fantasea con figuras fantasmales, una niebla inquietante, o una música de arpa que resuena como un eco en el cielo. La vida en el mundo del Espíritu es muy similar a la nuestra, solo que mil veces más increíble y vibrante. Es un mundo construido con escenarios maravillosos, compuestos de bellos jardines, ríos, montañas, océanos y lagos. Allí viven todos los animales que puedas imaginar, y las ciudades están repletas de grandes estructuras arquitectónicas. Todo está bañado por una luz extraordinaria, que resulta realmente agradable a los ojos.

Creo firmemente que hace algunos años tuve una fugaz visión del otro lado, justo cuando estaba escribiendo mi primer libro. Mientras desarrollaba un trabajo de investigación sobre el fascinante tema de las vidas pasadas, tuve el honor de regresar a una de mis antiguas vidas con la ayuda de mi colega el doctor Brian Weiss.

Por increíble que parezca, durante aquella regresión, mientras flotaba por encima de mi cuerpo, el doctor Weiss me guió hacia un *lugar intermedio*: un dominio que no pertenece ni a esta vida, ni a ninguna otra del pasado. En ese preciso instante, cuando ya no estás unido a tu cuerpo físico ni a tu vida, te envuelve una sensación de absoluta paz. Por un momento, en este estado de extraordinaria ingravidez, me hallé a mí mismo en el mundo del Espíritu, de la pura energía. Fui testigo de la vibrante belleza de los colores de la que tanto había oído hablar a los espíritus cuando recibía sus mensajes. Y es cierto lo que dice la gente: resulta casi imposible describirlo con palabras. Ningún término es capaz de capturar lo que sentí o lo que vi en aquel preciso momento. Y, en realidad, si lo piensas bien, ¿cómo podría hallar una palabra apropiada y con sentido para describir algo que es espiritual y, en este caso, no físico?

La representación más parecida que he podido encontrar de la vida después de la muerte procede de la película *Más allá de los sueños*. Este fantástico film norteamericano, rodado en 1998, cuenta con la brillante actuación de una estrella de enorme talento, Robin Williams, tristemente ya fallecido. Está basado en una novela del mismo título, escrita por Richard Matheson. En la película, los personajes que han muerto crean su propio cielo especial con el poder de la imaginación y la mente. Fuera lo que fuera lo que desearan ver o experimentar en su propio mundo espiritual personal, lo cierto es que eran capaces de manifestarlo simplemente con el pensamiento.

¿Qué hace la gente al otro lado?

Aquello que nos inspira y motiva aquí, en la Tierra, es también lo que nos alienta en el mundo del Espíritu. Sea lo que sea lo que nos encante hacer mientras estamos aquí, si queremos, también podremos hacerlo en el otro lado.

Como médium, he tenido la oportunidad de conectar con seres queridos que están en el mundo del Espíritu, y que me confiaron algunos de los mensajes más conmovedores que quepa imaginar a propósito de lo que hacen allí. En uno de estos mensajes, que tuvo lugar durante una de mis lecturas a un grupo muy íntimo, un chico pequeño me pidió que le dijera a su madre que ya no iba en silla de ruedas, que jugaba al béisbol y que recorría todas las bases de un tirón. Recuerdo su excitación en el momento de contactar conmigo, porque él sabía que estaba hablando otra vez con su mamá. Las palabras se le atragantaban, y no era capaz de pronunciarlas lo suficientemente aprisa. Estaba muy nervioso porque por fin podía contarle a su madre que allí le iba muy bien, pues estaba haciendo todo aquello que no había podido hacer aquí, con su cuerpo físico.

Mientras el chico seguía transmitiendo su mensaje, la madre comenzó a hablar. Con la voz llena de júbilo y emoción, me contó que su hijo había nacido con la espina bífida, un defecto de la espina dorsal, y que por eso se había pasado toda la vida en una silla de ruedas. «Solía quedarse delante de la ventana de su dormitorio, mirando a los otros niños del vecindario, que jugaban al béisbol en el campo de deportes de enfrente», me contó la madre. «Estaba siempre deseando salir a jugar como todos los demás».

Cuando el niño inició su camino de vuelta al mundo del Espíritu, sentí cómo su energía se iba desvaneciendo. Sin embargo, antes de despedirse, quiso repetirle a su madre cuánto la quería y lo feliz que era ahora. Sin duda, mensajes como este dan sentido a mi labor y hacen que merezca la pena.

En otra ocasión, una abuelita se manifestó para confiarme un mensaje para su nieta. Me describió con todo lujo de detalles cómo su nietecita se sentaba en el porche para disfrutar del sol en su sillón favorito; exactamente lo mismo que había hecho ella cuando estaba viva aquí, en la Tierra. Su relato era tan preciso que se proyectaba en mi mente con una imagen muy clara. Era su manera de confirmar su identidad y facilitarme la comunicación con su nieta.

En otra demostración pública apareció un chico, ansioso por contarles a sus padres que estaba terminando la escuela en el mundo del Espíritu. La felicidad que irradiaban los rostros de esos padres, sentados entre el público, era visible. El amor entre un padre y un hijo es uno de los lazos más profundos y preciosos que podemos entablar aquí, durante nuestro tiempo en la Tierra. Los mensajes de los chicos fallecidos siempre conmueven mi corazón; es un honor entregarlos, porque sé cuánto dolor deben estar padeciendo sus familiares.

Aquella pareja estaba hecha un manojo de nervios en el patio de butacas. Me confirmaron con lágrimas en los ojos que todo lo que les estaba transmitiendo era cierto. Querían que yo le contestara que se sentían muy orgullosos, porque sabían lo importante que había sido para él terminar los estudios aquí, mientras estaba en el mundo físico.

También se presentó una chica joven para contarle a su familia que, en el mundo del Espíritu, era profesora. Era perfectamente lógico, ya que, justo antes de morir, había estado preparándose para graduarse como maestra y comenzar a trabajar dando clases en primaria.

Considero importante que los padres y los demás familiares sepan que la vida sigue en el mundo del Espíritu. Allí puedes elegir continuar con lo que tanto te gustaba hacer en la Tierra, o dedicarte a algo totalmente diferente. Es fundamental saber que tus seres queridos siguen viviendo y que la muerte no detiene la vida sino que esta continúa en otro lugar.

Por todo ello no debemos tener miedo por nuestros seres queridos ya fallecidos, puesto que allí no existe la enfermedad, el dolor, el sufrimiento, ni las preocupaciones asociadas tan a menudo con el mundo físico, tales como la necesidad de ganar dinero, pagar una hipoteca, alimentarse, etc. En todo el tiempo que llevo ejerciendo como médium, jamás he oído mencionar a nadie que hubiera perdido su casa o sus posesiones. Nadie monta en cólera al enterarse de quién se ha quedado con el anillo de diamantes de su madre o cualquier otra posesión. Quienes residen allí han soltado por completo los apegos propios de la vida terrenal hacia los objetos materiales. Viven en paz, disfrutando de estar de vuelta en casa, con sus seres queridos, en su cielo único y particular.

¿Y qué hay del Cielo y del Infierno?

Muchas culturas y fes antiguas mantienen una fuerte creencia en la vida después de la muerte, en los opuestos bueno y malo, y en la existencia del Cielo y del Infierno. Estas creencias enseñan que, al morir, abandonamos nuestro cuerpo físico, y nuestro espíritu se enfrenta al juicio final.

Según las explicaciones de este sistema de creencias, podemos afirmar que, si aquí hemos llevado una vida correcta, entonces se nos abrirán las puertas del Cielo. Por el contrario, si nos hemos comportado como una mala persona, descenderemos e iremos al Infierno. Al tratar de comprender qué es el Cielo y el Infierno según nuestras creencias, fes y mentes humanas, nuestra representación visual de estos lugares sitúa el Cielo allá arriba, flotando por encima de la Tierra, mientras que, por lo general, el Infierno está mucho más abajo y es más oscuro.

38

A pesar de haber sido criado en el seno del catolicismo, estos conceptos jamás tuvieron una auténtica repercusión en mi mente. Soy incapaz de identificarme con la idea de un demonio que reside en las profundidades de las entrañas de la Tierra, rodeado de llamas ardientes, donde se tortura a las almas sufridoras. No obstante, estoy convencido de que la mayoría de la gente cree en el fondo de su corazón y de su alma que aquello que siembras, eso recoges. Y de ahí el dicho: «Quien siembra vientos, recoge tempestades».

Creo que nuestra forma de gobernar nuestra propia vida, de tratar a los demás y de sentir compasión tanto por los otros como por nosotros mismos en último término influye y determina el plano hacia el cual gravitaremos nada más fallecer. La amabilidad, el amor y la compasión que demostremos nos ayudarán en la evolución de nuestra propia expansión espiritual y nos permitirán convertirnos en una persona mejor tanto aquí como después de la muerte.

Todos los planos de la existencia están compuestos de pensamiento, así que de alguna forma nosotros mismos creamos nuestro cielo y nuestro infierno. Sea cual sea el destino o el juicio que hagamos de nosotros mismos, este siempre es autoinfligido. En el fondo, nosotros somos los auténticos artistas y creadores de nuestro mundo único, además de nuestro propio juez y jurado. Esto mismo se describe en la película que he mencionado, *Más allá de los sueños*; en ella, las personas que llevan una mala vida, que no tratan bien a los demás o que terminan con su propia vida antes de tiempo viven en un estado de estancamiento, en el seno de una sustancia espesa, parecida al barro. Interpreto esto como una demostración de que esas almas residen en ese oscuro escenario como resultado de su propia valoración o juicio. En otras palabras: han optado por situarse allí, en su propio infierno temporal.

Por tanto, considero que el cielo y el infierno son estados de la mente o de la conciencia; el cielo vibra a un ritmo más elevado, en oposición al infierno, que mantiene un nivel vibratorio más bajo. Cada plano de la existencia se compone de muchos niveles y las almas individuales transitan de uno a otro cuando consideran que es el momento apropiado. Y tampoco se trata de que vayamos a ser penalizados por permanecer demasiado tiempo en cualquiera de ellos; todo depende de la elección de cada cual.

He hablado con muchas personas que han tenido experiencias cercanas a la muerte, y creo sinceramente que todo lo que dicen es cierto: cada alma, tras abandonar el cuerpo físico, se somete a una «revisión» o «crítica». Durante dicho análisis, cada cual experimenta y siente todos y cada uno de los dolores, júbilos y penalidades que ha proporcionado a los demás en esta vida. En definitiva, todos tendremos que enfrentarnos a nuestros errores pasados. Si todos estuviéramos convencidos de que al morir hemos de afrontar esta revisión crítica, en la cual nosotros mismos somos nuestro juez y jurado, quizá esto influyera en nuestro comportamiento y en las elecciones que hacemos en la vida, lo cual haría de este mundo un lugar mejor. Sanar, compadecer y perdonar a los demás, además de a nosotros mismos, contribuyen mucho a la evolución de las almas.

Y ahora permitidme añadir tan solo unas pocas palabras acerca de una cuestión muy frecuente: «¿qué le ocurre a la gente que ha hecho cosas terribles mientras estaba aquí, en la Tierra?». Incluso las personas que los demás consideran malas cuentan con la oportunidad de mejorar después de esta revisión crítica. Aprenden lecciones mientras experimentan todo aquello que han hecho a los demás. Probablemente se encarnan muchas veces más antes de estar listos para alcanzar una vibración más alta y atravesar los planos de la existencia.

Nuestros cuerpos espirituales

Del mismo modo que hay diferentes planos de la existencia, así también, como seres humanos, tenemos varios cuerpos espirituales distintos. Puede que no los veamos, pero todos ellos están interconectados y vibran constantemente, cada cual, con su frecuencia

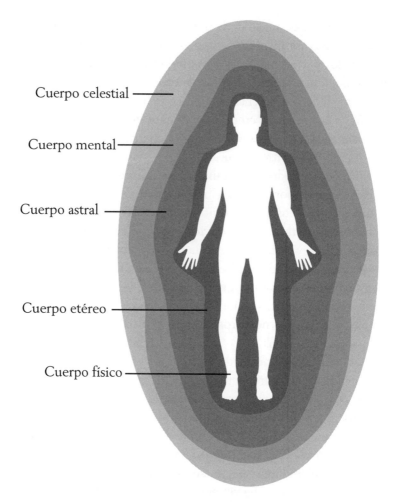

Cuerpo celestial

Cuerpo mental

Cuerpo astral

Cuerpo etéreo

Cuerpo físico

única. Desde la vibración más densa hasta la más elevada, estos cuerpos son: el cuerpo físico, el cuerpo etéreo, el cuerpo astral, el cuerpo mental y el cuerpo celestial.

El *cuerpo físico*, exactamente igual que el plano físico, es el más bajo y denso de todos. El cuerpo físico es el ancla del alma, que le permite experimentar las cosas aquí, en este dominio físico.

El *cuerpo etéreo*, que es el que está más cerca del cuerpo físico, nos proporciona el enlace entre este último y el *cuerpo astral*.

De hecho, es posible ver este cuerpo etéreo con nuestros ojos físicos. Imagínate que estás escuchando a un orador. Conforme tus ojos comienzan a relajarse, puede que veas un resplandor blanco alrededor de su cuerpo. No es porque tengas la vista cansada o este sentido te esté jugando una mala pasada; en realidad, lo que estás viendo son las chispas de su cuerpo etéreo. Es posible que veas también un halo brillante blanco alrededor del cuerpo físico de una persona cuando intentas ver su aura: se trata del cuerpo etéreo.

El cuerpo etéreo es muy importante, ya que a través de él recibimos la energía que nos da la vida para así poder alimentar a nuestro cuerpo físico con el *prana*. Se trata de la chispa, la porción o la parte de la Fuente divina que se halla en todo ser vivo y que tiene conciencia en sí misma. En la cultura china, esta fuerza espiritual se conoce con el nombre de *chi*; en sánscrito se llama *prana*, y en la cultura de Hawái se la conoce con el nombre de *ti* o *ki*.

Si alguna vez has visto a un trabajador de la energía curando a alguien, habrás notado que en realidad está actuando sobre el cuerpo etéreo de esa persona. Naturalmente, habrá casos en los que se requerirá además la ayuda de un médico convencional para tratar la enfermedad física. Por ejemplo, si alguien se rompe un hueso, el médico puede escayolar ese miembro para habilitarlo. Sin embargo, como somos seres físicos y espirituales, nuestro cuerpo etéreo también se verá afectado por la huella energética de dicho hueso. En otras palabras: aquello que acontece en el cuerpo físico afecta también al cuerpo etéreo, y viceversa. El cuerpo etéreo mismo no se rompe, pero sí se altera. Y el curandero espiritual puede ayudar a alinear o despejar esa huella del campo etéreo, lo cual contribuirá a alinear correctamente una vez más los cuerpos físico y etéreo.

A continuación se halla el *cuerpo astral*, del que se dice que es visible para algunos clarividentes en la forma de un aura de la que surgen destellos circulares de colores. El cuerpo astral forma parte del plano astral, exactamente igual que el cuerpo físico forma parte del plano físico. Dicho cuerpo astral es precisamente el que habitaremos después de la muerte. Mucha gente ha oído hablar o ha experimentado viajes fuera del cuerpo o proyecciones astrales. Esto ocurre cuando el cuerpo astral se separa del cuerpo físico y nos sentimos flotar por encima de nosotros mismos; podemos incluso mirar para abajo, hacia nuestro cuerpo físico. Puede que hayas visto imágenes o dibujos de un duplicado del cuerpo espiritual, suspendido por encima del cuerpo físico de una persona. Se trata del cuerpo astral.

Los cuerpos más elevados son el *cuerpo mental* y el *cuerpo celestial*, que están conectados con los planos más altos o evolucionados de la existencia. Es este cuerpo celestial del médium el que hace posible que los espíritus se comuniquen con nosotros. Se produce una fusión o mezcla de los cuerpos, lo cual crea y abre el puente de la comunicación entre los dos dominios a través de los sentidos psíquicos, ya se trate de la clariestesia (de sentir), de la clarividencia (de ver) o de la clariaudiencia (de oír).

Tu yo espiritual: tu verdadero yo

Como seres humanos, todos nosotros albergamos dos cuerpos: el yo físico y el yo espiritual. Nuestro *verdadero* yo es el yo espiritual; no la imagen que vemos cuando nos miramos al espejo. Nuestro yo espiritual es el que nos mantiene conectados con nuestros seres queridos del otro lado. Ellos son espíritus incorpóreos, es decir, carecen de cuerpo. Tú eres un espíritu encarnado en un cuerpo. Pero la muerte de nuestros seres queridos no nos separa irreversiblemente de ellos: ni el tiempo, ni el espacio, y desde luego tampoco la muerte, podrán separarnos jamás de aquellos que nos han precedido.

Con frecuencia la gente me pregunta: «¿Para qué querría conocer o reconocer la existencia de mi yo espiritual además de mi yo físico?». Tal y como he dicho anteriormente, somos seres espirituales que utilizamos un cuerpo físico para tener experiencias humanas. Si deambulas por la vida negándote a ti mismo la experiencia de combinar estas dos partes, entonces te estarás perdiendo buena parte de lo que la auténtica vida tiene que ofrecerte. Cuando finalmente integres por completo tus cuerpos físico y espiritual, entonces podrás comenzar a llevar una vida con un potencial ilimitado y expandir tu conciencia.

Vivimos en una época de materialismo y tecnología; nos centramos tanto y con tanta frecuencia en el mundo exterior que nos olvidamos de que nuestro propio espíritu reside en nuestro interior. Mucha gente se rodea de posesiones materiales bajo la falsa impresión de que aportarán felicidad, satisfacción y cierto sentido a su vida. Y, sin embargo, en el mismo momento de adquirir todos esos bienes, a menudo se preguntan: «¿Por qué sigo sintiéndome tan vacío por dentro?».

Las personas que viven una vida más espiritual y que trabajan desde un nivel espiritual se dan cuenta de que la existencia es *mucho más* que únicamente aquello que nos ofrece el mundo material. He notado que estos individuos parecen mantener una perspectiva más amplia sobre las cosas. Su punto de vista abarca más, y da lugar a una comprensión más rica y a un respeto más profundo por la persona que realmente son, por lo que hacen, y por cómo manejan su propia vida. En consecuencia, sus conexiones con las otras personas de aquí y del otro lado son más significativas y especiales. Una vez aprendas a llevar una vida más espiritual y rica, serás capaz de acceder a los ilimitados recursos disponibles para todos y cada uno de nosotros. Y en cuanto comiences a reconocerlo, empezarás a *sentir, ver* y *experimentar* un mundo que jamás creíste posible que existiera.

En el momento en el que nos hacemos más conscientes y reconocemos nuestra propia faceta espiritual, entonces podemos comenzar a vivir esa parte más grande de nosotros mismos y, lo que es todavía más importante, de quienes estamos destinados a ser. Esta conciencia especial o *más grande* nos ayuda al mostrarnos la guía para alcanzar nuestro propósito espiritual, que es la razón por la cual estamos aquí, en este mundo físico, en este preciso momento. Esta conciencia orientará nuestras acciones, nuestras elecciones y nos servirá de modelo para saber cómo amar y ayudar a los demás en este precioso tiempo que pasamos aquí.

Tu yo espiritual proporciona a tu yo físico las visiones y el acceso a tu propia intuición. Este yo espiritual es esa parte de ti que te alerta justo antes de que cometas una acción equivocada y te insiste en reconsiderarla. Es también esa parte de ti que te anima a ayudar a otra persona o a un animal, o a apoyar una buena causa. A menudo te sentirás atraído hacia muchas cosas sin saber siquiera por qué. Podría tratarse de algo por lo que jamás te has interesado, o incluso de algo que nunca te ha resultado atractivo. Este sería precisamente el ejemplo perfecto de tu yo espiritual en el momento de alcanzar esas emanaciones psíquicas o intuitivas que te guían.

Por ejemplo, imagínate que tienes un hijo que vive en otro estado o en otro país y de repente sientes la necesidad de llamarlo. Y cuando hablas con él, descubres que él también necesitaba que lo llamaras. Se trata de tu yo espiritual, que se prolonga y conmueve al espíritu de tu hijo. Y naturalmente se trata de una comunicación en dos sentidos, de espíritu a espíritu.

En mi primer libro, *Born knowing,* conté un suceso de mi infancia que tuvo lugar mientras jugaba con unos chicos del vecindario en el patio del colegio. De repente, sin razón aparente, me sentí atraído hacia la rampa que daba al garaje donde los conserjes solían aparcar las furgonetas. Era como si alguien me guiara. Al mirar hacia la rampa descendente, descubrí que un hombre joven se había caído y estaba gravemente herido. No me paré siquiera a pensarlo, corrí a casa de inmediato para pedirles a mis padres que llamaran a una ambulancia.

Más tarde, aquella misma noche, oímos golpes en la puerta justo cuando mi familia se disponía a sentarse a cenar. Yo salté de la silla para ir a abrir. Era un policía fornido, con un semblante serio. Me preguntó si estaban mis padres y yo de inmediato me preocupé, pensando que me había metido en un lío. Resultó que el policía era el tío del joven al que había descubierto tirado en el suelo.

«¡Su chico es un héroe!», exclamó el policía ante mis incrédulos padres, que no dejaban de mirarme con orgullo. «Por desgracia, las heridas de mi sobrino eran tan graves que ha muerto esta misma noche. Pero al menos no ha estado solo; toda su familia lo acompañaba, así que pudo despedirse». El policía puso una mano sobre mi hombro y, con lágrimas en los ojos, añadió: «Gracias, hijo».

Fue un cruel giro del destino, pero el espíritu de aquel hombre herido se extendió para encontrarse con el mío aquel día; y mi espíritu respondió sin tardanza.

Nuestro yo espiritual es quien nos mantiene conectados con nuestros seres queridos del otro lado. Ellos son espíritus o, para decirlo con otras palabras, están descarnados, es decir, no tienen cuerpo; mientras que nosotros somos espíritus encarnados en nuestros cuerpos. Su muerte no supone la ruptura de ese lazo tan especial que nos une a ellos. Ni el tiempo, ni el espacio y desde luego menos aún la muerte pueden separarnos jamás de aquellos que se han marchado antes que nosotros.

En el momento en el que nos hacemos más conscientes y reconocemos nuestra faceta espiritual, entonces comenzamos a vislumbrar esa parte más grande de nosotros mismos y, lo que es todavía más importante, de quienes estamos destinados a ser. Esta conciencia tan especial o, según debería llamarla, *esta conciencia más grande*, nos ayuda otorgándonos una guía con la que ir en pos del propósito espiritual de nuestra vida, que es la razón por la que estamos en este mundo físico en este momento. Trata de orientarnos en nuestras acciones tanto como en nuestras elecciones, y, por supuesto, en la forma en que nos amamos y ayudamos los unos a los otros durante el tiempo que estamos aquí.

Así que permitidme que os recuerde que somos mucho más que seres físicos. ¡Somos milagrosos seres espirituales con un potencial ilimitado!

Capítulo 2:

La transición crucial

❦

HAY DOS MOMENTOS DECISIVOS en la vida física de todas las personas, sin importar su religión, color, nacionalidad o localización geográfica: el *nacimiento* y la *muerte*.

Aunque es evidente que, en apariencia, son momentos totalmente diferentes, tiendo a pensar en la muerte como en una forma de nacimiento. Se trata sencillamente de que la muerte es la puerta al otro lado, en el sentido de que vuelves a nacer en el mundo espiritual.

Todo, y también tu alma, se halla *siempre* de camino hacia otra parte. El filósofo chino Lao-Tse dijo una vez: «La vida y la muerte forman un hilo; un solo hilo visto desde ambos extremos». El nacimiento y la muerte básicamente forman el mismo proceso; es como caminar de una habitación a otra atravesando un umbral, y en este caso la única diferencia es la dirección que seguimos.

Años atrás oí un dicho muy bonito, que venía a decir algo así como: «Cuando un alma atraviesa el proceso del nacimiento, las almas del otro lado lloran mientras que las de la Tierra se alegran. Cuando un alma atraviesa el proceso de la muerte, la familia de la Tierra se lamenta mientras que la del otro lado se regocija».

En toda mi experiencia como médium, en la que he ejercido de enlace con el mundo del Espíritu, jamás he percibido muestras de tristeza en aquel mundo cuando un alma se disponía a nacer en este. Sin embargo, sí es cierto que el dicho describe a la perfección el viaje sin fin del alma. Desde el momento del nacimiento hasta el instante de abandonar el cuerpo físico, todos crecemos, aprendemos y, por encima de todo, evolucionamos continuamente.

El propósito de la reencarnación

Es importante saber que, a lo largo de tu vida, tu alma absorbe *todos* tus recuerdos, sentimientos y emociones, y que tu propia personalidad única queda grabada firmemente en ella. Solo el cuerpo físico (tu vasija), que no es más que un envoltorio, muere. Cuando dejas de necesitarlo se desecha, igual que un abrigo viejo, y tu alma (tu *auténtico* yo) continúa avanzando.

En el momento en el que el cuerpo físico fallece, tenemos la oportunidad de volver a este plano físico en otro cuerpo para continuar con nuestro aprendizaje y seguir creciendo como almas. Para el alma habitar un cuerpo físico supone una experiencia de aprendizaje crucial, que consiste en tratar de superar las limitaciones físicas y en asimilar las lecciones y las emociones de la vida en este mundo. Cada decisión y elección que has hecho en vidas pasadas, y muy especialmente las que has tomado en esta última vida, influirán en el viaje futuro de tu alma.

Sin embargo, nuestras vidas no están grabadas en piedra. Todos nacemos con una voluntad libre capaz de elegir si seguir adelante con nuestro propósito o abandonar. Puede que hayamos planeado viajar desde el punto A hasta el B en esta vida, pero hay muchos otros senderos y desvíos a lo largo del camino que fácilmente pueden alejarnos de nuestra misión principal, a pesar de suponer también un aprendizaje importante.

Muchas personas me han preguntado: «¿Por qué iba un espíritu a elegir venir a esta vida, dadas las tremendas presiones y circunstancias propias de este mundo, como, por ejemplo, la pobreza, la enfermedad, la lucha y el sufrimiento? Me resulta casi imposible de comprender». Cuando vivimos en el mundo espiritual nos convertimos en parte de la conciencia de Dios y, por consiguiente, comprendemos *por qué* elegimos volver. También entonces sabemos que el tiempo que transcurre durante nuestra estancia en la Tierra no es más que una gota en medio del océano del tiempo, en comparación con nuestra existencia en total. Una persona que padezca lo que cree que es una vida dura aprenderá mucho a nivel espiritual, conforme su alma progresa.

Digo a menudo que deberían ponernos una medalla simplemente por el hecho de estar aquí, porque vivir *en* este cuerpo no es nada fácil. Nuestra recompensa es la sabiduría que obtenemos a lo largo de nuestro tiempo en este mundo.

La transición desde el mundo del Espíritu hasta el plano físico

Es bastante frecuente preguntarse qué es exactamente lo que experimenta el espíritu durante la transición desde el mundo espiritual al plano físico, cuando decide volver a encarnarse en otro cuerpo físico. Se han escrito muchos libros y se ha publicado mucha información sobre el tema de la muerte y la continuidad del alma. Mucha gente me hace preguntas tales como: «¿Qué experimenta el espíritu durante esta transición crucial desde el mundo del Espíritu de vuelta al plano terrenal?, ¿disfruta del viaje y lo recibe con alegría?, ¿cuenta con la oportunidad de elegir el tipo de vida que va a experimentar?».

Hay muchas percepciones y conocimientos acerca de lo que ocurre tras la muerte, pero nuestro conocimiento sobre el momento en el que el alma entra en este plano físico es limitado. Espero que todo lo que he estudiado y he aprendido, además de todo aquello en lo que creo, me ayude a responder a estas preguntas de la mejor manera posible.

Nacimiento: encarnación en un cuerpo

Si el espíritu toma la decisión de volver al mundo terrenal, puede elegir el tipo de vida en el que quiere reencarnarse. Por ejemplo, puede escoger de qué padres y en qué familia nacer, aunque estas decisiones no suelen ser significativas con relación a la lección que necesita aprender.

En general, cuando elegimos reencarnarnos, los recuerdos, sentimientos y emociones de nuestras vidas anteriores se desvanecen poco a poco conforme vamos formando otros nuevos y comenzamos a vivir otra vez aquí, en el mundo físico. Sin embargo, permanecen ciertas características, destrezas o costumbres de nuestras reencarnaciones anteriores. Cuando era niño no solo era muy sensible debido a mis habilidades psíquicas, sino que además tenía un talento increíble para el dibujo. ¿Heredé este talento o me lo traje conmigo de otra vida anterior? Yo creo más bien lo segundo. También me acuerdo de un amigo que en una ocasión acudió a un clarividente para hacerse una lectura a propósito de sus vidas anteriores. Mi amigo escribía con una letra bellísima; el clarividente le comunicó que en una vida anterior había sido escriba en un monasterio francés. ¡Fue una revelación fascinante, puesto que además tenía un talento natural para imitar el acento francés!

Muchos niños retienen en la memoria los recuerdos de vidas pasadas. Desde los comienzos de la humanidad, algunos de ellos han albergado estos recuerdos, pero hasta la actualidad hablar de estas experiencias no parecía tolerable. Algunas de sus historias han sido bien documentadas, e incluso convertidas en películas.

Una historia de este tipo es, por ejemplo, la de Bruce y Andrea Leininger; se trata de una de las pruebas más convincentes a propósito de la reencarnación que haya leído jamás. En su libro *Soul Survivor: The Reincarnation of a World War II Fighter Pilot* («Recuerdos del alma»), estos dos autores nos proporcionan una visión fascinante de las experiencias de su hijo, James. A los dos años de edad, James se despertó una noche gritando porque estaba a punto de estrellarse en un avión en 1945. Recordaba incluso su nombre de entonces: James Huston. (Resulta increíble que ambos compartieran el mismo nombre de pila). A pesar de que Bruce era cristiano, llegó a creer que su hijo James era la reencarnación de un piloto de la II Guerra Mundial; un hombre cuyo avión había sido derribado mientras sobrevolaba Japón, y que luchó por escapar al estallar en llamas su aparato.

Los padres de James llevaron a cabo una dolorosa investigación durante la cual entrevistaron a la familia y amigos de James Huston, además de a unos cuantos veteranos de la II Guerra Mundial. Fueron capaces de confirmar la historia. Las pesadillas de James empezaron a cesar al cumplir los ocho años. Por fin, la familia de James Huston pudo cerrar aquel episodio de su vida después de tantos años. Además esta historia concluye con un encantador epitafio, ya que los Leininger viajaron a Japón para honrar la memoria de James Huston, arrojando un ramo de flores sobre el mar de su tumba.

Otros niños han sido capaces de relatar sus sensaciones mientras estaban al otro lado. Narran cómo eligieron a sus padres y nos cuentan detalles sobre las condiciones de vida de su familia antes de que ellos nacieran, como, por ejemplo, descripciones de la vida de su padre y de su madre. A estas experiencias se las llama experiencias prenatales (EPN).

Soltar

Muchos de nosotros queremos ignorar el tema de nuestra propia mortalidad; nos negamos a pensar en ella, a prepararla de algún modo, o incluso a aceptarla. Además algunas personas sienten que basta con hablar de la muerte para que, de algún modo, la estemos invocando. Fallecer o transitar, o como queramos llamarlo, es algo que antes o después todos tenemos que afrontar; ya sea para superar la pérdida de alguien a quien amamos o para preparar nuestra propia marcha.

Las despedidas jamás fueron fáciles. Decir adiós a un ser querido que está al borde de la muerte es uno de los momentos más duros que se pueden experimentar en esta vida. Por muy preparados que creamos estar, jamás resulta fácil cuando por fin llega. Si ahora mismo te enfrentas a una situación de este tipo, mi corazón está contigo.

Perdí a mi madre en la primavera de 2011, y recientemente he estado apoyando a unos cuantos amigos que han perdido a sus seres queridos. Y, aunque como médium y psíquico sé que todos tenemos que seguir transitando y que el alma es eterna, me lamento por las pérdidas como cualquier otra persona. Sé y comprendo aquello por lo que otras personas están pasando, y hago todo lo que puedo para apoyar y ayudar.

Nada más entrar mi madre en la unidad de cuidados paliativos para enfermos de larga duración, recibí un folleto escrito por Hank Dunn titulado *Hard Choices for Loving People (Las difíciles elecciones de las personas que amamos)*. Su lectura me ayudó más de lo que hubiera podido imaginar jamás; me preparó para superar uno de los momentos más emotivos y arduos de mi vida. Quiero compartir con vosotros un breve resumen, con la esperanza de que encontréis consuelo en estas palabras tanto ahora como en el futuro.

Una respuesta natural ante la posibilidad de perder a alguien es agarrarse fuerte y tratar de recuperar el control. Resulta irónico que esto no nos lleve a una vida de libertad y júbilo, que es exactamente lo que perseguimos. La mayoría de nosotros aprendemos a soltar. Aprendemos a soltar o abandonar la infancia y a aceptar las responsabilidades de la vida adulta. Aprendemos a soltar y abandonar nuestra adolescencia y nuestros intentos por controlarla. Soltamos el deseo de encontrar la felicidad en nuestras posesiones y en nuestras carreras. Aprendemos incluso que tenemos que soltar a la gente y no depender de ellos para obtener la felicidad. Pero para aprender todas estas lecciones, en primer lugar, es necesario aceptar el hecho de que estas cosas y estas personas eran un regalo.

Hay dos formas de resistir. Podemos agarrarnos con fuerza, igual que agarramos una moneda con la mano. Tememos perderla, así que cerramos bien el puño. Y verdaderamente, si abrimos la palma de la mano mirando hacia abajo, la moneda caerá y dejará de ser posesión nuestra, y entonces nos sentiremos engañados. La otra forma de resistir es abrir la mano con la palma mirando hacia arriba. Puede que la moneda permanezca, o puede que se la lleve el viento o que alguien la haga caer y deje de ser nuestra. Pero mientras está ahí contamos con el privilegio de tenerla. Así que nos agarramos a ella, pero con la mano extendida. De esta forma nuestra mano se relaja y experimentamos la libertad.

Este escueto pasaje me consoló y respaldó mi fortaleza interior, de manera que pude sobrellevar esos últimos meses de vida de mi madre. Tuve la suerte de poder pasar mucho tiempo con ella. Permanecí en la cabecera de su cama, y juntos nos reímos, lloramos y compartimos historias y recuerdos muy especiales. Me aseguré de que ella tuviera flores frescas todas las semanas, de que alguien la peinara y de que una masajista la visitara con regularidad para que se sintiera querida.

Hablamos abiertamente y con cierta sensación de aceptación sobre el final de su vida, sobre el otro lado, y sobre qué podemos esperar. Yo le conté que aquellos que la habían precedido estarían esperándola para darle la bienvenida a casa, de manera que ella no estaría sola en su viaje. Charlamos sobre las bellas señales que ella me enviaría, que he estado recibiendo hasta el día de hoy con el corazón pletórico. Os cuento uno de los momentos más personales de mi vida con la esperanza de haceros comprender algo que, a mi juicio, es un mensaje importante: que es posible encarar la muerte inminente de un ser querido con amor y aceptación. Yo fui capaz de disfrutar del tiempo en que mi madre estuvo aquí, en lugar de aferrarme a ella con fuerza y no dejarla marchar.

No pretendo decir que fuera fácil, pero mi madre vivió la última etapa de su vida en paz, con dignidad y elegancia. Ella me trajo a este mundo y me sostuvo en sus amorosos brazos; a cambio, yo la sostuve a ella mientras existía todavía en este mundo. No tengo nada que lamentar, porque ambos nos dijimos e hicimos todo lo que teníamos que decirnos y hacer.

Así que, por favor, expresa ya lo que tengas que decir a las personas que te rodean, de forma que nunca tengas que afirmar: «debería haber…» o «podría haber…» o «me gustaría haber…» o «quizá si hubiera…». Trata de vivir con la palma de la mano abierta, y disfruta y aprecia cada momento que pasas con tus seres queridos, amigos y mascotas, porque todos ellos forman parte de tu familia.

La reunión

Si conoces a alguien que esté a un paso de la muerte o que acabe de fallecer, ya se trate de un final natural o repentino e inesperado, entonces espero que encuentres consuelo al saber que *nadie* vuelve a casa solo. Los del otro lado son muy conscientes de ese tránsito inminente y se reúnen para dar la bienvenida al familiar, al amigo e incluso a la mascota.

Cuando alguien está alcanzando el final natural de su vida, con frecuencia desciende sobre él cierta sensación de paz; es como si supiera que los espíritus se están preparando para darle la bienvenida. Y cuando el proceso al que llamamos *muerte* está alcanzando las últimas etapas, a menudo experimenta un declive gradual o una atenuación de los sentidos físicos. La vista, el oído e incluso los sentimientos parecen perder poco a poco su intensidad. Es casi como si sus luces comenzaran a apagarse, y a desvanecerse y parpadear.

Una persona que está próxima a su final es alguien que se halla al borde de este mundo y en el límite con el otro. Conforme sus sentidos físicos menguan, sus sentidos psíquicos, por el contrario, se elevan y adquieren un mayor grado de evidencia y exactitud. Con frecuencia los moribundos parecen desarrollar la sensación de que saben o sienten qué está ocurriendo en otra parte, ya se trate de la habitación contigua o de un lugar distante. Sus sentidos psíquicos; (clarividencia, clariestesia o clariaudiencia) pueden intensificarse justo antes de la muerte.

La conexión alma-alma

Hay casos documentados de personas que en su lecho de muerte han sido capaces de proyectar su espíritu de forma consciente o inconsciente hacia un amigo o familiar que no estaba físicamente presente junto a su cama. Y esos seres queridos han sentido la presencia de esa persona e incluso en algunos casos han declarado haber visto al enfermo. En otras ocasiones, documentadas también, esos familiares o amigos han explicado que esa persona se les ha aparecido en un sueño. Quizá tú hayas experimentado algo similar con alguien enfermo o próximo a la muerte. Es como si *supieras* que tienes que ir a ver a esa persona cuanto antes, incluso a pesar de que fallezca minutos después de llegar tú. De alguna forma el espíritu de la persona enferma transfiere sus sensaciones al ser querido, es decir, la conciencia del enfermo provoca una impresión sobre las personas a las que ama, aunque su espíritu permanezca aún en su cuerpo físico. Esta comunicación podría interpretarse como una conexión alma-alma.

Esto fue exactamente lo que le ocurrió a mi prima hace años, cuando mi tía murió de cáncer. Mi madre tenía tres hermanas, y a Shirley, una de ellas, le comunicaron que le quedaba poco tiempo de vida. Todo el mundo la quería, pero lo cierto es que Shirley se sentía especialmente próxima a su sobrina Dolly, mi prima. De pronto una noche y sin venir a cuento, mientras disfrutaba relajada en casa con su familia, Dolly sintió la imperiosa necesidad de correr al hospital para ir a ver a la tía Shirley, así que dejó al instante lo que estaba haciendo y se subió al coche. Shirley acababa de quedarse inconsciente pocos minutos antes de llegar ella al hospital.

Murió en paz momentos después, sujetando la mano de Dolly. Era como si hubiera estado esperándola para morir.

En la conexión alma-alma, el espíritu o el alma de una persona se extiende, pletórico de amor, y elige a la persona con la que quiere estar o de la que sencillamente quiere despedirse. Oirás a menudo a la gente exclamar: «Sentí como si él viniera a mí justo antes de morir». El receptor del mensaje por lo general suele ser una persona con una sensibilidad psíquica elevada. No obstante, he oído muchas veces la historia de cómo alguien se siente terriblemente triste por no haber podido estar junto al lecho de muerte de su ser querido. Algunas personas incluso me han contado que acordaron permanecer juntos en el instante de sus respectivas muertes, pero al final... ¡oh, las cosas no sucedieron así!

Si has hecho un trato de este tipo que al final no ha salido bien, no permitas que esto te carcoma por dentro. Podrías estar en la cabecera de la cama de tu ser querido las veinticuatro horas del día los siete días de la semana, y aun así esa persona podría fallecer justo en el instante en el que sales a por un café. Pero él no lo hace porque quiera romper semejante acuerdo tan especial contigo; su alma decide marcharse entonces para evitarte el trago de verlo morir. Y lo hace por una única razón: porque te quiere. El alma siempre sabe cuándo marcharse y cuándo quedarse y esperar.

A pesar de ser psíquico y médium, no recibí ningún mensaje de mi madre cuando estaba a punto de fallecer. Recibí una inesperada llamada telefónica de mi hermano: «¡Johnny, tienes que volver a casa cuanto antes!», me gritó, y, casi de inmediato, colgó.

En aquel momento yo estaba en Toronto, trabajando con mi editor. Por pura suerte o quizá gracias a la ayuda divina, pude tomar un avión ese mismo día y llegar 90 minutos antes de que mi madre falleciera. En aquellos últimos instantes sentí que algunos parientes del otro lado se acercaban y nos envolvían tiernamente con su amor. Fue reconfortante saber que la esperaban para darle la bienvenida. Y a pesar de que mi madre estaba inconsciente cuando llegué, creo que su alma sabía que todos estábamos allí.

Le susurré al oído: «Ma, ha venido toda tu familia a darte la bienvenida. No te preocupes, ma, ya puedes irte... Aquí todos estaremos bien. Y no te olvides nunca de que te quiero».

Sigo creyendo firmemente hasta el día de hoy que ella *sabía* que no estaba sola. Un velo de paz y tranquilidad cubrió su rostro; de repente, la tensión de la lucha por la vida desapareció. Mientras estaba sentado a su lado, sujetando su mano, advertí la presencia de su madre cerca de mí, tuve una sensación parecida a la de tener a alguien detrás, como cuando haces cola en la oficina del banco o de correos. Después percibí cómo su padre, su hermana, y, por último, su hija se aproximaban a ella desde el mundo del Espíritu.

Entonces, les dije a mis hermanos, con los ojos llenos de lágrimas: «Joe, Danny, poned la mano sobre el corazón de mamá: ¡creo que ahora mismo se está marchando!»

Mi hermano Joe, un hombre práctico y un buen enfermero, tuvo que hacer un esfuerzo para comprender mis palabras: «¿De qué estás hablando?».

Yo le susurré: «Joe, toda su familia está aquí. ¡Se la van a llevar ya!».

Todos colocamos delicadamente la mano sobre su corazón. El tiempo pareció pararse entonces, pero al minuto siguiente todos sentimos alzarse su pecho al tomar ella su último aliento y abandonar este mundo. Estoy convencido de que nuestro contacto, la fuerza de nuestro amor y el suave tirón del otro lado la ayudaron a liberarse de su cuerpo físico. Se trata de un recuerdo muy especial que jamás olvidaré; lo atesoraré y guardaré como una joya para el resto de mi vida. Mi madre no se fue sola al mundo del Espíritu. Se marchó de la mano de su familia.

Visiones en el lecho de muerte

¿En alguna ocasión has visto a alguien a quien le quedara poco tiempo de vida alzar la vista como si estuviera viendo algo que físicamente no está presente?, ¿te has fijado en que a veces levantan los brazos como si quisieran agarrar unas manos invisibles tendidas hacia ellos?, ¿has sido testigo de sus conversaciones con personas que no están en la habitación? Cuando les preguntes con quién hablan, quizá te sorprenda descubrir que mantienen una conversación con una persona que ya no está viva.

Este fenómeno se conoce con el nombre de visiones en el lecho de muerte (VLM), y algunas personas lo experimentan justo antes de fallecer. No suele ocurrir en los fallecimientos repentinos, sino más bien en los casos de muerte natural o tras una larga enfermedad terminal.

Mi madre vivió esta experiencia en la última etapa de su vida. Un día estaba sentada en la cama del hospital, todavía plenamente lúcida, cuando, de pronto, dijo muy nerviosa: «¡Johnny!, ¿a que no adivinas quién ha venido a visitarme?».

Yo empecé a recitar los nombres de las personas que formaban parte de su vida; mencioné todos los que se me ocurrieron. Pero ella no paraba de decir: «¡No, no... no!». Hasta que por fin soltó: «¡Ha sido Wayne quien ha venido a verme!».

Wayne fue su primer amor y había fallecido hacía unos 25 años.

«¿Y qué quería?», le pregunté, tomando asiento en la cabecera de su cama y cogiéndole la mano. Entonces ella se lanzó a contarme que lo había visto sentado a los pies de la cama con el uniforme de marinero, y que estaba tan guapo y tan joven como lo recordaba. Él le había dicho que había ido a visitarla para ver cómo estaba y comprobar si todo iba bien.

Algunos episodios de visiones en el lecho de muerte han sido reconocidos y aceptados por diferentes culturas y credos, además de ser recogidos en libros de ficción y de no ficción. En 1926, el físico William Barret escribió el libro *Visiones en el momento de la muerte*, donde cuenta distintas historias de personas que han tenido visiones de familiares o amigos fallecidos. En dicho libro se registra además el hecho de que algunas personas oían una música muy bella, mientras que otras recibían la visita de seres de luz y de ángeles. Barret creía que estas visiones especiales constituían una prueba de la comunicación espiritual.

Además cada día se aprueban más estudios científicos sobre esta materia. Una de estas investigaciones, dirigida por los parapsicólogos Karlis Osis y Erlendur Haraldsson entre 1959 y 1973, indicó que el 50 % de la población entrevistada de Estados Unidos e India, que, por aquel entonces, ascendía ya a un total de decenas de miles de personas, había experimentado visiones en el lecho de muerte.

Muchos científicos y profesionales de la medicina sienten la necesidad de dar una respuesta lógica y racional a semejante fenómeno y atribuyen estas experiencias tan extraordinarias a las drogas alucinógenas o a la carencia de oxígeno en el cerebro. Respeto las opiniones de estos científicos y además comprendo que se asientan sobre su educación y su visión racional de la realidad. Por este motivo, quisiera plantearles la siguiente pregunta: ¿por qué en estas visiones es tan frecuente la presencia de personas ya fallecidas y no de gente que todavía vive?

Los cuidadores y los médicos de residencias y de hospitales informan cada vez con más frecuencia de pacientes moribundos que hablan de visiones reconfortantes de sus seres queridos. Naturalmente la mayoría de estos casos pasan desapercibidos, ya que siguen suponiendo un estigma social. La gente teme sentirse avergonzada, ridiculizada o sencillamente incomprendida.

Tras morir mi madre, yo quería darles las gracias a todos los empleados del hospital que habían cuidado de ella. Hablé con enfermeras y auxiliares, y quedé fascinado al comprobar que muchos de ellos habían sido testigos de las visiones de sus familiares. Creo que se sentían cómodos conmigo al confesarlo, dada mi profesión. Descubrí que la gente que trabaja en cuidados paliativos a menudo responde a este tipo de episodios con comprensión y cariño.

Mi colega David Kessler es experto en duelos y ha trabajado en cuidados paliativos. Estudió con la doctora Elisabeth Kübler-Ross, conocida psiquiatra y pionera en la investigación de

casos cercanos a la muerte, y autora de la teoría de los cinco estadios del duelo. En su fascinante libro *Visions, Trips, and Crowded
Rooms*, David Kessler describe el fenómeno de las visiones de la
gente en el momento de morir. El autor aclara dudas y logra desvanecer definitivamente muchos de los conceptos erróneos sobre
este tema, además de revelar historias procedentes de fuentes
diversas.

Una de las razones por las que adoro este libro en particular es
por la historia que voy a contar a continuación. David ha sido tan
amable de concederme el permiso de citar el siguiente resumen,
con el deseo de desvanecer cualquier duda a propósito de este fenómeno. ¿Qué ocurre cuando una persona en los últimos instantes
de su vida recibe la visita de alguien que, que se sepa, todavía sigue
vivo?

La historia de Heather: un asunto familiar:

He trabajado en el campo de la medicina como enfermera
durante años. Siempre he tratado de conocer todos los pormeno-
res del sistema de cuidados sanitarios, y sé que nada supone un
reto mayor para una persona que el hecho de que algún miembro
de su familia se ponga enfermo.

Una tarde de sábado, mi madre, Mabel, y yo salimos a hacer
recados. Era casi de noche cuando por fin terminamos y volvi-
mos a casa. Las dos nos sorprendimos de lo pronto que había
oscurecido, pero enseguida recordamos que la noche anterior
habían adelantado la hora. Llamé a mi padre, Joseph, para que
nos sujetara la puerta mientras entrábamos con las bolsas de la
frutería, pero nadie respondió. Mi madre y yo nos miramos
extrañadas, preguntándonos qué habría pasado. Entonces comencé a guardar la compra y mi madre se fue a buscar a mi
padre; estaba convencida de que se habría quedado dormido,
viendo la televisión. Y, en efecto, la tele estaba encendida, pero
mi padre no aparecía por ninguna parte. Mi madre recorrió

todas las habitaciones y los jardines delantero y trasero, pero no dimos con él.

Entonces mi madre fue preguntando a unos cuantos vecinos, pero nadie lo había visto. Una hora más tarde, las dos estábamos muertas de miedo. Mi padre había dejado de conducir a los 85 años debido a una pérdida de la visión, y temíamos que se hubiera marchado en coche. Aunque sentimos un gran alivio al comprobar que el vehículo seguía en el garaje, no se nos ocurría adónde había podido ir ni por qué. Y nuestra preocupación fue en aumento al ver que se había dejado la cartera en casa.

Mi madre llamó a la policía, y yo me marché con el coche a dar una vuelta por el vecindario a ver si lo veía. Tras cuatro horas frenéticas, recibimos una llamada telefónica de un agente. Habían encontrado a mi padre en la otra punta de la ciudad; parecía muy confuso, y no sabía muy bien dónde estaba. Pasamos los días siguientes en las diversas consultas de los médicos a los que acudimos para confirmar nuestras sospechas: mi padre tenía alzhéimer.

Por supuesto que mi madre se había dado cuenta de que su marido se estaba haciendo mayor; había notado incluso que hacía algunas cosas raras, pero en su fuero interno se había dicho que nadie puede ser un genio de la ciencia a los 80 años. Aun así, en ningún momento se le había ocurrido pensar que él podría marcharse por ahí y olvidarse de dónde vivía. Después del diagnóstico nos aseguramos de que no volviera a quedarse solo en casa, e incluso cambiamos la cerradura, de manera que nadie pudiera entrar ni salir sin llaves. De día, si mi madre tenía que salir y yo me había marchado a trabajar, tanto la familia como los amigos venían a casa a echarnos una mano.

Por si todo esto fuera poco, mi madre comenzó entonces a tener problemas de estómago y a sentirse muy cansada. Así que me enfrenté a la edad y al declive de la salud de mi padre y de mi madre al mismo tiempo. Además del alzhéimer de mi padre, a mi madre le diagnosticaron cáncer de páncreas. No tardé en descubrir que me era imposible hacer tantos malabarismos entre mi empleo como enfermera y el cuidado de mis hijos y de mis padres enfermos. Pero dejar el trabajo no era una opción. Mis colegas habían mencionado que quizá hubiera llegado la hora de llevar a mi padre a una residencia; y aunque al principio yo me resistí, en ese momento me pareció que mis alternativas se estaban reduciendo.

Así que mis padres y yo comenzamos a buscar residencia, y enseguida descubrimos Sunset Gardens. Es un lugar realmente precioso. Papá estaba contento porque las instalaciones le ofrecían la combinación perfecta de seguridad y comodidad. Después de todo seguía siendo un hombre fuerte, y al margen del alzhéimer, estaba bien de salud. Fue una bendición y una sorpresa que no ocurriera ningún percance durante el traslado. Era mi madre quien estaba molesta por haberse separado de su marido, así que siempre corría a Sunset Gardens a ver a mi padre cuando no tenía que ir al médico.

Mi madre tenía 81 años cuando decidió no someterse a la quimioterapia ni a otros tratamientos agresivos; prefería dejar que la naturaleza siguiera su curso. Los médicos le advirtieron que probablemente le quedaba alrededor de un año de vida. Lo cierto es que nadie esperaba que un día se cayera y se rompiera la cadera al ir al baño. Tras una larga estancia en el hospital, fue ella quien requirió cuidados continuos. Sin embargo, como las necesidades de mi padre y de mi madre eran diferentes, ella acabó ingresada en otra instalación. Y entonces yo tenía que salir disparada como un cohete del trabajo al colegio de los niños y a dos residencias distintas.

Las cosas fueron de mal en peor para mi madre. Tras romperse la cadera tuvo una infección urinaria, y después otra respiratoria. Conforme la enfermedad avanzaba, yo iba cada vez menos a ver a mi padre. Otros miembros de la familia se aseguraron de que él recibiera visitas al menos dos o tres veces por semana, a pesar de que para entonces mi padre ya no reconocía a nadie.

Los médicos de mi madre convocaron a toda la familia para explicarnos que había demasiadas cosas que funcionaban mal en el organismo de mi madre; no tenía sentido volver a ingresarla en el hospital para hacerle más pruebas. Todos estuvimos de acuerdo, pero la decisión final era de ella. Y mi madre contestó: «He vivido más de ocho décadas. No puedo quejarme… ya es hora».

Busqué el modo de reunir a mi padre y a mi madre, pero en la residencia de mi padre únicamente admitían a enfermos de alzhéimer mientras que en las instalaciones donde estaba mi madre no atendían ningún tipo de demencia. Ni siquiera estábamos seguros de si debíamos contarle a mi padre lo mal que estaba mi madre, porque lo cierto era que no podía hacer nada. Esperábamos encontrar el modo de llevarlo a visitar a su mujer en cuanto nos avisaran de que las constantes vitales de mi madre comenzaban a fallar. Y entonces su presión sanguínea empezó a bajar, y su ritmo cardíaco a subir.

Aquella misma noche, toda la familia se sentó a la cabecera de la cama de mi madre, que todavía permanecía consciente y alerta a pesar de que su respiración era más audible de lo habitual. De repente, ella alzó la vista y dijo: «Joseph ha muerto. ¿Por qué no me lo habíais dicho?»

Yo salté de la silla y la corregí al instante: «Mamá, papá no está muerto. Sigue en la residencia».

Perpleja ante semejante afirmación por parte de mi madre, de repente me di cuenta de que había llegado el momento de traer a mi padre a verla. Teníamos miedo de que ella comenzara a perder facultades, y queríamos que viera a su marido mientras todavía era capaz de hablar.

«Mamá —le dije— vamos a ver si nos dejan ir a recoger a papá a la residencia para que venga a verte». Asentí en dirección a mi prima Jackie y le indiqué que llamara por teléfono y lo arreglara todo.

«Joseph ya ha venido a verme —insistió mi madre— y me ha dicho que enseguida estaré con él».

Nos miramos los unos a los otros con un gesto de reconocimiento; mi madre estaba padeciendo una alucinación. Así que yo le repetí con paciencia: «Mamá, papá está en la residencia, pero vamos a traerlo aquí».

Una vez más ella insistió: «No, está muerto». Entonces se irguió en la cama y añadió: «¡Mirad, está ahí!». Parecía mirar a alguien situado detrás de nosotros. «¡Joseph, has venido a por mí!», continuó mi madre, con los ojos llenos de lágrimas, recostándose de nuevo en la cama.

Justo entonces mi prima Jackie y una auxiliar me hicieron señas para que saliera al mostrador general de enfermería a hablar con ellas. Nos reunimos detrás de la puerta cerrada de la habitación de mi madre, y entonces Jackie comenzó: «Heather, no sé cómo decirte esto, pero he llamado a la residencia de tu padre y me han dicho que Joseph acaba de fallecer hace 15 minutos. Ha sufrido un ataque al corazón».

Mamá murió dos días más tarde, y aunque yo no tuve la experiencia de la visión de mi padre, sí hallé un gran consuelo en el hecho de saber que había acudido a recoger a mi madre y que ambos estaban juntos por fin. Raramente cuento esta historia ahora que mis padres han muerto, pero me sentí como si, al salir de aquella pesadilla médica, el universo entero hubiera dado un paso adelante para permitir que mi madre y mi padre fallecieran juntos y en paz. Y admito que está más allá de mi comprensión, pero creo que fui testigo de una visión especial de un mundo que raramente vemos.

Con frecuencia afirmo que nadie se va jamás solo, y creo que las visiones en el lecho de muerte son una prueba evidente de que esto es cierto. Ya sea nuestra muerte lenta o repentina, esperada o por sorpresa, siempre hay un ser querido que se acerca para acompañarnos de vuelta a casa. A menudo estas experiencias sirven para calmar a los pacientes moribundos y apaciguar su miedo a la muerte. Y pueden llegar a ser extremadamente curativas para la familia y los amigos que se quedan aquí, cuando fallecen sus seres queridos.

Si algún familiar tuyo está a punto de fallecer y comienza a hablar de recibir una visita, el mejor consejo que te puedo dar es que le escuches con la mente abierta y que le preguntes de quién se trata. Puede que te sorprendas al conocer su identidad.

No cabe duda de que, con suerte, conforme se acumulan los informes y se comienza a aceptar más ampliamente el fenómeno de la visión en el lecho de muerte, seremos capaces de reconocer que no hay nada que temer en el hecho de la muerte. Y, lo que es más importante, espero que estas historias y este libro sirvan para respaldar mi siguiente afirmación: hay que vivir en el aquí y ahora con toda la plenitud de que seamos capaces. Porque, después de todo, esta vida es importante. La vida es breve, y jamás recuperaremos ni un solo minuto de los que despilfarramos.

Experiencias cercanas a la muerte

Según el *New York Times*, el doctor Raymond Moody, filósofo, médico y escritor, es el padre de la investigación de las experiencias cercanas a la muerte. Fue él precisamente quien acuñó el término, *experiencia cercana a la muerte* (ECM) en un libro trascendental acerca de este tema, editado en inglés en 1975: *Vida después de la vida*. Su increíble y profunda investigación expuso ante el público lo que le ocurre a alguien cuando muere.

Raymond es uno de los hombres más brillantes con el que he tenido el placer de trabajar. Su buen juicio, educación y conocimientos hacen de él una persona con una conversación cautivadora a pesar de su mente científica y su escepticismo. Su estudio de casos concretos, investigados a fondo, registra además las entrevistas con las personas que han muerto y vuelto a la vida para contar sus experiencias. Y estos relatos verídicos sin duda han ayudado a mucha gente a cambiar su forma de pensar con respecto a la vida y la muerte.

Las personas que han estado clínicamente muertas y han vuelto a la vida describen su experiencia como un abandono del cuerpo físico que les permite ser testigos de su propio espíritu, pues se ven flotando por encima del cuerpo. Ven además con claridad lo que ocurre por debajo de ellos, como, por ejemplo, a los médicos y enfermeras afanándose por salvarles la vida, o incluso lo que está sucediendo en otra habitación u otro lugar. Hablan en sus historias de una sensación de liviandad y de ser liberados del sufrimiento. En el momento exacto de la muerte dicen sentir una tremenda liberación. Miran hacia abajo, hacia su cuerpo físico, y saben que es suyo, pero, por alguna extraña razón, ya no se sienten emocional o conscientemente unidos a él.

Raramente hablan de qué se siente al estar muerto; por el contrario, se centran en la profunda sensación de estar más vivos que nunca. Sus sentidos se amplifican, y su oído y su vista se elevan. Son conscientes de que tienen un cuerpo que es similar a su cuerpo físico, solo que está compuesto de una materia más fina y transparente. Y lo que están viendo es su cuerpo espiritual; un cuerpo que ya no sufre ni está constreñido por el tiempo y el espacio, sino que se mueve con entera libertad.

Muchas de estas historias refieren la visión de un túnel con una brillante luz al fondo, donde el recién fallecido se reencuentra con sus parientes, amigos y mascotas que le precedieron en el viaje. Otras personas hablan de la sensación de bienvenida que les procuran los seres de luz. Todos ellos afirman que ese lugar es de una belleza tal, que es imposible incluso de comprender; y todos dicen sentir una paz y un amor incondicionales. Pero, por mucho que les guste estar allí, en algunos casos no pueden quedarse y tienen que volver porque todavía no ha llegado su hora. Otras personas, por el contrario, han experimentado vivencias cercanas a la muerte en las que podían elegir quedarse o volver al dominio físico y material.

Estas experiencias cercanas a la muerte se han venido produciendo desde los comienzos de la humanidad, pero solo hoy en día estas personas se atreven a contar en público sus historias. Cuando alguien muere y vuelve a la vida, se siente estupefacto y perplejo al encontrarse de vuelta en el mismo cuerpo, según ellos mismos cuentan. Y, sin embargo, a partir de ese momento, ven la vida de una forma completamente distinta, y parecen sentir más amor y compasión tanto por sí mismos como por los demás. La mayoría de las personas que han vivido una experiencia cercana a la muerte después son capaces de acometer cambios drásticos en sus vidas, y dicen no sentir ya miedo a morir.

Tal y como he mencionado, algunos científicos argumentan que este fenómeno es el producto de la falta de oxígeno en el cerebro, de la medicación o incluso de los cambios bioquímicos debidos al hecho de morir. Sin embargo, esto no explica cómo es posible que, durante estas vivencias, la gente sea capaz de describir lo que ha ocurrido en la habitación contigua del hospital. En muchos de los casos registrados por el doctor Moody se cuenta que estas personas veían a sus seres queridos en la sala de espera e incluso en la capilla del hospital. Y cuando vuelven a sus cuerpos tras ser resucitados son capaces de ofrecer una explicación exacta y detallada de lo que han visto y oído, que fácilmente puede verificarse.

Experiencias de muerte compartidas

El doctor Moody fue el primero en investigar y escribir acerca de los casos de experiencias de muerte compartidas en su libro *Destellos de eternidad: testimonios de experiencias de muerte compartidas* editado en 2010. Durante el transcurso de esta vivencia tan profunda, un familiar, un amigo o un miembro del personal médico sin vínculos con el paciente experimenta la transición inicial de la persona que está a punto de pasar de este mundo al siguiente. Resulta interesante destacar que ninguna de las explicaciones «racionales» ofrecidas para justificar las experiencias cercanas a la muerte (ECM) sirve además para entender esta otra vivencia de la experiencia de la muerte compartida (EMC); porque es evidente que la persona que se halla junto al lecho del enfermo ni se está muriendo ni ha sido medicada. Es decir, que no está alucinando. El doctor Moody cree que, hasta el día de hoy, las experiencias de muerte compartidas constituyen la prueba más evidente de la existencia de una vida después de la muerte.

El doctor Moody tuvo también su propia experiencia de muerte compartida (EMC) en 1994, cuando él y sus hermanas se reunieron alrededor del lecho de muerte de su madre. En el instante de la defunción, todos compartieron esta extraordinaria experiencia. Sintieron un fuerte tirón hacia arriba, y la luz del dormitorio se suavizó y difuminó. Él experimentó incluso un cambio completo de la forma del dormitorio. Su hermana vio cómo su padre venía a buscar a su madre. Y, en lugar de tristeza, el sentimiento dominante en el dormitorio fue el de alegría.

Los detalles de las experiencias de EMC, ECM y VLM pueden llegar a ser notablemente similares, aunque jamás se producen dos vivencias exactamente idénticas y cada persona puede sentir algo diferente. Las experiencias de muerte compartidas (EMC) por lo general incluyen uno o más de los siguientes rasgos:

- Visión de cambios en la forma de la habitación.
- Se escucha una música muy bella o celestial.
- Visión del espíritu o de una niebla que se eleva desde el cuerpo de la persona a punto de fallecer.
- Experiencia compartida de salir del cuerpo.
- Sentir en el cuerpo un fuerte tirón hacia arriba.
- Sentirse envuelto por una luz brillante y muy dulce.
- Experiencia compartida de revisión de la vida de la persona que fallece.
- Acompañamiento parcial de la persona que acaba de fallecer a lo largo del túnel.
- Bienvenida de los familiares y amigos de la persona fallecida.
- Encuentro en los dominios celestiales y en otras dimensiones.
- Sentimiento de ser empujado de nuevo al aquí y ahora del presente.

Las personas que experimentan una vivencia de muerte compartida también comienzan a apreciar mucho más la vida y a dejar

de temer a la muerte. Con frecuencia alteran sus creencias acerca de
la vida después de la muerte, y, sin duda, su dolor se ve drásticamente reducido. A pesar de sufrir el duelo, se sienten cómodos sabiendo que su ser querido se encuentra bien en el mundo del Espíritu y que, por supuesto, volverán a verlo.

Capítulo 3:

Llorar la muerte para creer

⌘

E N UN MUNDO IDEAL AMAR a alguien jamás supondría un pesar, una tristeza o un dolor para el corazón. Y, sin embargo, en *nuestro* mundo es innegable que es así. En un momento u otro de nuestra vida, todos experimentamos una de las pérdidas más dolorosas: la muerte de una persona querida.

El proceso del duelo

No importa a quién en concreto hayas perdido; ya se trate de un padre, pariente, esposa o compañera, hijo, amigo, colega o incluso mascota, no hay otra forma de asimilar el dolor asociado a la pérdida de un ser querido más que a través de un proceso de duelo. El duelo puede afectarnos a nivel físico, emocional, mental y espiritual. Se trata de una experiencia única para cada uno de nosotros, y no hay reglas establecidas en cuanto a cómo se debe responder. En la experiencia del duelo intervienen muchos factores, tales como la personalidad, las experiencias vitales anteriores, la capacidad de resistencia y la fe.

Con frecuencia, la forma en que sobrellevamos la pérdida depende de las circunstancias del fallecimiento. Si se trata de la muerte repentina de una persona a quien se ama y que nos es

muy próxima, entonces es muy probable que sintamos un tremendo vacío en nuestra propia vida; se produce el cruel sentimiento de que jamás dispusimos de tiempo para despedirnos. Por
el contrario, con las enfermedades de larga duración, a pesar del
hecho de tener que ver sufrir a nuestro ser amado, contamos con
la oportunidad de hablar y de confiarnos todas esas pequeñas
cosas que son tan importantes. Y luego, cuando finalmente se
produce el fallecimiento, puede que nos sintamos culpables por
el alivio que sentimos al saber que nuestro ser querido ya no está
sufriendo. Ten presente, por favor, que todos estos sentimientos
son normales; nadie quiere ver sufrir a un ser querido, sobre todo
cuando su dignidad, su independencia y su identidad personal
están en juego.

En mi trabajo, me enfrento tanto a la pérdida repentina como
a aquella otra largamente esperada. Y, con demasiada frecuencia, la
gente acude a mí con la lista habitual de preguntas a las que desean
contestar:

«¿Me expresé con la suficiente claridad?, ¿hice todo lo que
pude?».

«¿Saben cuánto los quiero?».

«¿Puedo yo ahora llevar a cabo en solitario todos esos sueños
que planeamos juntos?».

«¿Dónde estaba Dios?».

«¿Soy lo suficientemente fuerte como para soportar esto?».

Con demasiada frecuencia, las personas me hablan de su soledad y de sus corazones partidos, y me cuentan que el dolor es
excesivo y que son incapaces de soportarlo. Conforme van asimilando el hecho repentino pero muy real de convertirse de nuevo
en «yo» en lugar de «nosotros», tienen que enfrentarse de inmediato a retos tales como manejar la economía o criar y educar a
los hijos o nietos. Y luego, además del estrés producido por estos
asuntos prácticos, a menudo sienten ira hacia el universo en general o bien pierden la fe en un poder superior. Tengo que repetir

una vez más que se trata de respuestas naturales al duelo. No importan ni la edad, ni los años transcurridos junto a la persona amada; es perfectamente normal experimentar estas emociones tan fuertes y profundas.

Es muy probable que experimentemos muchas y diversas emociones tras una pérdida, como, por ejemplo, confusión, ira, culpabilidad y tristeza. Si te sientes embargado por tus sentimientos y te preocupa que jamás se desvanezcan o desaparezcan, trata de recordar que es una situación muy natural. Aprender a aceptar estos sentimientos y permitirse sentirlos constituye un estadio esencial del proceso de sanación.

Y, como cada individuo siente el pesar de una forma diferente, es posible experimentar toda una gama de síntomas muy diversos que van desde el agotamiento físico, la incapacidad para conciliar el sueño, los olvidos constantes, la disminución del apetito y los excesos en la comida y bebida, hasta la necesidad de zambullirse de lleno en el trabajo como medio para afrontar el dolor. Algunas personas se retraen y se tornan más solitarias, experimentan frecuentes arrebatos de llanto o deambulan por la casa en una especie de estado soporífero de trance.

Tampoco hay un tiempo establecido para el proceso de sanación; cada cual va a su ritmo. Es algo que no se puede apresurar, controlar ni forzar. Para algunas personas, la sanación se produce en solo unas semanas, mientras que para otras pueden pasar meses e incluso años. Ciertas personas sienten que, si se deshacen de esa sensación de pérdida, es como si definitivamente dejaran marchar a su ser querido. Pero, por favor, tened en cuenta que esto no es así. La pérdida es un sentimiento al que *no* nos tenemos que agarrar.

Si el dolor sigue siendo insoportable después de seis meses y continúas luchando para poder disfrutar de una calidad de vida razonable, mientras, por otra parte, te muestras negligente en otras áreas importantes de tu vida, entonces te recomiendo que busques la ayuda de un profesional especializado en el duelo, un consejero o un terapeuta. Pedir ayuda no tiene nada de malo. A veces nuestros familiares o amigos más queridos son incapaces de ofrecernos ese consuelo tan necesario para superar el dolor.

Hay ocasiones en las que la vida nos depara un golpe tan severo que no parece que la sanación vaya a ser posible. No hay forma de evitar el dolor por la pérdida de una persona querida, pero sí *hay* una manera de surcar ese mar del pesar: siendo amable con uno mismo, siendo paciente y buscando la solución más adecuada según nuestras necesidades y nuestro propio ritmo interior. Después de este período de duelo tras la pérdida, el dolor retrocede poco a poco a medida que la aceptación avanza. Con el tiempo, la alegría y la esperanza emergen. Entonces serás capaz de hablar sobre tu ser querido sin sentirte sobrecogido por recuerdos o pensamientos angustiosos. Finalmente, experimentarás una sensación de fuerza y vitalidad que te empuja a retomar el control de tu propia vida con más sabiduría y bajo la atenta mirada de tu ser querido, justo a tu lado.

Creer en la vida después de la muerte

Creer en la vida después de la muerte no es una idea que se asume necesariamente de forma automática. Una de las preguntas más desgarradoras que la gente se hace a sí misma en determinados momentos de la vida es: «¿Hay vida después de la muerte?».

Millones de personas de todo el mundo se hacen preguntas como las siguientes cuando pierden a un ser querido:

«¿Hay verdaderamente una vida después de la muerte?».
«¿Es mi imaginación la que siente que mi familia está todavía conmigo?».
«¿Siguen siendo las mismas personas que eran aquí?».
«¿Saben cuánto los echo de menos?».

Son estas y otras preguntas parecidas las que otorgan su auténtico valor a la tarea del médium, que no es otra que una profunda contribución a la evidencia irrefutable de que la vida *sí* continúa cuando el cuerpo físico termina su existencia.

Muchas personas reciben mensajes del Espíritu, aunque estos pueden ser muy sutiles. Es posible que al principio ni siquiera lo notes, sobre todo si estás sumido en el duelo por la pérdida de un ser querido. Quizá incluso te convenzas a ti mismo de que es imposible que se trate de un mensaje, y lo achaques a una coincidencia.

Me gustaría recordarte, no obstante, que tus seres queridos quieren ayudarte a superar la pérdida; quieren hacerte saber que todavía forman una parte importante de tu vida. Es su forma de decirte que van a estar contigo en los malos momentos además de en los buenos tiempos. Y, en cuanto seas más consciente de esta conexión, supondrá para ti un gran consuelo saber que están contigo en los cumpleaños, picnics, aniversarios y celebraciones familiares. Ellos son felices de poder asistir y disfrutar del sentimiento de amor que emana de sus familiares en la Tierra. El amor es una fuerza poderosa: une a las personas y ayuda a construir un puente entre los dos dominios.

Cuando adoptes la creencia o seas consciente de que tu alma no muere y tu espíritu sigue vivo, serás capaz de extraer fuerza y seguridad del hecho de que *tus seres queridos* del otro lado se acerquen a ti de vez en cuando, sobre todo cuando necesitas más apoyo. Solo porque no estén físicamente aquí eso no significa que no estén contigo en un plano espiritual.

Durante mis demostraciones como médium, siempre explico al público que no puedo *demostrar* definitivamente la existencia de la vida después de la muerte; sabremos que es real cuando lleguemos allí. Esto me recuerda un dicho: «Lo creeré cuando lo vea». Sin embargo, algunas personas inteligentes le han dado la vuelta a esas palabras, que adquieren un sentido por completo diferente: «Lo verás cuando lo creas». (¡Y todo hace pensar que en este orden la frase tiene mucho más sentido!).

Como médium sé que solo puedo ofrecer la prueba evidente, que yo mismo he recibido, de que nuestros seres queridos siguen vivos en el mundo del Espíritu. Me conformo con que una sola persona abandone la demostración preguntándose: «¿Cómo puede conocer hechos tan íntimos, que solo compartía con mi ser querido?». Deseo que al menos una persona se sienta lo suficientemente inspirada como para continuar con su propia investigación sobre la materia. Si he logrado ayudar a una sola persona con su pérdida, si alguien siente menos dolor o si he abierto la puerta a la posibilidad de que, de verdad, una persona crea que hay vida después de la muerte… entonces me doy por satisfecho.

A lo largo de los años he entregado miles de mensajes, pero es poco probable que olvide el que voy a relatar a continuación. Yo llamo a las historias como esta mis «guardianes». Los protagonistas son un chico que murió trágicamente y su madre, que pasó muchísimo tiempo echándolo de menos. Con frecuencia aquellos que están al otro lado hacen un esfuerzo extra para ayudar a alguien de este plano a creer y aceptar que sí existe la vida después de la muerte.

Girasoles para mamá

Dicen que las flores son sonrisas del Cielo, y el día que sucedió la historia que voy a contar alguien recibiría un ramo muy especial. Hace años hice una demostración en Seattle (Washington) dentro del ciclo de conferencias «Puedo hacerlo» de Hay House. Antes del acontecimiento, salí a dar un paseo a lo largo de uno de los parajes más famosos de la ciudad: el muelle de Pike Place Market. Todo el mundo disfrutaba del buen tiempo, y el ambiente se mostraba pletórico, con el clamor de los gritos y las risas, los olores tentadores y los colores vibrantes. El mercadillo estaba repleto de vendedores, artistas, músicos y tiendas de todo tipo, además de restaurantes.

Mientras admiraba los diversos estilos de los arreglos florales, me llamó la atención un ramo de girasoles. No podía apartar la vista de él. Me detuve un momento, preguntándome por qué me atraía tanto. Sí, adoraba la majestuosidad y el color de los girasoles, pero sabía muy bien que no me lo podía comprar porque al día siguiente tenía que tomar un avión de vuelta a casa. Sin embargo seguía sintiendo la embriagadora tentación de adquirirlo; era una señal evidente, un empujoncito del Cielo.

A lo largo de los años he aprendido que en estos casos lo mejor es dejarse llevar por las entrañas. Evidentemente alguien del otro lado quería que comprara girasoles. He visto señales como esta muchas veces antes, aunque en lugar de una flor se trataba de una pieza de cristal, un cuadro o algún otro recuerdo. Y en todas las ocasiones he comprendido después el significado concreto que ese regalo tenía para la persona que lo recibía. Así que ya veis: en realidad no era yo quien hacía el regalo. Yo únicamente sentía la inspiración de comprarlo y al mismo tiempo confiaba en que de algún modo lograría encontrar al destinatario.

Por supuesto, compré los girasoles de inmediato. En el fondo de mi corazón sabía que tenía que llevarlos al congreso. Al llegar al centro de conferencias, le pedí al organizador que los colocara en el escenario.

Subí a escena y solté el discurso de introducción habitual, donde explico en qué consiste ser médium y qué puede esperar el público de una sesión. Al mismo tiempo era muy consciente de la masa de girasoles amarillos sobre la mesa, a mi lado. Apenas había acabado de hablar cuando sentí la presencia de los del otro lado, que se acercaban. Aquel día hacían cola como si esperaran a que abrieran las puertas de los comercios en las rebajas del Black Friday. La tarde se presentaba movidita.

El tiempo era crucial, así que no dudé en dejar que los espíritus tomaran la palabra. Los mensajes llegaron a raudales para mamás, papás, hijos, maridos, esposas y amigos. Fueron unos instantes bellos y enternecedores.

Conforme la tarde llegaba a su fin, miré el ramo de girasoles una vez más. Entonces por fin sentí la presencia de la persona que me había animado a comprarlo. Parecía como si hubiera estado esperando a que terminaran todos los demás para captar así mi atención.

Quiero señalar que, cuando recibo una señal como esta, no me limito simplemente a preguntar al público: «¿A quién de ustedes le gustan los girasoles?». Porque, si hiciera esto, se alzaría un mar de manos. Confío en que el espíritu dote a su mensaje con la suficiente información como para que no haya ninguna duda en la entrega, y el receptor solo pueda ser la persona elegida.

Podía sentir la emocionante energía del espíritu de un chico joven que necesitaba con desesperación hablar con su madre. Ella llevaba mucho tiempo de duelo porque su muerte había sido tan repentina que no le había dado tiempo a decirle adiós. Me aseguré rápidamente de que él había sido hijo único; conocía demasiado bien el tremendo dolor de una madre cuando pierde a un hijo tan joven.

Nada más conectar conmigo, el chico quiso asegurarse de que me ofrecía las pruebas suficientes como para que yo pudiera distinguir a su madre, sentada entre un público que, en aquella ocasión, excedía de mil personas. Me relató ciertas circunstancias de su muerte, que incluían dónde y cuándo había ocurrido. Me informó sobre lo que hacía su madre en ese momento, y añadió que ella jamás había estado del todo segura de que hubiera vida después de la muerte. Y, por último, con la claridad meridiana del día, oí a su amable y tierna voz decir: «Por favor, dale ya los girasoles».

«¡Ah, así que has sido tú quien me ha impulsado a comprarlos! Buen trabajo, chico», le contesté mentalmente.

«Mamá, antes de marcharnos, tu hijo quiere estar seguro de que tú sabes que de verdad es él. Quiere que sepas que se encuentra bien. Hay vida después de la muerte, y volverás a verlo allí», dije, dirigiéndome a la madre. Ella no podía ver las flores desde donde estaba sentada, así que me giré, recogí el ramo y, a continuación, me acerqué para dárselo. «Parece que tu hijo quería regalarte estas flores. Supongo que significan algo muy especial para los dos».

La mujer tomó el ramo de flores con una enorme sonrisa y lágrimas de felicidad. Se giró hacia el público y explicó que los girasoles eran sus flores favoritas. Su hijo se las regalaba siempre en las ocasiones especiales, cuando quería decirle: «Te quiero, mamá». Nunca le compraba rosas, margaritas, ni ninguna otra flor: ¡siempre girasoles! Entonces ella declaró que aquel ramo era muy especial no solo por su belleza y brillo, sino porque se lo había regalado su hijo. Ambos solían bromear, diciendo que, en realidad, no eran *sun-flowers*, girasoles, sino *son-flowers*, flores de tu hijo. Y luego contó que seguía llevando girasoles a la tumba de su hijo. Me despedí de la mujer con un fuerte abrazo y añadí: «Tu hijo te quiere y, en esta ocasión, le tocaba a él regalarte *son-flowers*».

Es de todo punto imposible forzar a nadie a creer en la vida después de la muerte. Hay que empezar por abrir la mente y el corazón, y solo entonces cabe la posibilidad de abrir también la puerta del otro lado. Ni la distancia, ni el tiempo, ni la muerte podrán jamás separarte de tus seres queridos fallecidos, porque el amor es verdaderamente eterno.

A un solo pensamiento

He aquí una situación que con seguridad nos resultará a todos muy familiar. De repente, sin venir a cuento, te acuerdas de una persona y descuelgas el auricular para llamarla por teléfono. Y esa persona se sorprende al oír tu voz y contesta: «¡Qué casualidad, estaba pensando en ti!».

Quizá conozcas a alguna pareja que hable al unísono, terminando con frecuencia el uno la frase del otro, o diciendo ambos lo mismo en el mismo momento. Pueden ser marido y mujer, compañeros de toda la vida, padre e hijo, hermano y hermana o sencillamente amigos inseparables. A menudo nos echamos a reír cuando ocurre esto. Nos encogemos de hombros y lo achacamos a una pura coincidencia... pero ¿lo es? ¿Cómo puede explicarse el hecho de que a menudo los miembros de una familia capten cuándo algo anda mal entre ellos? ¿O por qué a veces una persona piensa en otra a la que hace mucho tiempo que no ve y, de pronto, al cabo de unas horas, se la encuentra?

No creo que sean coincidencias ni caprichos del destino. A estos fenómenos me refiero cuando hablo de la «conexión alma-alma». Mucha gente considera que esta conexión es una forma de telepatía, es decir, la habilidad de enviar y recibir mensajes e información a través de la mente. La palabra *telepatía* procede de los términos griegos *tele* y *pathy*, que significan «sentimiento lejano». Se trata de una forma de transferencia del pensamiento, en la cual el enlace de la comunicación consiste en un intercambio de energía en el que no participan los sentidos físicos de la percepción. Es el mismo proceso que utilizan los del otro lado cuando quieren comunicarse con nosotros aquí, en esta dimensión física. La *energía* del pensamiento es un poder espiritual; y yo creo que es el poder del amor el que impulsa esta capacidad.

El poder del amor y del pensamiento es la fuerza que nos mantiene conectados a unos con otros. ¿Cuántas veces te encuentras de pronto pensando en una persona fallecida? Como si de repente esa persona surgiera en tu conciencia. Y bien podría ser que, en ese preciso instante, dicha persona del otro lado estuviera pensando tiernamente en ti. Tus seres queridos están *de verdad* a solo un pensamiento de distancia.

Para ilustrar este asunto me gustaría compartir con vosotros la encantadora historia de una niña que creía en el poder del pensamiento. Era una niña pequeña llamada Daisy, que pasó al lado del Espíritu a la tierna edad de 10 años. En sus últimos días, Daisy alzaba la vista hacia su madre y le decía que estaba hablando con su hermanito pequeño, que había fallecido años antes. De hecho, tal y como ella decía, su hermano estaba de pie a su lado, y los dos mantenían una alegre conversación.

«Pero ¿cómo es eso de que hablas con tu hermanito pequeño? Porque yo no te oigo decir nada, ni mover los labios», preguntó la madre, perpleja.

«Pues claro, mamá, hablamos con el pensamiento», contestó la niña, con una sonrisa.

Cada vez que hago una demostración o una lectura privada, yo también me siento impulsado por el amor de los espíritus del otro lado hacia los que se han quedado aquí. Acuérdate de que, al morir, la conciencia de tu alma retiene todas tus experiencias y recuerdos de esta vida. La historia entera de tu alma, que has ido construyendo a lo largo del proceso de la vida, se marcha contigo, igual que tus sentimientos de amor por tus amigos y familiares. Los que nos quedamos atrás sentimos con frecuencia este emotivo cariño que nos envían nuestros seres queridos desde el otro lado, y que conmueve nuestros corazones y nuestras almas.

Naturalmente, la conexión se establece en los dos sentidos; tú también puedes enviar tus pensamientos y tu amor a tus seres queridos del mundo del Espíritu.

¿De verdad estáis ahí?

Cuando alguien fallece y abandona este mundo, el modo natural de comunicación se pierde y se establece uno nuevo. Y esta forma nueva de comunicación tiene lugar a través de la mente.

En lo que respecta a los médiums que trabajamos con la mente, el espíritu del familiar se enlaza a través de una conexión telepática de mente a mente. Una vez establecido este enlace, el médium recibirá información por medio de la clarividencia, la clariestesia o la clariaudiencia. Las palabras, imágenes y sentimientos que los espíritus transmiten a los médiums forman parte del proceso de autentificación por el cual los espíritus validan su identidad.

Sin embargo no es necesario ir a ver a un médium para comunicarse o sentirse próximo a un ser querido fallecido. Mucha gente que viene a verme está ansiosa por conectar con los del otro lado, pero, en realidad, lo único que recibirá será una información de segunda mano. Ya hayas perdido a alguien recientemente o hace mucho tiempo, tienes que saber que tú también puedes conectar con él por ti mismo. Ellos *sí* reciben tus pensamientos, y hacen todo lo que pueden para ayudarte.

Mucha gente siente que sus seres queridos son conscientes de todo inmediatamente, nada más fallecer. Aunque es cierto que el alma progresa de manera natural según he descrito antes, al otro lado, ellos siguen siendo la misma persona a la que tú conociste aquí. Continúan aprendiendo cosas nuevas por sí mismos conforme se adaptan a su verdadero hogar: el mundo del Espíritu. Hacen todo lo que pueden para guiarnos; quizá darnos un empujoncito en la dirección correcta para que lleguemos al lugar adecuado en el momento exacto; además de seguir amándonos, por supuesto. No obstante ellos no pueden evitarnos las lecciones kármicas que nosotros necesitamos aprender aquí.

Tus seres queridos saben por lo que estás pasando y se dan cuenta de cuánto los echas de menos. Tras una pérdida, mucha gente exclama: «¡Es tan extraño! Siento como si estuvieran aquí, justo a mi lado». Pues bien, la razón por la que sienten esto es muy sencilla: ¡porque posiblemente están ahí, en espíritu, a su lado! Ellos tratan de consolarnos, pero es muy fácil que esos gestos tan sutiles que nos envían pasen desapercibidos, sobre todo en los momentos de pesar, cuando nos sentimos muy sensibles y nuestras emociones están a flor de piel.

Cuando sientas que ha llegado el momento, te recomiendo que tomes asiento en un lugar cómodo y que trates por un momento de aclarar o al menos de calmar tu actividad mental. Concéntrate en enviar tus pensamientos a tus seres queridos. Envíales tus oraciones, deseos, tu amor… y, si es necesario, tu perdón.

Pero no esperes la respuesta drástica y exagerada de las películas, en las que el espíritu se manifiesta visiblemente justo delante de ti. Puede que ni siquiera oigas una voz al oído. Quizá incluso sientas que de ninguna forma lo estás consiguiendo. A pesar de todo, por favor, sigue hablando y enviando esos tiernos pensamientos a tus seres queridos del otro lado. Sabrás cuándo consigues conectar. Puede que se trate de la sensación o del sentimiento más imperceptible que quepa imaginar, como un destello de luz sobre tu alma. Quizá recibas respuestas de formas inesperadas; así que procura reconocerlas y hacerles saber que las has sentido.

No dejes que nadie te convenza de que se trata solo de tu imaginación. Sabrás en tu corazón cuándo has establecido esa conexión amorosa con tu ser querido. Se trata de un sentimiento que no tiene nada que ver con el pensamiento habitual de nuestras conciencias. Comprenderás a qué me refiero cuando lo experimentes por primera vez. Confía en mí cuando te digo que «ellos quieren hablar contigo... ¡tanto como tú con ellos!».

CAPÍTULO 4:
Construir el puente

SIN DUDA LA MUERTE es más dura para los que permanecemos vivos que para los que se van. La mayoría de la gente viene a verme cuando tiene el corazón afligido después de una pérdida. Ansían una última despedida o explicación, un último beso o, al menos, un abrazo final que los ayude a seguir adelante con el resto de su vida aquí, en la Tierra, sin sus seres queridos. Por eso yo siempre les hago una pregunta muy sencilla: «¿De verdad ya no estás con ellos?»

Con la colaboración de la gente del Espíritu, intento por todos los medios ayudar a mis clientes a encontrar consuelo en la certeza de que existe realmente una vida después de la muerte. Además de confirmar la existencia del mundo del Espíritu, me gusta proporcionarles también algunas herramientas y técnicas básicas, de manera que puedan ser cada vez más y más conscientes de las señales que reciban de sus seres queridos en el futuro, y que un día, esperemos, lleguen incluso a comunicarse con ellos sin tener que recurrir a mí.

Conviene recordar que, ya nos hayamos encarnado como espíritus en el mundo físico, ya, por el contrario, nos hayamos «descarnado» como espíritus al otro lado, en esencia unos y otros provenimos de la misma fuente espiritual o energía; estamos conectados de espíritu a espíritu. Cuando consigues mantener tu propia comunicación interior con alguien fallecido, obtienes la prueba de la existencia de esta segunda vida después de la muerte. En ese momento, esta verdad se mostrará para ti con una evidencia tal que no puede ser negada ni refutada con argumentos. Una vez aprendas a elevar tu conciencia y mantengas tu propia y especial conexión con tus seres queridos a un nivel espiritual, entonces alcanzarás esa evidencia definitiva, además de una plena y cariñosa comunicación con tus seres queridos.

No obstante, para poder conectar con aquellos que se encuentran en el mundo del Espíritu, tenemos que cumplir con nuestra parte en la tarea de construcción del puente entre este mundo y el otro. Y el primer paso es elevar nuestra conciencia (conocida también como nuestra energía o nuestra vibración), de manera que los del otro lado reduzcan la suya y sea posible un encuentro a medio camino; se trata de alzar un puente entre ambos dominios.

Existen diversas prácticas encaminadas a elevar la propia conciencia que utilizan tanto la meditación como la comprensión y el trabajo con los chakras (los centros de energía), retomaré este asunto en la segunda parte de este libro. Yo os animo también a utilizar vuestra imaginación. El poder de la imaginación puede llevarnos a planos más altos, donde moran nuestros seres queridos en espíritu. La imaginación es el jardín de recreo de nuestra intuición, y juega un papel vital en la conciencia espiritual. Puede ayudarte a desarrollar tus habilidades psíquicas, que tienen una función muy importante en la comunicación espiritual.

Hace algunos años desarrollé una meditación guiada especial llamada «El puente» (*The Bridge*, disponible para descargar a través de Hay House y de johnholland.com). Utilizando el poder de la música, el color y la imaginación, con esta meditación creamos un espacio de silencio en la mente en el que encontrarnos con nuestros seres queridos del otro lado. A lo largo de la grabación le pido al meditador que suba varios tramos de escaleras. Al llegar al final de cada uno de los tramos se encuentra con una puerta, de diferente color en cada caso, que representa los distintos chakras. Cada puerta le va llevando más y más alto; es una metáfora del propio proceso gradual de elevación de la conciencia. Tras subir todas las escaleras y abrir todas las puertas, se introduce en una preciosa pradera. Gracias al poder de la imaginación podrá sentir, oír, ver e incluso oler todo lo que le rodea. Finalmente cruzará un pequeño puente y se encontrará en su propio e íntimo mirador, donde le esperan sus seres queridos.

He recibido muchos mensajes de personas que han utilizado esta meditación y que afirman haber recibido la visita de familiares, esposas, hijos, amigos e incluso de sus adoradas mascotas. Puede que ahora te estés preguntando: «¿Pero será verdad o es solo producto de su imaginación?». Sea como sea, la imaginación es un poder creativo que Dios ha otorgado a cada una de nuestras almas. El proceso de aquietar la mente a través de la meditación, combinado con el increíble poder de la imaginación, es capaz de construir ese puente etéreo de amor que nos mantiene conectados con nuestros seres queridos.

Aunque puede que esperes comunicarte con una persona determinada a través de la meditación, no puedes controlar aquello que te llega. Infinidad de espíritus respaldan constantemente a toda la humanidad con el propósito de ayudarla, pero es muy posible que la mayoría de ellos sean desconocidos para las personas en concreto a las que echan una mano. Algunas veces puede que te encuentres con alguien de tu pasado distante, como, por ejemplo, un profesor o un guía. No siempre vas a conectar con la persona que deseas, pero sí con la que necesitas comunicarte.

La próxima vez que eches de menos a alguien intenta no pensar que se halla en un lugar lejano. Porque en realidad está contigo. No está aquí, con un cuerpo físico, pero sí contigo, en espíritu. Basta con que te acuerdes de que en la conciencia espiritual no hay absolutamente ninguna separación entre ellos y tú. Para ilustrar este punto quiero compartir con vosotros la siguiente historia de una familia con la que mantengo una relación muy estrecha. Esta historia demuestra que nuestros seres queridos están con nosotros en los buenos y en los malos momentos.

El puente del amor

El lazo que nos une con nuestra familia no es solo de sangre, sino también de amor. Chris y su mujer, Claire, asistieron al Great Hall Meeting Room del Faneuil Hall, en Boston, no para admirar un edificio tan bello y antiguo, sino para contemplar orgullosos a su hijo Charlie, que se graduaba como abogado.

Los estudiantes eran llamados uno por uno, y enseguida le llegó el turno a Charlie de ponerse en pie para ir a recoger el título. Nada más nombrarlo, Chris comenzó a sentir la presencia de alguien a su lado. Sentía como si su madre, que había muerto años antes, estuviera de pie, junto a él. Chris se echó a temblar al darse cuenta de lo que estaba pasando. No se trataba de ningún deseo suyo, ni de algo que hubiera estado esperando; sin embargo, sintió en su corazón que su madre estaba allí en espíritu para apoyarlos con todo su amor. En vida, ella jamás había querido perderse ningún momento importante para la familia, y era evidente que quería estar presente también en la graduación.

Entonces, Chris se emocionó y sus ojos se llenaron de lágrimas, y justo en ese instante sintió acercarse otra presencia, que de inmediato colocó una mano sobre su hombro. Al mismo tiempo, en su mente, oyó la voz de su padre, fallecido años atrás, que le decía: «Hijo, estoy muy orgulloso».

Claire alzó la vista hacia su marido, vio claramente lo emocionado que estaba, y pensó que se sentía orgulloso de su hijo. Era un sentimiento patente en el rostro de Chris, que sonreía de oreja a oreja; lo cierto es que también se sentía sobrecogido por el amor de sus padres, que habían querido asistir.

Chris jamás olvidará la mirada de su hijo Charlie al alzar la vista hacia toda la familia, entre el público, ni el tremendo sentimiento de amor que los rodeó a él y a todos en aquel día tan especial. ¡Ese día no hizo falta ningún médium! El amor que sintieron él y toda la familia fue capaz de tender el puente que sus padres cruzaron. Aquello dejó una huella en su corazón que nadie podrá jamás arrebatarle.

El poder del amor

El amor es el fundamento de nuestra existencia. *No* se trata solo de un sentimiento; es también una energía. Hoy en día, la física cuántica confirma lo que los místicos, gurús y profetas han estado diciendo durante milenios: que no existe algo así como la materia sólida. Todo en el universo, incluido tú y tus pensamientos, está hecho de energía. La energía que forma las estrellas del cielo, esa misma energía que recorre todo el universo, es la que se halla en todos y cada uno de nosotros.

Y, como todos somos energía, nos sentimos atraídos y sintonizamos con la misma frecuencia que resuena en nosotros. Este es el fundamento de la ley de la atracción. La definición más simple consistiría en decir que se trata de la creencia de que nuestros pensamientos son imanes. Probablemente habrás oído ese dicho, según el cual, los idénticos se atraen. Pues bien, se trata más bien de que una frecuencia atrae a su misma frecuencia análoga. Los pensamientos positivos te ayudarán a sintonizar con la frecuencia positiva que deseas.

Si envías pensamientos tiernos, atraerás compasión.
Si tienes miedo, será temor lo que se te aproximará.
Si eres amable, atraerás la consideración.
Si te muestras agradecido, generarás prosperidad.

Al ponerte a pensar, empiezas también a sentir; al sentir, vibras; y al vibrar, comienzas a atraer... En otras palabras, atraes exactamente aquello que resuena en ti.

Creo que la energía del amor es la fuerza más potente y de mayor poder curativo que existe en todo el universo. Cuando envías un pensamiento tierno a aquellos que están en el mundo del Espíritu, ellos sienten ese amor. Y ese amor los acerca a ti, y viceversa.

Tus seres queridos tratan constantemente de lograr tu atención y de hacerte comprender que siguen contigo de otro modo. No obstante, a veces hay momentos de soledad y de tristeza profunda en los que no siempre es posible captar su presencia o sentir el amor que te envían. Pero el lazo especial de amor que compartes con tus seres queridos, ya estén aquí o al otro lado, jamás podrá romperse.

¿Por qué establecer contacto?

La gente puede tener razones muy diferentes para desear comunicarse con el Espíritu o con una persona en especial que ha fallecido. La mayoría de las veces pensamos que somos nosotros quienes intentamos contactar con el otro lado, pero en muchos casos es el mundo del Espíritu el que inicia la conversación. Puede que ahora te preguntes por qué aquellos que están al otro lado querrían saber algo de nosotros. Te sorprendería saber que la respuesta no es ninguna explicación profunda, sino sumamente simple. Como médium he hecho incontables lecturas en las cuales he conectado con un ser querido que solo deseaba expresar su amor u ofrecer su apoyo o una disculpa por algo que hizo cuando estaba todavía en el mundo físico.

No hace mucho tiempo hice una lectura en privado para un grupo reducido que, por lo general, viene a constar de 8 o 10 personas. Antes de que llegaran, me había preparado y había abierto mi mente para permitir la entrada a la gente del Espíritu que quisiera comunicarse a través de mí. Muchas personas asisten a este tipo de lecturas en grupos pequeños con la esperanza de escuchar un mensaje de cierta persona en particular. Pero, a veces, llega otro espíritu diferente, al que no esperaban; en ocasiones, incluso se presenta alguien del que ni siquiera quieren oír hablar. Yo no puedo controlar esto porque no soy quien está al mando; es el mundo del Espíritu el que decide. La mediumnidad es algo que no se puede forzar, y yo desde luego no puedo llamar a los muertos. Pero siempre hay una razón concreta por la que aparecen estos espíritus.

En aquella velada, como es habitual, comencé con una explicación sobre cómo trabajo y cómo los espíritus se comunican conmigo a través de mis sentidos psíquicos que me permiten sentir, ver y oír información. Explico también como parte de la introducción que lo único que requiero de los asistentes es que me confirmen cuándo oyen algo que resuene con ellos, pero no que me *ofrezcan* información. Cuanto menos sepa de los asistentes, mejor. Aquella noche, en aquel grupo de ocho personas sentadas alrededor de la mesa, pude captar la expectación y la tristeza en algunas de las miradas.

Para mí, explicar cómo trabajo es una forma de comenzar a abrirme y de sintonizar con el mundo del Espíritu. Envío mis propios pensamientos al otro lado, junto con un saludo: *Hola, amigos. Sed bienvenidos. Ya es hora de que os acerquéis a mí.* Conforme voy hablando, por lo general siento cómo se acercan para ofrecerme información concreta sobre quiénes son y cómo fallecieron, de modo que alguno de los asistentes pueda confirmar el lazo y recibir el mensaje.

Durante aquella velada en concreto pude sentir la presencia de una mujer del otro lado que había fallecido ya muy mayor. El lazo estaba cristalinamente claro porque ella me dirigió hacia una de las asistentes, llamada Ann. Entonces me giré hacia Ann y le dije: «Siento que es hacia ti hacia quien me dirijo. ¿Conoces a una mujer mayor llamada Helen, que murió de una dolencia del corazón y que es familia tuya?»

La decepción en el rostro de Ann no me sorprendió. Ella contestó: «Sí, ya sé quién es. ¿Qué quiere?» ¡Era evidente que no quería saber nada de aquella mujer! Ann continuó diciendo que Helen era su suegra, que había fallecido un par de años antes. Resultó perfectamente claro que, en vida, Helen jamás había aceptado a Ann como nuera. No era una relación fácil para Ann, que solo había soportado a su suegra por el bien de su marido.

Le conté a Ann el tremendo esfuerzo que suponía para los seres espíritu llegar hasta mí; y añadí que, si me lo permitía, podía averiguar la razón por la que Helen había hecho acto de presencia. Helen admitió que en vida había tratado mal a Ann, de modo que no hubo amor entre ellas que se perdiera al fallecer; de hecho, aquella noche, Helen se había acercado a pedirle perdón. Admitió que había sido una persona muy difícil no solamente con Ann, sino con mucha otra gente. Sentí la sinceridad de sus remordimientos, y supe en mi corazón que para Ann era importante oír aquel mensaje.

Ann se echó a llorar mientras escuchaba y asentía. Se preguntaba qué había hecho cambiar a su suegra. Yo le dije que al morir pasamos revista a nuestra vida, y que entonces experimentamos exactamente los efectos que nuestro comportamiento, tanto negativo como positivo, ha tenido sobre los demás aquí, en la Tierra.

El acto del perdón es tremendamente poderoso. Tiene la capacidad de sanar y de transformar. El perdón es una elección. Perdonar no significa necesariamente liberar a las personas de la responsabilidad de sus actos; más bien consiste en aliviar la angustia que soporta el alma del que perdona. Cuando una persona fallecida pide perdón y este es concedido libremente, eso la ayuda a progresar al otro lado exactamente igual que si lo recibiera en el plano físico. Y a la inversa, en el caso de una persona que ha fallecido y a la que no tú has tenido oportunidad de pedir perdón, en el mundo del Espíritu, ella conoce tus intenciones y no te guarda rencor.

Tras ofrecer Helen unas cuantas pruebas más que evidenciaban su relación familiar, añadió que esperaba poder seguir formando parte de sus vidas. Terminó el mensaje diciendo: «Por favor, sé que no has venido aquí con la esperanza de oírme hablar, pero quería reparar de algún modo la forma en que te he tratado. Por favor, acepta mis disculpas mientras sujeto la puerta para que pase tu padre, que viene ahora». Ann se llevó una mano al corazón mientras se enjugaba las lágrimas. Yo esperaba que ella encontrara ese espacio donde perdonarla y, al mismo tiempo, sentía que Helen se alejaba.

El padre de Ann dio un paso adelante y, entonces, ella comenzó a sonreír. Después de todo, era su padre y esperaba de todo corazón saber de él. No obstante estoy convencido de que esta última comunicación habría sido imposible de no haberse adelantado Helen a construir el puente.

A menudo digo que «no siempre conseguimos hablar con quien queremos… pero sí con quien necesitamos de verdad dialogar». En este caso, sin embargo, Ann recibió tanto el amor que su suegra no le había ofrecido en vida como el de su padre, a quien tanto echaba de menos. Creo que la Ann que aquella noche volvió a casa era otra persona por completo diferente y, esperemos, con una carga menor sobre el alma.

Comunicación tras la muerte

Hay un lenguaje especial que trasciende el tiempo y el espacio; un lenguaje que no está constreñido por las limitaciones de las palabras, sino que consiste en señales, símbolos, energía y pensamientos. Pero este lenguaje solo puede escucharse y verse cuando prestamos verdadera atención… Es el lenguaje del Espíritu.

Cuando las personas fallecen y se adaptan a su nueva existencia, con frecuencia hacen lo imposible con tal de llamar nuestra atención. Cuando envían una señal están tratando de decirnos que han sobrevivido a la muerte, que nos aman y que quieren que vivamos plenamente nuestra vida. Permanece atento y presta atención porque podrían ser ellos quienes estuvieran enviándote el arco iris, esa canción que conoces tan bien, y que has oído últimamente en la radio, o ese sueño tan especial en el que ellos aparecen felices, fuertes y rebosantes de salud. O quizá podría presentarse de pronto una de esas bellas criaturas de la naturaleza a las que ellos tanto querían, o podrías oler el maravilloso aroma de su flor favorita, o incluso notar un leve toque en tu rostro, que tú crees producto de la brisa. Ellos solo quieren hacernos llegar un mensaje: «Te quiero y no me he ido; estoy aquí, a tu lado. Aunque no me veas, estoy aquí».

Estas señales especiales reciben el nombre de comunicación tras la muerte (CTM). A mí también me gusta llamarlas «tarjetas de visita». (Escribí sobre estas señales y símbolos especiales en mi último libro, *The Spirit Whisperer*, pero me parece importante hacer un breve resumen aquí, ya que mucha gente no lo ha leído).

La comunicación tras la muerte me llamó la atención cuando leí *Saludos desde el cielo*, un libro escrito por Bill y Judy Guggenheim. Judy y Bill llevaron a cabo una extensa investigación sobre la comunicación tras la muerte en la que entrevistaron a más de 3.000 personas que creían haber establecido contacto con familiares fallecidos. El libro incluye más de 300 casos diferentes de CTM. El convincente estudio de Judy y Bill concluye que, según sus estimaciones, entre 60 y 120 millones de americanos han experimentado algún tipo de CTM. Este número tan elevado y asombroso solo sirve para destacar que la CTM es muy corriente, y que ocurre todo el tiempo.

Muchos de nosotros hemos experimentado acontecimientos sincrónicos, o hemos recibido señales y símbolos de las personas del otro lado. Sin embargo, es fácil pasarlos por alto o incluso explicar convenientemente estos hechos como una «pura coincidencia». De hecho, yo mismo recibí hace poco una señal que estuve a punto de explicar de otro modo... ¡a pesar de llevar años dedicándome a esto!

Una noche pasaba por delante de la cocina, pensando en mi madre, que había fallecido poco antes, cuando, de repente, oí un *clic*. Noté que los lápices y bolígrafos que guardaba en una taza sobre la encimera se inclinaban extrañamente hacia la izquierda, cuando poco antes los había visto ladeados hacia la derecha. Recuerdo haber pensado para mí mismo: «Mmm... será la brisa que he creado al pasar». ¡Sí, ya! ¿A qué velocidad tendría que haber pasado para crear semejante brisa? Pensé en ello, y entonces me di cuenta de que era imposible que esos bolígrafos se hubieran volcado solos hacia el extremo contrario. Sonreí de oreja a oreja y exclamé: «¡Gracias, mamá! ¡Ya capto el mensaje!».

Es importante resaltar aquí que *no* es necesaria la actuación de un psíquico o de un médium para facilitar la CTM. Tampoco hace falta ningún tipo de herramienta para recibir e interpretar el mensaje. Estas experiencias espirituales ocurren de forma espontánea. Suceden de muchas maneras y, por lo general, se trata de mensajes muy personales. Algunas personas cuentan con signos especiales y únicos como medio de comunicación entre ellos. He aquí una conmovedora historia de amor eterno que he oído recientemente y que refuerza todo lo que estoy diciendo.

Erizos de mar: toques de amor

Dicen que el mar conversa con el alma, y muchas veces sus arenosas playas guardan un tesoro muy especial. Jeri y David mantenían un bello ritual romántico; se trataba de algo que siempre hacían juntos. Se dirigían a la playa más cercana, pero no para ver la puesta de sol, sino para pasear cogidos de la mano y contemplar el ir y venir de las maravillosas olas. Y entonces buscaban los erizos de mar que la marea arrastraba hasta la orilla. Se trataba de un momento que compartían siempre juntos, y era extraño el día en el que no encontraban unos cuantos erizos que llevar a casa. Cada uno de esos erizos se convirtió en un recuerdo especial de sus románticos paseos por la playa. Poco podían imaginar que un día ese tesoro llegaría a significar mucho más de lo que ninguno de los dos hubiera podido imaginar.

Se casaron y tuvieron una niña, Riley, y dos chicos, Tegan y Logan. Todo parecía ir a pedir de boca. Pero, entonces, David desarrolló un cáncer muy agresivo, y falleció demasiado pronto. Jeri perdió al amor de su vida y a su mejor amigo; y los niños perdieron a su tierno padre.

Meses después del fallecimiento, Jeri estaba en el salón con su hijo más pequeño, Logan, que, en aquel momento, tenía ya 14 años. Los dos pensaban mucho en David en los últimos tiempos. Logan estaba a punto de comenzar el nuevo año escolar, su primer año de bachillerato, y Jeri sabía que a su hijo le habría gustado que su padre estuviera allí con él para apoyarlo en una fecha tan especial. Jeri advirtió el estado de ánimo de su hijo, así que le susurró: «¿Quieres venir conmigo a pasear por la playa de los erizos de mar?». Antes de que hubiera terminado siquiera de preguntar, Logan había saltado del sofá con una sonrisa y había salido corriendo hacia la puerta. ¡Esa fue su respuesta!

Era la primera semana de septiembre, y la playa estaba prácticamente vacía. Sin cruzar siquiera una palabra, ambos echaron a caminar y se lanzaron a buscar erizos de mar, tal y como habían hecho siempre David y ella. Caminaron arriba y abajo por la playa, empujando montoncitos de arena con el pie y registrando la arena en busca del tesoro. Y, sin embargo, por más que miraron, no lograron encontrar un solo erizo de mar. El rostro de Logan apenas era capaz de ocultar la frustración y la desilusión. Entonces, Jeri alzó la vista al cielo y dijo mentalmente: «David, por favor, envíanos una señal. Logan comienza el bachillerato mañana, y ahora precisamente le vendría de maravilla un señal del cielo».

Jeri se dio la vuelta por un momento para que Logan no pudiera ver las lágrimas de sus ojos. Fue entonces cuando vio una pequeña barca que se acercaba a la playa. Jeri habría jurado que antes no estaba, y desde luego no comprendía de dónde había salido. El hombre que navegaba en el bote se puso en pie, los saludó con la mano, y gritó: «¡Eh!, ¿estáis buscando erizos de mar?».

«Sí», contestaron los dos al unísono, con un rotundo clamor de emoción.

El hombre sonrió y dijo: «Pues echad un vistazo en ese banco de arena de ahí».

Jeri y Logan le dieron las gracias y corrieron al lugar señalado. Ella volvió la vista atrás por un momento, pero el hombre había virado el bote y se alejaba. Pensó que era extraño que no les hubiera preguntado si estaban buscando conchas, trozos de vidrio desgastados por el mar o incluso piedras con forma de corazón. En lugar de ello había mencionado en concreto los erizos de mar.

Logan se adelantó corriendo, muy nervioso, esperando encontrar su tesoro. Y enseguida, para su propio asombro y felicidad, vio un erizo de mar que sobresalía de la arena. Y luego, otro, y otro, y otro más. Cuanto más buscaba, más erizos encontraba.

Jeri sonrió al oír a su hijo gritar de júbilo: «¡Mamá, mamá, aquí hay otro!». Encontraron tantos, que llenaron todos los bolsillos que llevaban. Y mientras caminaban de vuelta por la playa, contaron un total de 43 erizos más. Logan alzó la vista hacia ella, sonriendo con los ojos llenos de lágrimas, y exclamó: «Mamá, ¡esto es mejor que la lotería!».

Jeri sabía en lo más profundo de su corazón que había sido David quien los había ayudado. Cerró los ojos y sintió una suave brisa acariciar su rostro; algo así como un beso. Un escalofrío recorrió su piel ante la presencia de su marido.

Logan no dejaba de preguntar: «Pero, mamá, ¿cómo sabía el hombre de la barca qué estábamos buscando? ¡Apuesto a que era papá quien nos saludaba!».

Estoy convencido de que para Jeri y su familia habrá siempre muchos más erizos de mar (y muchas otras CTM). Y esos erizos les traerán recuerdos felices de días de sol, risas alegres, paseos tranquilos sin preocupaciones, suaves abrazos y besos cariñosos que atesorarán para siempre. Las señales sencillas pueden llegar a calar muy hondo. Un símbolo especial, que tenga un significado único para ti, siempre conmoverá tu corazón. Y, a partir de ahora, cada vez que Jeri pasea a lo largo de esa playa, ya vaya sola o con sus hijos, sabe que David está a su lado.

Comunicación tras la muerte a través de los sueños

A lo largo de los años he oído miles de relatos en los que se producía una comunicación tras la muerte. Por ejemplo, la casa de un hombre se llenó de olor a tabaco de pipa, y él rememoró de inmediato los momentos en que su padre la encendía. Una mujer me contó que sintió como si la besaran en la frente y que supo que había sido su marido, fallecido repentinamente. Otra me dijo que se había formado un hueco sobre la cama exactamente del mismo tamaño que su mascota, que acababa de fallecer. Aunque hay cientos de formas de comunicación con los espíritus a través de la CTM, sin lugar a dudas, los sueños son la principal.

Nuestra mente no hace horas extras durante el sueño. Como está serena y en calma, el lado izquierdo del cerebro, que constituye la parte analítica, es capaz de tomarse su merecido descanso. Es entonces el momento perfecto para que los espíritus se cuelen en nuestra conciencia y en nuestra psique. Pero esto no significa que vaya a ocurrir de forma inmediata. A mi madre le llevó un año entero venir a visitarme en sueños una vez fallecida. No fui yo quien la llamó, pero, de alguna forma, sabía que antes o después iba a ocurrir.

Me encanta preguntar al público: «¿Quién ha tenido un sueño en el que apareciera un ser querido fallecido y supiera a ciencia cierta que se trataba de él?» Un mar de manos se levanta al unísono en respuesta. Ya tuvieras ese sueño hace días, semanas o incluso años, el recuerdo de una comunicación tras la muerte tan especial suele permanecer en la memoria como si hubiera sido ayer.

Entonces yo le pido a la gente que me relate lo que ocurrió en dicho sueño, que me cuente qué se dijo y que me describa qué aspecto tenía ese familiar o amigo fallecido; y las respuestas por lo general son siempre las mismas. En primer lugar, sus seres queridos tienen un aspecto saludable y vibrante, a pesar de haber estado enfermos, de que la edad hubiera hecho estragos en sus cuerpos o de que hubieran muerto en un accidente. Aparecen sonriendo, rebosantes de salud y perfectos. Mucha gente recuerda haberles preguntado en sueños: «Pero ¿tú qué haces aquí? ¡Si estás muerto!».

Los mensajes que nos llegan en sueños por lo general son cortos. Sin abrir siquiera la boca, los espíritus utilizan el pensamiento para transmitirnos que han sobrevivido, que están vivos y que siguen amándonos. Y lo más importante: ellos *quieren* que tú sigas adelante con tu vida, que seas feliz y que sepas que volveréis a veros.

En estos sueños tan especiales es posible que te den un abrazo que sientes de una forma tan real y tan cariñosa que, cuando te despiertas, tus ojos están llenos de lágrimas. Ten fe y confía en que *de verdad* fueron ellos los que vinieron a visitarte y a darte ese abrazo.

Naturalmente no todos los sueños en los que aparecen nuestros seres queridos fallecidos constituyen una auténtica comunicación tras la muerte. Puede que tu propia mente esté trabajando en el proceso de duelo; sobre todo si el sueño te resulta perturbador, si tu ser querido se presenta de una forma preocupante, inquietante o con una actitud negativa. Sabrás cuáles son genuinas CTM porque todas ellas se presentan con claridad, suelen ser muy detalladas e irradian cariño, gozo y sentimientos positivos.

Te recomiendo tener un diario en la mesilla de noche para escribir tus sueños, ya sean comunicaciones tras la muerte o no. Eso te creará el hábito de prestar más atención y de recordar más detalles de los sueños. Si lo que quieres es tener una comunicación tras la muerte con un ser querido, entonces una buena forma de empezar es pasar un tiempo en callada reflexión o meditación. Envíale tus pensamientos a esa persona. Piensa en todo el amor que albergas en tu corazón y acuérdate de él. Pídele que aparezca en tu sueño, y dile que tú estás listo y ansioso por recibir el mensaje.

Pero acuérdate de que, aunque solo desees ver a una persona determinada, es posible que recibas también un mensaje de quien menos esperas.

Signos comunes de la comunicación tras la muerte

Puede que, en algún momento, ya hayas detectado la presencia de un espíritu, por mucho que, en realidad, no te dieras cuenta del todo. Por ejemplo: ¿alguna vez has sentido a un ser querido de pie, junto a ti, y lo has explicado pensando que era producto de tu imaginación o simplemente un deseo? ¿En alguna ocasión has visto algo por el rabillo del ojo y, al volver la vista para mirarlo de frente, resulta que ha desaparecido? ¿Te ha ocurrido que has oído a alguien llamarte por tu nombre cuando no había nadie en casa? Todos estos son ejemplos típicos de algunas de las formas en que nuestros seres queridos tratan de hacernos notar su presencia.

Como hay tantas formas de recibir una señal de un espíritu, haré una lista de algunas de las más corrientes:

- Sentir la presencia de un ser querido.
- Encontrar monedas relucientes, como, por ejemplo, de céntimo.
- Aparatos eléctricos que se encienden y se apagan solos.
- Teléfonos que suenan y muestran en la pantalla el nombre de nuestro ser querido fallecido como origen de la llamada.
- Signos naturales, tales como la aparición del arco iris.
- Apariciones repentinas de animales concretos, pájaros o insectos… ¡Si es una mariposa, estás de suerte!
- Una serie concreta de números que no deja de aparecérsete.
- Olores cuya fuente física es desconocida.
- Cosas que se pierden y luego, de pronto, aparecen en cualquier otro sitio, no se sabe cómo.
- Suena en la radio la canción favorita de alguien justo cuando estás pensando en él.
- Sucesos sincrónicos y otras extrañas «coincidencias».
- Ver a alguien en la distancia que parece el doble de tu ser querido fallecido.
- Aparece el nombre de la persona amada fallecida justo cuando estabas pensando en ella.

Estos son solo unos pocos ejemplos de las muchas formas en que nuestros seres queridos pueden intentar llamarnos la atención. Confía en mí; están intentando llegar hasta ti. No intentes *exigirles* que te envíen una señal; es mucho más probable que aparezcan cuando menos te lo esperas. Porque igual que tú tienes tu vida aquí, ellos la tienen allí; así que no pueden estar siempre a tu disposición.

Sea cual sea el tipo de comunicación tras la muerte que recibas, ellos siempre pretenden mostrarse cariñosos, felices y positivos. Y, por lo general, se presentan justo en el momento en el que más los necesitas. No deberían asustarte ni atemorizarte, ni tampoco provocarte dolor. Porque, una vez más, es la forma de los espíritus de decir: «Te quiero, y siempre estoy contigo».

Si crees en la comunicación tras la muerte pero todavía no has experimentado ninguna, tienes que saber que a menudo los espíritus te observan y toman nota. Si saben que estás todavía muy dolido y que una comunicación con ellos podría perturbarte o aumentar tu tristeza, entonces es posible que te envíen el mensaje a través de otro espíritu hasta que tú estés listo para verlos.

Así que cuando sientas que estás *abierto* y listo para *recibir* esa señal, piensa con amor en ese ser querido. Pídele que te muestre una señal; una que tú sepas que solo puede venir de él. Mantén la mente abierta, sin esperar nada respecto a la forma que debe tener dicha señal. Puede que recibas el mismo símbolo una y otra vez, o quizá te envíen continuamente mensajes diferentes. Confía en mí; ellos saben cuándo estás listo y cómo llamar tu atención. Muéstrate agradecido hacia ellos, exprésales tu afecto, y mantenlos junto a tu corazón, porque verdaderamente te *saludan desde el Cielo*.

«Estoy justo a tu lado»: *formas de establecer tu propio contacto*

Si los espíritus son capaces de llegar hasta ti, entonces parece obvio que tú también puedes comunicarte con ellos. Y lo mejor de todo es que para entablar este tipo de contacto por tu cuenta no necesitas a ningún médium, ni tampoco precisas tener una habilidad especial. Hay numerosas formas de comunicarse con los seres queridos fallecidos y de mantener un contacto diario, pero tienes que comenzar tomando una decisión firme y, por supuesto, creyendo que *es* posible.

Quiero reiterar que, cuando alguien fallece, *no* pasa de pronto a saberlo todo. Ellos pueden guiarte amablemente y ayudarte en todo lo posible, pero no pueden interferir en las lecciones kármicas que necesitas aprender en esta vida. Me acuerdo de una mujer encantadora que vino a verme hace pocos años. Estaba feliz con mi lectura porque el espíritu de su madre se había aparecido con toda claridad. Sin embargo, al marcharse, me dijo: «Me ha desilusionado un poco que mi madre no me dijera si tengo que divorciarme o no de mi marido». Yo le contesté que no era su madre la que tenía que tomar esa decisión. Hay ciertas lecciones que debemos aprender mientras estamos aquí, y no podemos esperar que el Espíritu decida por nosotros o nos dé todas las respuestas.

A continuación voy a describir una serie de técnicas que no son sino algunos de los modos de conectar con nuestros seres queridos fallecidos sin necesidad de tener habilidades como médium. Si lo que quieres es progresar en tus capacidades como psíquico o como médium, entonces estas técnicas constituyen un buen comienzo para desarrollarte. (Me extenderé un poco más sobre el perfeccionamiento de las habilidades como médium en la segunda parte de este libro).

Aunque hay muchas formas de comunicarse con el Espíritu, no se trata de fórmulas fijas e inmutables, idénticas para todos los individuos. Aquello que funciona para una persona puede no ser útil para ti. La clave del asunto consiste en probar distintas técnicas hasta encontrar la que te sirva. Con suerte, alguna de las que explico a continuación os permitirá a tus seres queridos y a ti construir ese puente de amor que une ambos mundos.

Meditación: entrar en la quietud

Antes de comunicarnos con el otro lado es importante prepararnos, aclarando los pensamientos y aquietando la mente. La meditación nos ayuda a construir el puente entre los dos dominios al elevar nuestra conciencia. Gracias a la meditación, creamos un espacio para que la gente del Espíritu transfiera sus pensamientos a nuestra mente.

La meditación es un estado del ser en el cual nuestra mente activa se ralentiza; es un momento de callada reflexión hasta lograr la claridad. Con el tiempo y la práctica, la meditación puede llevarte a un lugar en el que acallas tu ruido mental. Y como consecuencia te haces crecientemente consciente de las cambiantes energías sutiles de tu interior. Puede que te parezca imposible, pero de hecho puedes entrenarte para observar cómo aparecen y desaparecen los pensamientos de tu mente, de una forma muy similar a como van y vienen las olas del mar. Los pensamientos que invaden tu mente al empezar a meditar comenzarán enseguida a perder su poder para influir en tu conciencia.

Hay muchas formas de meditar, y puedes elegir la práctica que te resulte más efectiva. Yo te ofrezco algunas técnicas muy valiosas de meditación en uno de mis primeros libros, *Psichic Navigator*.

Al principio intenta meditar solo durante 10 o 15 minutos. Conforme vayas adquiriendo práctica, prolonga gradualmente el tiempo de meditación lo que te parezca conveniente o mientras te sientas cómodo. Es importante dedicar tiempo a la meditación; tómatelo como si tuvieras una cita contigo mismo. Te recomiendo que intentes meditar todos los días a la misma hora y, si es posible, en el mismo lugar. Al hacerlo así estarás aumentando la energía de ese lugar. Y no solo sentirás después esa energía serena cada vez que vuelvas a él, sino que además tu puente con el otro lado será cada vez más y más fuerte con cada meditación. No te sorprendas si, al pasar, la gente comenta que siente cierta serenidad y paz en dicho lugar. Se trata de tu energía.

Invítalos

Tus seres queridos saben que intentas llegar hasta ellos, así que invítalos a reunirse contigo; para ello sigue los pasos que explico a continuación:

- Encuentra un lugar cómodo, como, por ejemplo, tu zona de meditación, y enciende una vela votiva, pero con precaución para no quemar nada. Déjala sobre una mesa y coloca a su lado una fotografía de tu ser querido, de manera que puedas verlo. Busca una foto en la que salga muy feliz porque, en realidad, ¡ese es el aspecto que tiene ahora mismo! Míralo a los ojos por un momento. Contempla la luz que irradia de él, y mantén esa bella imagen en tu memoria.

- A continuación afirma que tienes la intención de abrirte para recibir los mensajes o señales que quiera enviarte. Al declarar tu propósito, lo estás invitando con amor y con un corazón y una mente abiertos. Tú siempre estarás a salvo y controlarás la situación, ya que eres tú quien trata de comunicarse con él. Si sientes que necesitas cierta protección, rodéate de luz blanca y pídele que te envíe solo aquello que sea para tu mayor bien.

- Cierra los ojos y medita para aclarar tu mente y liberar espacio. Mantén la imagen de la fotografía de tu ser querido viva en la mente.

- Mándale un pensamiento de amor e invítalo a unirse a ti. Dile que no ocurrirá nada si se acerca a verte. Acuérdate de que ellos toman nota de tu estado antes de conectar, y solo se comunicarán contigo si saben que eso no va a perturbarte.

- Haz una pregunta en tu mente y espera sin impaciencia. Intenta no crearte expectativas. Aquí la clave es la paciencia para estar seguro de que recibes un mensaje que no proviene de tu imaginación. Puede que sientas que tu ser querido se te acerca, o quizá notes el roce de una brisa, como un beso o un suave abrazo. Es posible que oigas una sola palabra o una frase o que veas una imagen o un símbolo. Quizá incluso notes la fragancia de un perfume o de una flor. (No te preocupes si no recibes un mensaje o un signo de inmediato; puede que obtengas la respuesta cuando menos te lo esperes).

- Y lo más importante: confía en aquello que estás recibiendo, y no trates de manipularlo o de hacerlo encajar con alguna idea preconcebida sobre lo que te gustaría oír o lo que necesitas oír. Como ya he dicho, ellos ya no tienen cuerpo físico, de modo que también están aprendiendo y necesitan establecer esta nueva forma de comunicación. Si es la primera vez, entonces se trata de una experiencia de aprendizaje para los dos. Y como ambos estáis aprendiendo a comunicaros, al principio es normal si simplemente charláis sin más consecuencias o expectativas. Cuanto más hables mentalmente con él, más fuerte se hará el lazo. Y cuanto más repitas esto, más experto te harás en edificar ese puente con tus seres queridos.

- Termina siempre dando las gracias a tu ser querido por acudir. Dile: «ya nos veremos», en lugar de «adiós», porque tú sabes que puedes volver a conectar con él cuando quieras.

Construir una base de datos psíquica

Los espíritus me hablan con palabras, imágenes, sentimientos y símbolos. Me acuerdo de un dicho muy sencillo, y, sin embargo, muy profundo, que aprendí cuando estudiaba para convertirme en médium: «El Espíritu jamás malgasta un pensamiento».

Si lo que me envía el espíritu es un símbolo, entonces la clave es la asociación. Por ejemplo, si en el mensaje hay una hoja de arce, con frecuencia significa que la conexión es con Canadá. El espíritu sabe que para mí una hoja de arce representa a un país más que a un verdadero *arce*, así que cuando recibo este símbolo no suelo malinterpretarlo. Una cascada significa siempre el norte del estado de Nueva York, igual que un arco iris me muestra a un artista. Cuando me ponen una tarta de cumpleaños delante significa que es el cumpleaños de alguien. Si el espíritu imprime en mí la imagen del número uno, quiere decir que se trata del hijo único o del primogénito de la persona para la que estoy haciendo la lectura, o bien de alguien de quien esa persona cuidó antes de morir. Un par de tijeras significan que alguien de aquí o del otro lado es estilista. Estos son solo unos pocos ejemplos de las imágenes que se me aparecen con frecuencia.

Nada más comenzar a conectar con el Espíritu empecé a escribir en un diario todos los símbolos y señales que recibía. Me pregunté a mí mismo: «¿Qué significa este símbolo para mí?» o «¿Qué significa esto para esa (madre, padre, hijo, etc.) que ha fallecido y con el que estoy conectando?». Cuantas más veces hagas este tipo de preguntas, más notarás que te llegan una y otra vez los mismos símbolos en situaciones similares.

A lo largo de los años he elaborado una «base de datos psíquica», como me gusta llamarla a mí, con todos esos recuerdos, imágenes, símbolos y signos. Es importante tener en cuenta, sin embargo, que se trata de *mis* símbolos. Un símbolo o una imagen pueden tener un significado muy importante para mí, mientras que esa misma imagen puede querer decir algo completamente diferente para otra persona. Por eso es importante, cuando comenzamos a recibir mensajes del Espíritu, confeccionar nuestra *propia* base de datos de símbolos. Anota con detalle en tu diario tu análisis e interpretación de los símbolos que recibes conforme intentas conectar con tus seres queridos. Crea un lenguaje personal y único, y enseguida la gente del Espíritu comenzará a utilizar aquellos elementos de tu base de datos que les sirvan para construir su mensaje. Se trata de una auténtica y definitiva colaboración.

Objetos personales

Todo contiene energía que vibra con su propia y única frecuencia, y esto incluye todo tipo de cosas y objetos personales. Por ejemplo, cuando una amiga mía quiere hablar con su marido, que murió hace un año, juguetea y da vueltas al anillo de boda que él le regaló y que ahora lleva colgado de una cadena al cuello. Es su gesto personal para llamarlo. Y cuando Rosa, otra amiga, quiere conectar con su abuela, alza la mano y palpa el broche antiguo que ella le regaló. Un hombre me contó que él toca la camiseta de su padre cada vez que quiere sentirse cerca de él.

Casi todos nosotros tenemos objetos personales que pertenecieron a otra persona y que nos regalaron o heredamos de alguien muy especial. Atesoramos estos objetos que pertenecieron a nuestros seres queridos. Y cuando tratamos de conectar con su espíritu, sujetamos ese objeto especial y enviamos a esa persona un pensamiento lleno de amor. Este acto no es otra cosa en realidad que una invitación con la que pretendemos hacerles saber que estamos pensando en ellos. Si, de repente, sin darte cuenta, te encuentras palpando, jugueteando o dando vueltas a ese objeto especial, bien podría ser porque esa persona está pensando en ti. Porque es su forma de llegar hasta ti.

Recitar oraciones

Sé que muchas de las personas que están leyendo este libro son conscientes de que somos parte de algo mucho más grande que nosotros mismos. Algunos lo llaman *Dios*, otros, *Espíritu*, y otros, *Creador*, por citar solo unos pocos nombres. La mayoría de las religiones están de acuerdo en que existe una auténtica Fuente que cuida de todos, seamos quienes seamos y sean cuales sean nuestras circunstancias personales. Y tiene todo el sentido del mundo que anhelemos de forma natural conectar con esta Fuente divina. Esta Fuente desea cuidarnos y satisfacer nuestras necesidades, pero también que le respondamos. Quiere ayudarnos, pero además desea una comunicación por nuestra parte.

Las oraciones (ya se reciten en voz alta o no) son nuestro medio principal de comunicación con Dios, con el alto poder, el universo, o lo que sea aquello a lo que me refiero cuando hablo de la Fuente divina. Dicho de forma sencilla: al rezar, te conectas. Es nuestra forma de desarrollar una relación con la Fuente como seres humanos. Esta conexión puede beneficiarnos en muchos sentidos. Podemos rezar a nuestros seres queridos o rezar por ellos, y ellos también pueden rezar por nosotros. Funciona en los dos sentidos. Yo encuentro útil además rezar *a* determinados seres queridos. Creo que las oraciones son, de hecho, pensamientos iluminados con amor.

Aunque personalmente no termines de creer en ninguna deidad suprema ni sigas los dictados de ninguna fe, siempre habrá momentos en los que te encuentres a ti mismo ofreciendo una oración de gratitud, ya seas o no del todo consciente de a quién le estás dando las gracias. La oración nos permite forjar una relación con algo o alguien al que quizá no podamos ver, pero que sin duda está ahí. El pastor Max Lucado describe bellamente el poder de la oración: «Nuestras oraciones pueden ser torpes; nuestras tentativas, pobres. Pero, como el poder de la oración reside en quien la oye y no en quien la recita, nuestras oraciones sí pueden marcar una diferencia».

Mirarse al espejo: una experiencia visionaria

¿De verdad podemos ver a nuestros seres queridos fallecidos ante nosotros? Según el doctor Raymond Moody, esto es posible *mirándonos al espejo*; un proceso conocido también con el nombre de *escrutar el futuro*. Moody desarrolló su propia técnica para mirarse al espejo, empleando para ello una cámara psicomántica que él mismo construyó, inspirada en las técnicas antiguas que se utilizaban hace 2.500 años en el oráculo de los muertos de Éfira, en Grecia. A lo largo de los años, le he oído hablar muchas veces de gente que se ha mirado al espejo en su cámara psicomántica, y que acto seguido ha establecido su propio contacto personal con sus seres queridos.

No es necesario que construyas o tengas tu propia cámara; cualquier espejo puede hacer las veces de puerta. Basta con que sigas estos pasos:

- Siéntate cómodamente y trata de escrutar la profunda claridad del espejo. Yo te recomiendo que coloques o bien un espejo alto en la pared, o bien uno más pequeño sobre una mesa, de manera que puedas verte bien en él.
- Enciende una vela y déjala detrás de ti, lejos de tu mirada. El propósito es iluminar suavemente la habitación; lo justo para

que veas tu reflejo en el espejo. Yo he descubierto que cuanto más tenue es la luz, mejores resultados se producen.

- Relaja profundamente tu cuerpo hasta que te sientas pesado. Cuando estés listo, mira al espejo sin tratar de ver nada en concreto ni forzar la vista. Relaja los ojos y dirige la vista al espejo con naturalidad. Algunas personas dicen haber notado que el espejo se enturbiaba, o que aparecía una fina capa de niebla gris. Si experimentas esto, no te preocupes, es normal. Y no se trata de que tus ojos te estén jugando una mala pasada. Deja que ocurra, porque, por lo general, es un signo de que la visión está a punto de aparecer.

- Cuando comiences a ver imágenes, por favor, no trates de controlarlas. Permite que fluyan de forma natural sin ponerte tenso: mantente relajado. Puede que veas a un ser querido, a tu mascota, o incluso que revivas un recuerdo especial de tu pasado. Algunas personas me han contado que ven imágenes en tres dimensiones, de modo que las cosas que veían se salían del espejo. Estas imágenes pueden durar desde unos segundos hasta unos minutos. Cuanto más practiques esta técnica, más experto serás y más perdurarán tus visiones. Pero no te sorprendas ni te preocupes si al principio no ves nada; puede que, más que ver, sientas a tus queridos a tu alrededor.

- Te recomiendo que escribas tus experiencias con el mayor detalle posible. Puede que llegue el día en el que necesites reflejarte en una imagen aparecida mucho antes, o quizá requieras de cierta inspiración que te sirva para levantar el ánimo y reconfortarte.

El fenómeno de la voz electrónica (FVE)

Mucho se ha especulado acerca de la máquina en la que estaba trabajando Thomas Edison justo antes de morir y que posibilitaría la comunicación con los muertos. Conocida con el nombre del «teléfono espiritual», y desde luego si alguna vez alguien hubiera sido capaz de inventar semejante ingenio, sin duda habría sido él. Por supuesto jamás se encontró dicho equipo, pero podría haber otro modo de hablar con la gente del otro lado: ¡electrónicamente!

En el campo de la parapsicología se está llevando a cabo una extensa investigación sobre el fenómeno de la voz electrónica (FVE). Se trata de sonidos que se graban electrónicamente y que no son audibles para el oído humano. Fue el parapsicólogo Konstantins Raudive quien popularizó esta idea en la década de los setenta del siglo pasado. Él describió el fenómeno de la voz electrónica como un sonido característicamente breve que, por lo general se prolonga solo durante el tiempo que se tarda en pronunciar una palabra o, como mucho, una frase corta. He escuchado estos sonidos electrónicos y, aunque por lo común vienen acompañados de interferencias, se oye claramente una voz.

Esta técnica no tiene por qué ser útil para todo el mundo, pero muchas personas están teniendo éxito con ella a la hora de contactar con el otro lado. Si te intriga y deseas investigar sobre el fenómeno de la voz electrónica, te recomiendo que permanezcas bien atento y que confíes en tu intuición cuando se te presente algo que esté fuera de tu esfera de entendimiento. Pero, si estas experiencias no te hacen sentir bien, entonces no sigas adelante.

La comunicación inducida por los terapeutas

A mí me encanta ver cómo el Espíritu y la sincronicidad trabajan al unísono para traernos y manifestar justo aquello que necesitamos. Cuando estaba escribiendo este libro, esperaba añadir en este apartado otra técnica más para contactar con nuestros seres queridos, pero, por supuesto, «ellos» no me defraudaron. Durante la investigación que tuve que llevar a cabo para redactar esta sección en particular, un amable caballero se presentó para ofrecerme cierta información sobre la organización que él mismo presidía. Era el doctor R. Craig Hogan, el director del Instituto para el Entrenamiento y la Investigación de la Vida después de la Muerte (Alferlife Research & Educational Institute). Naturalmente, le conté que se había presentado *justo* en el momento preciso.

Craig y el equipo de fundadores del instituto han consagrado su vida a entrenar a la gente en los distintos métodos de comunicación tras la muerte, de modo que todas las personas puedan dialogar con sus seres queridos fallecidos. El instituto además realiza una labor de divulgación de los últimos avances en tecnologías de la comunicación tras la muerte y de los descubrimientos en la investigación de los estados alterados de conciencia. Han publicado algunos de los métodos más efectivos de comunicación tras la muerte, desconocidos hasta el día de hoy. Según declaraciones de Craig: «Seremos testigos de la llegada del día en el que la comunicación tras la muerte sea algo corriente».

En mi opinión, encuentro muy sincrónico el hecho de que él se pusiera en contacto conmigo justo en el momento en el que yo estaba escribiendo esta sección sobre cómo contactar con los seres queridos sin necesidad de un médium. Disfruté tanto de nuestra conversación que lo invité a mi espectáculo semanal de radio en Hay House Radio, *Spirit Connections* [Conexiones espirituales]. Durante la entrevista, él me habló de una nueva técnica fascinante, llamada «terapia de reconexión y reparación del dolor», que está obteniendo muy buenos resultados en las personas que participaron en el estudio con terapeutas licenciados y entrenados.

El tratamiento es administrado por terapeutas con licencia estatal para ejercer en el campo de la salud mental, consejeros matrimoniales y familiares, trabajadores sociales, psicólogos y psiquiatras. Este método puede reducir e incluso llegar a eliminar el profundo dolor que padece una persona. La interpretación personal que hace cada cual de la muerte de un ser querido, sus creencias e imágenes negativas, sentimientos de culpa y de ira e incluso su trauma se reorientan y sustituyen por un reiterado consuelo, regocijo, y por renovados sentimientos de amor, conexión y paz. La tristeza que origina esta separación forzosa que es la muerte es, en cierta manera, anestesiada, de forma que la persona olvida el hecho de la muerte en sí, y este profundo pesar se desvanece. La gente no olvida a sus seres queridos, pero, tras la sesión de terapia de reparación y reconexión del dolor, sí lo ven todo con otra luz y, la mayoría de las veces, la tristeza desaparece.

El método en sí mismo no induce a esta conexión, pero las experiencias que procura sí abren sus propias conexiones con nuestros seres queridos fallecidos, al tiempo que somos *guiados* por un psicoterapeuta licenciado. El psicoterapeuta no es un médium, y no tiene ninguna influencia sobre la naturaleza o el contenido de la conexión. La conexión tras la muerte se produce de forma natural y sin esfuerzo entre el paciente y sus seres queridos, pues surge cuando las experiencias entran en un modo receptivo; de la misma manera que el sueño sigue de forma natural a un perfecto estado de relajación en una cómoda cama. Las sesiones son de unas cuatro o cinco horas, durante las cuales el paciente por lo general experimenta una comunicación tras la muerte.

Pues bien, puede que ahora te estés preguntando: ¿se trata de una comunicación real o es algo que ocurre solo en la mente del paciente? ¿No será más bien la expresión de un deseo o un sencillo producto de la imaginación? Basta decir que las personas que han participado en este estudio se han beneficiado del procedimiento y sienten que sus experiencias con sus seres queridos fueron reales.

Tal y como he dicho, se trata de una técnica nueva. Y estoy seguro de que en el futuro oiremos hablar mucho más de ella conforme ayude a más y más gente a aliviar su tristeza y a mantener encuentros con el mundo del Espíritu. Si te interesa probar este procedimiento, quiero insistirte en la *importancia* de buscar a un terapeuta convenientemente entrenado; encontrarás información sobre el Instituto para el Entrenamiento y la Investigación de la Vida después de la Muerte (Alferlife Research & Educational Institute) en la sección de lecturas y recursos recomendados al final de este libro.

Es perfectamente natural y normal desear explorar el tema de la vida después de la muerte. La humanidad lo ha investigado durante miles de años. Espero que esta breve introducción te haya proporcionado unas cuantas ideas y técnicas que puedan ayudarte a comunicarte y mantenerte en contacto con tus seres queridos. Y lo más importante: a abrir tu mente. Pon a prueba las distintas técnicas hasta encontrar la que mejor encaje contigo. Porque cada vez que contactes con un ser querido estarás construyendo ese puente y fortaleciendo esa conexión entre los dos mundos.

Por supuesto, cuando perdemos a alguien a quien amamos, muchas emociones salen a la superficie, así que tómate tu tiempo para reconocerlas una a una y siéntate tranquilamente a asimilarlas. Esas emociones siguen vivas porque *en realidad* nosotros jamás perdemos a ningún ser querido. Seguimos conectados con ellos, pase lo que pase. Ni el tiempo ni la muerte podrán jamás robarnos eso. El amor nunca muere.

Capítulo 5:
Médiums y buscadores

O PINO QUE EN EL SIGLO XXI, con nuestros cientos de canales y programas de televisión entre los que elegir, nos hemos convertido en una sociedad más consciente y con una mente más abierta. A través de las películas, los libros y las redes sociales, la gente está más informada sobre los médiums y su trabajo. Gracias a las nuevas tecnologías, cualquier persona con un ordenador y acceso a internet puede investigar a través de diversos canales de información sobre sesiones de espiritismo, la actividad del médium y muchas otras cuestiones similares desde su propia casa.

Agradezco el hecho de que reputados médiums sean presentados al público a través de la televisión, pero creo que sigue existiendo mucha desinformación acerca de qué es un médium y cómo trabaja. Por ejemplo, cuando yo comencé a trabajar como médium, ofrecía sesiones privadas en mi casa. En más de una ocasión, cuando recibía a un cliente, este de inmediato me preguntaba: «¿Está tu padre en casa?».

Yo respondía: «¿A quién busca?».

«A John Holland», me contestaba.

Y entonces yo sonreía y añadía: «Bueno, pues aquí estoy».

A mí me hacía mucha gracia porque la gente se disculpaba, se reía, o sencillamente se sentía violenta. Entonces admitían que yo no era como ellos esperaban. No me cabe duda de que suponían

que sería un caballero entrado en años, en lugar de un tipo joven
con vaqueros y camiseta. En una ocasión, justo antes de una demostración, recuerdo que salía del coche hacia la entrada del salón
de sesiones cuando oí a dos mujeres comentar, justo delante del
cartel en el que se anunciaba mi función: «No sé, Helen, a mí me
parece un tipo muy normal». Me hubiera gustado intervenir para
decir: «Lo siento, señoritas, pero me he dejado la capa y el turban-
te en casa».

La gente se cree todo lo que ve en la televisión y en las películas, donde, con excesiva frecuencia, los médiums somos retra-
tados con un estilo muy teatral. Una de esas películas, *El sexto
sentido*, se convirtió en un éxito internacional en 1999. En ella nos
presentan a un chico problemático (Cole Sear), que se ve continuamente aterrorizado por espíritus amenazadores. Si los del otro
lado se me aparecieran a mí así, creedme: ¡no trabajaría como
médium!

Estoy convencido de que has visto muchos retratos de estos
médiums, sentados en una cámara oscura, iluminada solo puntual-
mente con unas cuantas velas. Se les ponen los ojos en blanco, y se
agitan en sus sillones mientras hablan en estado de trance. ¡Y mientras tanto suena una escalofriante música de fondo!

Comprendo que todo esto se hace en pro del espectáculo, pero
me gustaría que el lector comprendiera que los verdaderos médiums nos vestimos igual que los demás y tenemos un aspecto similar; además de que los espíritus no van por ahí, asustando a la
gente. Yo intento por todos los medios eliminar todos estos extraños prejuicios sobre la profesión. ¿Qué razón podríamos tener para
añadir otro motivo más de terror y ansiedad a todo el proceso de la
muerte? A muchas personas les basta y les sobra con el simple miedo a la muerte, sin necesidad de más dramas.

Pero antes de ahondar en la definición de médium y en la
explicación de las sesiones y de las expectativas que puedes albergar, por favor, permíteme que aclare otra concepción errónea muy
habitual y en la que cree mucha gente.

La diferencia entre los psíquicos y los médiums

Un psíquico *no* es lo mismo que un médium. Hay una gran diferencia entre la práctica de un psíquico y la de un médium. Como dice ese inteligente dicho: todos los médiums son psíquicos, pero no todos los psíquicos son médiums. Dejadme que explique esto un poco mejor.

Un psíquico lee el aura para ver el pasado, el presente y el futuro potencial de una persona, mientras que un médium recoge toda la información directamente de los del otro lado. Y en lo que se refiere a la información, se podría decir que un psíquico *percibe* mientras que un médium *recibe*.

Un psíquico bien entrenado es perfecto para ayudar a una persona en los asuntos del día a día, en las decisiones relativas a su carrera laboral y, en general, como guía. Con frecuencia confirman las intuiciones de la persona que les consulta. Los psíquicos pueden ofrecer un gran apoyo a la hora de sortear los obstáculos de la vida y evitar malas decisiones. Su papel consiste en ofrecer una guía a través del consejo psíquico.

Pero, por favor, tened en cuenta siempre que el cliente goza de libertad. Se trata simplemente de un consejo; no de instrucciones. Es imprescindible juzgar por nosotros mismos para saber si ese consejo nos sirve o no. Si estás interesado en consultar a un psíquico, por favor, acude a uno con buena reputación o que te recomienden personalmente. ¡Aléjate de inmediato de cualquier psíquico que te mencione la necesidad de hacer un curso o múltiples pagos para librarte de tu mala suerte!

Yo comencé a hacer lecturas psíquicas al principio, cuando descubrí que tenía esta habilidad. Pero entonces aparecieron los del otro lado, y rápidamente me di cuenta de que algunas personas podemos ser psíquicos y médiums al mismo tiempo. Por eso, actualmente, explico a mis clientes la diferencia entre obtener la información psíquicamente o a través de nuestros seres queridos. Un buen médium psíquico debe siempre aclarar esta distinción en cuanto a la fuente de información de la que se abastece.

Comprendo que algunas personas puedan sentir cierta aprensión al venir a verme, ya se deba a que no comprenden el proceso o a que albergan ideas preconcebidas inspiradas en lo que han visto en la industria del entretenimiento. Pero puedo garantizar que cuando la gente del Espíritu viene a traerme sus mensajes jamás ocurre nada terrible ni se produce ningún melodrama. Después de todo, ellos siguen siendo nuestra familia y amigos; se trata de las mismas personas a las que amábamos aquí, en la Tierra, que regresan tal y como las recordamos, con el mismo amor, sentido del humor, astucia, felicidad o mal carácter de siempre. Créeme cuando te digo que serás capaz de identificarlos. Ellos se toman muchas molestias para confirmar su identidad, utilizando para ello información personal que solo ellos y el destinatario del mensaje conocen.

Cuando alguien viene a consultarme, la sesión se desenvuelve igual que una reunión familiar con un amigo. A menudo hay lágrimas al principio, pero también hay muchas risas después. Tus seres queridos quieren que seas feliz. Después de todo somos nosotros, los que todavía estamos aquí, los que necesitamos su apoyo para seguir adelante. Yo siempre me emociono cuando una lectura va bien y el flujo de la energía es lo bastante fuerte y consistente para la auténtica esencia o personalidad del espíritu que se presenta, sobre todo si tiene sentido del humor. No sabría decir quién se lo pasa mejor... si yo, el espíritu, ¿o el cliente, quizá?

Qué es un médium

A pesar de que el mundo psíquico y el mundo del Espíritu sean independientes el uno del otro, ambos están en constante interacción y, a través de mi labor como médium, estos dos dominios pueden comunicarse conscientemente el uno con el otro. Un médium, para decirlo de la forma más sencilla posible, actúa como «mediador», construye el puente que une este mundo con el siguiente. Un médium tiene los sentidos psíquicos altamente desa rrollados y recibe mentalmente información de los incorpóreos (la gente del Espíritu) a través de sus habilidades de clarividencia, clariaudiencia y clariestesia. Una vez el enlace ha sido validado, entonces se ofrece la información al cliente. La tarea del médium es confiar en lo que recibe sin cuestionarlo o añadir connotaciones. Si el médium necesitara hacer alguna pregunta, será solo para confirmar la información o la evidencia que está recibiendo. Un buen médium jamás debe ofrecer una información vaga y general; debe tratarse de algo específico de quien consulta, de su familia y de la persona que ha fallecido.

Como médium y como maestro espiritual, siento que una parte de mi tarea consiste en explicar a mi público y a los clientes de las lecturas privadas cómo funciona la sesión y qué expectativas pueden albergar de mi conexión con el Espíritu. Siempre explico a la audiencia que los médiums no llamamos a los muertos: ¡ellos nos llaman a nosotros! Creo firmemente que los médiums no podemos llamar a un espíritu a nuestro antojo. La gente del Espíritu decide cuándo, dónde y cómo eligen comunicarse. Recuerda que la información no proviene *del* médium, sino *a través* del médium. Toda sesión es un proceso o una conversación en tres direcciones, ya que hay tres personas implicadas: el espíritu, el médium y el destinatario.

Todos estamos hechos de fuerza espiritual, así que es fácil comprender a qué me refiero cuando digo que la información proviene *del* espíritu (vuestros seres queridos), *a través* del espíritu (el médium) *hacia* el espíritu (el cliente). Todos estamos conectados. Cada parte tiene que estar en sintonía para establecer esa fuerte conexión y asegurar el flujo claro y constante de la información. ¡Pero no siempre es fácil! Me refiero a que bastante cuesta ya conseguir que tres personas se pongan de acuerdo sobre qué hay para cenar. Y por eso mismo recomiendo encarecidamente que todo aquel que vaya a ver a un médium mantenga la mente abierta.

En una ocasión, alguien le preguntó a Albert Best, un famoso médium escocés, si las demostraciones convencían de verdad al público. Él contestó: «No podemos convencer a todo el mundo.

Solo podemos sembrar una semilla. Lo mejor que podemos hacer es estimular a las personas a descubrirlo por sí mismas. Tampoco podemos hacer desaparecer el dolor de la pérdida, pero, si conseguimos alejar el miedo a la muerte, si somos capaces de ofrecer una esperanza donde antes no la había, entonces merece la pena».

Creo que con esto está todo dicho.

El proceso de llegada de la información

Entenderse con alguien que no tiene cuerpo no es tarea fácil, sobre todo cuando la comunicación ya no se produce con palabras habladas. A través de la mente llegan imágenes, sonidos y símbolos y, como médiums, tenemos que interpretarlos como mejor podamos con la información que nos facilitan.

Por ejemplo, en una demostración pública desarrollada en una librería local, sentí en mi mente la llegada de un hombre joven. Me enviaba sentimientos muy fuertes a propósito del béisbol e imágenes que, aunque para mí no significaban gran cosa, incluían su adorado bate de béisbol. El enlace era muy fuerte; era como si un director de cine invisible me estuviera dirigiendo. Me giré hacia cierto rincón de la librería y pregunté: «¿Quién de ustedes, de esa sección de ahí, conoce a un hombre joven que acaba de fallecer de repente y que quizá fuera enterrado con su bate de béisbol?»

Enseguida me percaté de la mirada perpleja de una mujer. Tras unos segundos, ella alzó la voz y contestó: «¿Tiene que ser necesariamente un bate?»

Yo respondí: «Lo único que sé es que su entierro tuvo algo que ver con el béisbol en concreto».

La contestación de aquella mujer fue sorprendente. Dijo que un gran amigo de su hijo, al que ella adoraba, había muerto siendo un adolescente. Al chico le gustaba tanto el béisbol que su padre había encargado fabricar una urna con la forma de una pelota de béisbol para albergar sus cenizas. Oí exclamaciones de perplejidad en la sala mientras ella contaba la historia, que una vez más viene a demostrar que, cuando un espíritu quiere enviar un mensaje, hará todo lo que esté en su mano para conseguirlo.

En el capítulo 4 hablé de elaborar una base de datos psíquica que el espíritu pueda utilizar como referencia para conocer todo lo que ha aprendido y experimentado el médium en su vida. Albert Best, a quien también he mencionado, trabajó como cartero durante años, y cuando por fin abandonó este empleo y se dedicó a la tarea de médium, comenzó a recibir nombres de pila, apellidos y direcciones en sus mensajes del otro lado. De igual modo, John Edward, cuando hace sus demostraciones como médium, recibe información detallada acerca de las circunstancias médicas en las que falleció el espíritu cuya identidad debe confirmar, y con frecuencia también alguna referencia cinematográfica. No me sorprendió descubrir que él había practicado durante años la flebotomía, y que de joven había trabajado en un videoclub.

Como yo soy medio italiano, se me dan bien las referencias a Italia. Además me encanta el arte y con frecuencia me apunto a clases de arte y de pintura, así que es natural que reciba símbolos e imágenes pictóricas, porque estoy capacitado para interpretar con rapidez el mensaje y darle un sentido. Una sola imagen puede relatarnos toda una historia.

Por otro lado, como el alcoholismo ha constituido una plaga para mi familia durante generaciones, cuento con las suficientes referencias como para constatar la presencia de este problema en el mensaje que recibo, ya sea porque fuera la causa última de la muerte del espíritu, o porque fue un tema recurrente a lo largo de su vida. Mi hermano es enfermero y ha trabajado en muchos hospitales, así que también estoy familiarizado con las profesiones médicas. Y, si lo supiera todo acerca de la fontanería, estoy convencido de que el espíritu encontraría el modo de utilizar las imágenes visuales de las cañerías y los desagües para entregarme su mensaje.

Te animo a estudiar aquel campo de investigación por el que te sientas más atraído: contempla cuadros en los libros, aprende anatomía humana o desarrolla lo que te guste de manera que puedas crear una base de datos psíquica de la que el espíritu pueda extraer información. Porque cuantos más conocimientos tengas, con más elementos contará el espíritu para hacerte llegar su mensaje.

Médiums y espiritismo

Los seres humanos nos comunicamos con el mundo del Espíritu y honramos a nuestros ancestros desde los comienzos de la civilización. Muchas culturas de todo el mundo cuentan con sus ceremonias únicas y con su definición propia del médium, como, por ejemplo, la figura del curandero en la cultura nativa norteamericana, el sumo sacerdote en el antiguo Egipto, o la sacerdotisa de Delfos en Grecia. Durante el siglo XIX, el espiritismo llamó la atención del mundo a propósito de la tarea del médium.

Hace muchos años, cuando comencé a estudiar para convertirme en médium, me inicié en las enseñanzas del espiritismo, cuyas ideas resonaban en profunda armonía con mis propias aspiraciones y mi forma de pensar. Este sistema de creencias se fundamenta sobre la continuidad de la vida y la comunicación con el Espíritu a través de la capacidad espiritual del médium. Para muchas personas se trata además de una religión, una filosofía e incluso una forma de vida.

La fe espiritista tiene un efecto curativo muy calmante sobre las personas; su creencia (que yo, por supuesto, comparto) es que no morimos, y que nuestros seres queridos fallecidos siguen vivos y se encuentran bien en el Espíritu. Una vez más, por desgracia, tengo que añadir que las películas de Hollywood han retratado esta fe de una forma espeluznante, ofreciendo una imagen que no se corresponde con la realidad.

La mayoría de las religiones mantienen alguna creencia acerca de la vida después de la muerte. Yo valoro las enseñanzas del espiritismo, pero no intento convertir a nadie. Simplemente trato de abarcar y de honrar a muchas religiones, como el catolicismo, el budismo, la cábala y muchas más. Siento que cada una de ellas sirve a un propósito único y nos proporciona herramientas y técnicas que nos ayudan en nuestro viaje espiritual personal. A mí me gusta utilizar la analogía de la rueda, en la que cada radio representa a una religión o fe diferente. Aunque esos radios son todos independientes, la rueda persigue un solo destino.

Todos hemos nacido con una chispa de lo divino (nuestro espíritu), así que, cuando ese espíritu finalmente cruza al otro lado, esa chispa abandona la vasija en la que estaba encapsulada (nuestro cuerpo), y se desliza de vuelta al mundo del Espíritu, donde se originó. Todos sobrevivimos a la muerte, sea cual sea la religión que hayamos escogido; incluso a pesar de no tener ninguna.

A través de su filosofía y sus demostraciones prácticas, el espiritismo intenta proporcionarnos pruebas de que una parte de nosotros (el espíritu) continúa existiendo tras la muerte para toda la eternidad. No intenta imponer un credo o dogma a sus seguidores, sino que su filosofía se basa en los siete principios que se escribieron en el siglo XIX a través de la mediación de Emma Hardinge Britten. Casi todos los espiritistas y organizaciones espiritistas del mundo entero aceptan estos siete principios.

He escrito mucho a propósito del espiritismo y acerca de mis propias experiencias en las iglesias espiritistas, pero ahora, en este libro, me gustaría incluir cierto pasaje, porque pienso que, si el lector está interesado en la tarea del médium o en comprender la supervivencia del alma en el mundo del Espíritu, entonces merece la pena repetirlo. El espiritismo me proporcionó el estricto entrenamiento y la ética que necesitaba en la primera etapa de mi vida, mientras emergía como médium. Fui bendecido con la oportunidad de pasar dos años en Inglaterra estudiándolo, y les debo mucho a los espiritistas, que me guiaron y moldearon para convertirme en el médium que soy hoy en día.

La emergencia del espiritismo

El espiritismo fue fundado en Norteamérica en 1848. Comenzó cuando las hermanas Margarett y Kate Fox, entonces adolescentes, empezaron a experimentar sucesos extraños en su pequeña granja de Hydesville (Nueva York). Oían ruidos perturbadores, veían moverse objetos y percibían otros fenómenos sobrenaturales a diario. Escuchaban portazos y golpes rítmicos que parecían provenir de las paredes, aunque no de un punto en concreto.

Así que las chicas decidieron inventar su propio sistema de comunicación para ver si los golpecitos respondían de algún modo. Las hermanas comenzaron a dar palmadas, y los golpecitos sonaron exactamente el mismo número de veces. Se quedaron perplejas; tuvieron que preguntarse si aquellos sonidos tenían alguna clase de inteligencia. En determinado momento, una de ellas gritó: «dos golpes para decir sí, y uno, para no». Para su completo asombro descubrieron que aquellos golpecitos respondían.

Entonces diseñaron otro código para poder llevar más lejos la conversación. Se les ocurrió la idea de hacer corresponder el número de golpes con las letras del abecedario: uno para la *a*, dos para la *b*, tres para la *c*, etc. Las hermanas Fox estaban emocionadas ante la idea de mantener una conversación con lo que fuera o quien fuera que estuviera tocando un ritmo en la pared.

A través de este nuevo lenguaje, descubrieron que los ruidos provenían del espíritu de Charles B. Rosna. Charles les contó que había sido vendedor, que había viajado mucho y que había vivido en esa misma casa pocos años antes, con una familia apellidada Bells. A través de una serie de toques, Charles les relató cómo lo habían asesinado y enterrado en el sótano, y cómo habían robado y vendido todas sus pertenencias valiosas. Les habló incluso de la cajita de hojalata que habían enterrado a su lado.

Un día, la madre de las chicas descubrió a qué se dedicaban. Se preguntó si el espíritu solo podía oírlas o también las veía. Así que la señora Fox decidió hacer un experimento. Dio unas cuantas palmadas silenciosas, y le pidió al espíritu que respondiera con el mismo número de golpes. Para asombro de las tres, el espíritu acertó.

La noticia de los sucesos en la granja se extendió como la pólvora, y muchos curiosos se acercaron desde diferentes sitios para comprobar el fenómeno por sí mismos. Una de las cosas que más les intrigaba era que ambas hermanas tenían una apariencia absolutamente *normal*. Eran personas sencillas, con una educación básica, y no particularmente religiosas. A juzgar por lo que la gente podía ver y experimentar, aquellas dos chicas se comunicaban de hecho con el espíritu de un hombre que había muerto trágicamente en aquella misma casa.

Pero, por supuesto, la historia no termina aquí. Por fin un día excavaron el sótano. A nadie le sorprendió que encontraran los restos mortales del señor Charles B. Rosna, el viajante de comercio. Más aún: tal y como les había dicho a las hermanas, había una cajita de hojalata justo a su lado. ¡Sin embargo hasta el día de hoy nadie sabe qué había en esa cajita!

Los sucesos psíquicos en la casa de las Fox animaron a otras personas a intentar comunicarse con el mundo del Espíritu. Grupos de gente por todo el país intentaban entablar esta comunicación con sus seres queridos fallecidos. No tardaron en descubrir que unas personas tenían más facilidad que otras para comunicarse con los espíritus, y así fue cómo comenzó a hablarse de los médiums y nació el espiritismo. Muchos de sus seguidores eran mujeres; era la única religión en la que ellas podían expresarse y ser escuchadas.

A lo largo de los años, las hermanas Fox continuaron haciendo demostraciones de sus capacidades como médiums, hablando en público de sus experiencias e inspirando a otras personas a creer. Ayudaron a mucha gente con su habilidad única como médiums en posteriores intentos de comunicación con los espíritus.

Es cierto que el espiritismo se fundó en Estados Unidos, pero donde floreció realmente fue en Inglaterra. Hoy en día todavía quedan iglesias espiritistas en Estados Unidos, pero no tantas como «al otro lado del charco», como se suele decir. La tarea del médium captó la atención de los ingleses; el espiritismo atrajo a la misma realeza y a eruditos y escritores como Arthur Conan Doyle.

Muchas personas persiguen todavía hoy el objetivo de aprender todo lo que puedan sobre este tema tan fascinante. A mí me resulta reconfortante que el espiritismo nos enseñe que Dios está en todas las cosas, y que todos estamos conectados. Y ya que la fuerza espiritual está en todas partes, jamás debería haber ningún tipo de discriminación. El Espíritu nos acoge a todos. Y si todos viviéramos con esta creencia, estaríamos mucho mejor.

Distintas facetas del médium

Todos en este mundo nacemos con nuestros propios talentos y habilidades únicas, y deseamos ponerlas en práctica para influir y ayudar a los demás en sus vidas. Sean cuales sean nuestros dones, el arte, la música, la capacidad organizativa, hablar en público o escribir, etc., todos contamos con una actividad que se da nos mejor, y todos somos absolutamente diferentes y únicos.

Al igual que cada profesión puede constar de distintas especialidades, lo mismo ocurre con el don especial del médium. Todos somos diferentes en nuestra capacidad, estilo y destreza. Aquello que puede resonar en una persona quizá no funcione para otra.

Ya estés comenzando a desarrollar tus propias habilidades espirituales o te interese ir a ver a un médium, me gustaría, en primer lugar, que fueras consciente de las diferentes facetas del médium. Si te sientes atraído hacia alguna de ellas en particular, te sugiero que inicies tu propia investigación. Trata de encontrar referencias a través del boca a boca, o asiste a una demostración pública de un médium especializado en alguna de estas disciplinas. No importa qué estés buscando, porque el mundo del Espíritu sabe cómo llegar hasta ti de distintas formas.

Médium mental

Yo trabajo como médium mental. Probablemente es la forma más común, y casi con toda seguridad has asistido a una lectura en privado de este tipo o lo has visto en un escenario o por televisión.

Se trata de una comunicación de mente a mente, también conocida como transferencia del pensamiento. En otras palabras: es telepatía mental, conexión mente-mente entre un espíritu y un médium. La mediación se produce a través de la conciencia del médium, sin utilizar ninguno de los sentidos físicos; tanto el espíritu como el médium funden sus energías, que están en la misma frecuencia. Una vez establecido el contacto, el médium expresará verbalmente o entregará el mensaje que reciba a través de sus sentidos psíquicos. Un médium que trabaja de esta forma recibirá con frecuencia información útil sobre la persona fallecida, como, por ejemplo, nombres, fechas, cómo murió, lugares en los que vivió… y todo ello sin tener ninguna información previa.

Con los años he descubierto que los mejores mensajes llegan cuando confío en el Espíritu y expreso *exactamente* lo que estoy recibiendo. He aprendido a no analizar en exceso la información, a no censurarla y a no interpretarla a mi modo. No puedo entregar un mensaje con lo que yo creo que *suena* bien; me limito sencillamente a transmitir aquello que oigo. De otro modo podría fácilmente malinterpretar lo que el espíritu está tratando de comunicarme. Me enseñaron una serie de reglas básicas que ahora pretendo difundir entre mis alumnos.

Aprendí sabias pautas con las que guiarme durante mi entrenamiento, como, por ejemplo, «menos yo… y más Espíritu». No hay límites sobre lo que un médium puede recibir, pero depende de la calidad y de la receptividad del médium y, por supuesto, de la persona espíritu que envía la información.

Médium por inspiración

Es raro que pase un día sin que algún tipo de pensamiento fortuito, idea, noción o incluso todos ellos surjan de pronto en nuestras cabezas, sin venir a cuento. Puede que estés sentado en un café o en la peluquería o sencillamente dándote un baño. No importa dónde estés o qué estés haciendo. Con frecuencia estas ideas llegan cuando no estás concentrado ni pensando en nada en particular.

Algunas personas creen que estas ideas y pensamientos inspirados provienen del universo, de Dios, de un guía o sencillamente de nuestra propia alma. También pueden explicarse como parte de una intuición altamente desarrollada. O para aquellos que quieren interpretar el papel del abogado del diablo podría decirse que surgen de nuestra propia mente o imaginación. Algunas personas dedican su vida a estudiar las maravillas y milagros de la mente; se preguntan cosas como: «¿De dónde proviene?». Mi creencia es que los espíritus que nos ayudan también nos inspiran.

Se trata del tipo de mediación que yo experimenté cuando estaba estudiando en Inglaterra. Por aquel entonces formaba parte de un círculo de desarrollo inspirativo en el cual nos sentábamos en silenciosa meditación y permitíamos al espíritu acercarse y fundirse con nuestras mentes para impartirnos palabras sabias. La líder del círculo que guiaba el desarrollo del grupo sostenía que, aunque resulta curativo y de gran ayuda comunicarnos con nuestros seres queridos, así mismo también es muy beneficioso escuchar la inspiradora sabiduría de nuestros guías, que son mucho más inteligentes y tienen mucha más experiencia que nosotros. Decía que con frecuencia es de esta sabiduría de donde surge la auténtica inspiración.

La mediación por inspiración se conoce también con el nombre de *habla inspirada*. Durante una sesión de práctica inspirativa, mientras estudiaba en el Instituto Arthur Findlay de Inglaterra, nos dijeron que sacáramos una carta al azar de una caja. En todas las cartas aparecía escrita una única palabra, pero todas eran distintas. Nos hallábamos todos ya en estado meditativo cuando fuimos acercándonos uno a uno para extraer dicha carta. Entonces nos dijeron que nada más leer la palabra teníamos que empezar a hablar y permitirnos ser inspirados por dicha palabra.

Me sorprendió la forma en que comenzaron a fluir las palabras en mi mente cuando me llegó el turno de hablar. Sabía que esas palabras no procedían de mí; era más bien como si llegaran *a través* de mí. ¿Cómo lo sé? Porque las poéticas palabras y la gramática que estaba utilizando no tenían nada que ver con mi forma habitual de hablar; y porque no tengo ni los estudios ni el entrenamiento universitario necesario que me hubiera permitido hablar con esa elocuencia. Fue un ejercicio magnífico para soltar y confiar en el Espíritu.

Cuando oyes a un médium o a un orador inspirado es casi como si ese médium u orador te estuviera hablando directamente a ti. Es como si supiera qué necesitas y qué hay en tu corazón.

Médium curativo

La sanación es la habilidad más extraordinaria del médium. Como médium curativo, he sido bendecido para ser testigo de la sanación física y espiritual. Durante mis años de intenso entrenamiento estudié diversas formas de sanación, una de las cuales es la espiritual. En muchas de las iglesias espiritistas del Reino Unido hay sanadores acreditados que dedican su tiempo a ayudar a las personas mientras asisten al oficio o servicio religioso. He advertido que hay algunas cualidades que todo sanador debe poseer: la generosidad, la compasión y, sobre todo, el amor.

El amor es uno de los elementos más importantes para el poder de la sanación. De hecho, el amor es la fuerza más significativa y poderosa de nuestras vidas, ya se trate de amar a los demás o a nosotros mismos. Procede de lo más profundo de nuestro ser y forma parte de nuestra auténtica esencia.

Durante aquellas sesiones de sanación que, gracias a mi bendición, pude observar, la gente colocaba las sillas en círculo y el sanador permanecía de pie, en silencio, detrás de ellos. Se respiraba un ambiente de calma y serenidad; se podía sentir la energía del amor, fluyendo a través del edificio. Yo me senté y observé en silencio, pero hubo momentos en los que tuve que ahogar un gemido. Fui testigo de las imágenes y de las luces que aparecían alrededor de los sanadores, y sentí el corazón pletórico de agradecimiento por la orientación y la educación que estaba recibiendo por el hecho de estar allí, observando.

«¿Puedo ponerte las manos sobre los hombros para transmitirte la sanación?», preguntó el sanador. Se podía ver el devastador dolor grabado en el rostro del hombre al que hablaba. Yo estaba ahí sentado, hipnotizado, observando cómo cerraban los ojos. Fue una visión extraordinaria, y siento que estas simples palabras son incapaces de hacerle justicia. El rostro de aquel hombre se relajó, y su terrible dolor de espalda se desvaneció. Aunque apenas duró unos minutos, casi pude ver el poder sanador del Espíritu fluyendo a través del médium hasta ese hombre. Conforme iba cesando el dolor, las lágrimas comenzaron a correr por su rostro; salió de la sesión caminando mucho más erguido.

Hay otra forma de sanación que practican algunos médiums y que se llama *sanación a distancia*. La energía espiritual combinada con los pensamientos sanadores del curandero se envían a cualquier paciente, esté donde esté. No hay límites cuando se trata de mandar la energía curativa del amor y de la compasión.

He visto a muchos sanadores practicar diferentes formas de sanación espiritual, como, por ejemplo, el reiki, la sanación pránica, la imposición de manos, el qigong, el contacto terapéutico e incluso el taichi. Aquí es importante que una cosa quede clara: la energía no procede *del* sanador, sino que circula *a través* de él. El papel de este sanador es ayudar a sus pacientes a conectar con su *propia* capacidad natural de sanación. Como decía Edgar Cayce, «el Espíritu es la fuerza de Dios que se manifiesta con abundancia y riqueza en el cuerpo humano» y «solo es posible llevar a cabo la auténtica sanación cuando se reconoce como divina la naturaleza espiritual del ser humano».

Ningún sanador debería garantizar jamás ninguna sanación. Si te encuentras con alguien que te asegura que no va a fallar, te recomiendo que tengas precaución. Porque para que la sanación tenga éxito son necesarias una serie de condiciones que el curandero no siempre puede garantizar. Por ejemplo, el propio sanador tiene que gozar de buena salud tanto física como mental. Del mismo modo también sería posible que hubiera un problema o circunstancia kármica que afectara al resultado de la sanación para la persona a la que está destinada. Las curaciones no siempre tienen un impacto inmediato, y con frecuencia no se sienten todos sus beneficios más que a medio o largo plazo. Pero recuerda que somos seres poderosos, capaces de hacer milagros.

Arte psíquico

Imagina que vas a visitar a un médium que dibuja bocetos mientras te habla y te muestra las pruebas de que se está comunicando con tu madre. Y al final, cuando termina la sesión, ese médium le da la vuelta al cuaderno en el que ha estado dibujando y te enseña un retrato perfecto de ella. No solo te vas de allí con una prueba evidente del contacto, sino que además te llevas un dibujo muy especial que demuestra que tu madre sigue viva, saludable y feliz en el mundo del Espíritu.

El arte psíquico es una de mis disciplinas favoritas. El Espíritu se expresa de muchas formas diferentes a través de los médiums que gozan de esta habilidad. Algunos artistas psíquicos dejan que el Espíritu tome el control de sus manos al dibujar; otros entran en un profundo estado de trance y permiten que el Espíritu se haga cargo absolutamente de todo, y, por lo general, dibujan con los ojos cerrados. Algunos ven imágenes en su mente y sencillamente dibujan lo que ven, sin permitir que su conciencia influya o interprete aquello que están pintando. A lo largo de los años, he descubierto que muchos artistas psíquicos apenas tienen técnica o carecen por completo de ella; en algunos casos ni siquiera cuentan con ninguna capacidad artística. Y, sin embargo, una vez establecida la conexión, sus guías artísticos intervienen para ayudarlos a trazar un dibujo que nunca serían capaces de hacer ellos solos.

Tuve el honor de disfrutar de una sesión privada con una de las artistas psíquicas ya fallecidas más famosas del mundo, Coral Polge;

la autora de *Living Images*. (Escribí acerca de ella en mi primer libro, *Born Knowing*). Todavía hoy conservo los impresionantes y artísticos dibujos que me regaló al final de la sesión. Coral Polge debió de hacer miles de estas obras maestras durante su vida. Sus encantadoras y coloridas imágenes de mi guía tibetano y de los miembros de mi familia ocupan un lugar de honor en las paredes de mi estudio.

Otra artista psíquica, además amiga y colega, a la que he tenido el placer de conocer, es Rita Berkowitz. Me encanta ver brotar su magia artística y observar cómo cobra vida en el lienzo. Es una médium increíble, además de toda una profesional artística de Nueva Inglaterra. Contemplar cómo trabaja y cómo se iluminan los rostros de sus clientes cuando les entrega los dibujos es algo realmente bello.

Me siento muy atraído hacia este tipo de trabajo, ya que desde niño siempre mostré cierta habilidad artística. Pero, aunque he tomado clases de dibujo alguna vez, jamás he intentado combinar mi destreza artística con mi habilidad como médium.

Médium a través del trance

La comunicación a través del trance se produce cuando el médium tiene la habilidad de entrar en un estado alterado de conciencia que permite al espíritu comunicador utilizar su cuerpo. Es casi como si el propio espíritu del médium se echara atrás para permitir al espíritu dar un paso adelante para eclipsar, influir y controlar al médium. Como el espíritu habla directamente a través del cuerpo del médium en lugar de ser este quien repite la información que le llega, su voz y sus movimientos diferirán de los propios del carácter y la personalidad del médium.

La mayoría de los médium que entran en este profundo estado de trance no recuerdan lo que se ha dicho durante la sesión, y con frecuencia hay que contárselo todo cuando despiertan de este estado. Es como si no tuvieran memoria consciente de lo que acaba de ocurrir. Hay varios niveles de control del trance, desde el más ligero hasta el más profundo. Un médium mental (como yo) puede entrar en este estado de trance solo de una forma ligera y seguir, por lo tanto, presente, de manera que luego lo recuerda todo. La fusión puede variar tanto en el grado como en el nivel de intensidad, pero creo que es importante destacar que un auténtico médium que trabaje a través del trance deberá haber estudiado y desarrollado esta habilidad específica durante un largo período de tiempo. Y deberá trabajar también en estrecha colaboración con su guía. Porque para dejar que el guía tome el control es necesaria una confianza absoluta. Y es que para el médium es esencial darle permiso al mundo del Espíritu, además de a sus guías, para ser utilizado de este modo.

Cuando estudiaba para desarrollar mi capacidad como médium, me informé acerca del trabajo de médiums de otros tiempos muy conocidos por su labor en el terreno específico del trance, como, por ejemplo, Emma Hardinge-Britten, Maurice Barbanell, Grace Cooke, Edgar Cayce, Eileen Garret, Gladys Osborne Leonard, Leslie Flint, Ivy Northage y algunos otros. Muchos de estos médiums únicos y excepcionales se sometieron a una intensa experimentación fisiológica y psicológica con la esperanza de que dicho estudio arrojara cierta luz sobre el proceso que atraviesa el médium y sobre los estudios psíquicos en general.

Considero que esta disciplina vuelve a estar de actualidad hoy en día, ya que he sido testigo del increíble estado de trance en el que penetran algunos médiums; en ellos tanto la voz como la forma de moverse y el lenguaje adoptan las características del espíritu que los dirige. Hace poco vi a un médium trabajar en estado de trance y resultaba tan poderoso que literalmente pude sentir la energía moverse por la sala. Y cuando este médium se puso en pie en dicho estado, habría jurado que, allí mismo, delante de nuestros propios ojos, alcanzó una estatura de unos cuantos centímetros de más. A veces resulta difícil explicar lo que vemos, pero puedes confiar en mí, ya que no suelo hacer afirmaciones gratuitas ni sacar conclusiones precipitadas. Mi actitud cuando contemplo el trabajo de un

médium, practique la modalidad que practique, es positiva pero
también cautelosa. No obstante, aquel día, el guía penetró de tal
modo en el cuerpo del médium que creo que todos fuimos testigos
de su presencia.

Espero que algún día puedas ver a un auténtico médium en
estado de trance. Porque, cuando lo veas, lo sentirás en tu alma. Se
trata de una experiencia tan poderosa que conmoverá tu espíritu y
tu corazón. Y, como siempre, confía en tu intuición y haz uso de tu
propio criterio, con objetividad e inteligencia.

Médium físico

Los fenómenos asociados al médium físico son la transfigura-
ción, la voz directa, la levitación, los aportes paranormales o regalos
(objetos traídos del mundo del Espíritu), las luces espirituales, las
llamadas y los sonidos rítmicos, además de la materialización y la
desmaterialización. Sin embargo hoy en día es raro observar esta
habilidad. Este tipo único de médium tuvo su apogeo a comienzos
del siglo XIX, pero entonces demasiada gente fue engañada por
charlatanes que falsificaron los fenómenos paranormales ampara-
dos en una sesión espiritista en una sala a oscuras. Si alguna vez
tienes la ocasión de ver a un médium físico *auténtico*, te aseguro
que será algo que no podrás olvidar.

Me alegré al saber que mi alma máter, el Instituto Arthur
Findlay para el Estudio de los Médiums y de las Ciencias Psíquicas
(Arthur Findlay College of Mediumship & Psychic Sciences), había promulgado recientemente una regla: si algún médium físico
quería hacer una demostración en los salones del instituto, tenía
que permitir a los asistentes grabar la sesión con cámaras infrarro-
jas y llevar gafas de visión nocturna para destapar cualquier truco
y garantizar la integridad del trabajo. Las sesiones a oscuras ya no
están permitidas. En el pasado, muchos médiums famosos y de
gran reputación permitieron a la comunidad científica hacer todo
tipo de verificaciones, como, por ejemplo, Leslie Flint, Daniel

Douglas Home, Katie King, Mina «Margery» Crandon, Jack Webber y Gordon Higginson.

A diferencia de las habilidades del médium mental que pueden desarrollarse y entrenarse, el médium físico necesita poseer ciertos elementos de forma natural en su cuerpo o vaso. Uno de estos elementos especiales recibe el nombre de *ectoplasma*. Esta palabra proviene de los términos griegos *ektos* y *plasma*, que significan «sustancia exteriorizada». El ectoplasma ha sido descrito como el equivalente espiritual del protoplasma, que es la sustancia de la célula física. El ectoplasma es una sustancia blanca que parece desprenderse del cuerpo de algunos médiums durante las sesiones en una cámara oscura. Puede salir por cualquier orificio, como las orejas, la nariz, los ojos, la boca e incluso el ombligo. Dicha sustancia es capaz de transformarse para materializar al espíritu o a parte del espíritu, como, por ejemplo, un brazo, una mano o un rostro, durante las sesiones de materialización en una cámara oscura. También puede ser expulsada del cuerpo del médium y extenderse para sostener una trompeta o hacer levitar una mesa. A menudo va acompañada de un ligero olor a ozono.

La aceptación y la creencia de que sobrevivimos a la muerte son hoy más fuertes que nunca. Sin embargo, como con todas las cosas nuevas, siempre habrá multitud de preguntas y dudas: ¿por qué estoy aquí?, ¿tengo algún propósito?, ¿pueden *ayudarme los espíritus de mis seres queridos?* Tú mismo podrás descubrir las respuestas a algunas de estas cuestiones cuando te conectes con el mundo del Espíritu a través de la meditación. Un médium bien entrenado y debidamente experimentado puede recibir respuestas porque es capaz de enlazar con el dominio del Espíritu sin apenas esfuerzo.

Espero que hayas encontrado interesante este capítulo y que hayas aprendido algunos de los fundamentos y características básicas de las diferentes habilidades del médium. Hay muchas personas en el mundo capaces de ayudarte y, ¿quién sabe?, quizá tengas un interés concreto por ciertas habilidades del médium porque tú también tienes estas inclinaciones, aunque todavía no seas consciente de ello.

Si estás interesado en explorar más, quieres informarte sobre el trabajo del médium o estás buscando a un profesional porque te sientes listo para conectar con un ser querido, entonces espero que vayas despacio, que te tomes la tarea en serio, y que encuentres al médium que necesitas.

Capítulo 6:
Consultar a un médium

─────────────── ❁ ───────────────

¿Estás listo para ver o consultar a un médium? Quizá estés un poco nervioso e inseguro sobre la mejor forma de encontrar y consultar a uno. Escribí este capítulo con la intención de ayudar a aquellos lectores que quizá se planteen ir a ver a un médium por primera vez.

Hay muchas razones por las que la gente acude a los médiums, y dichas razones pueden llegar a ser tan diferentes y variadas como la gente misma. Quizá sientas que las personas del mundo del Espíritu están tratando de llegar a ti. Puede que ya hayas experimentado algunas comunicaciones tras la muerte o «tarjetas de visita», como me gusta llamarlas a mí. Mucha gente busca un médium para trabajar el duelo por la pérdida de una persona querida. Otros pretenden resolver asuntos que no están zanjados, como ofrecer o recibir el perdón de alguien que ya ha fallecido. Y, por último, hay quien visita a un médium por pura curiosidad.

Sin embargo, todos tienen algo en común… todos buscan respuestas a algo único y personal. La muerte de un ser querido o de una mascota es una de las experiencias más dolorosas y emotivas que una persona puede atravesar en esta vida, pero muchos de nosotros ya la hemos experimentado. No importa cuál sea tu razón para ir a visitar a un médium; todas las sesiones constituyen una experiencia de sanación, y así deberían ser experimentadas.

¿Cuándo se debe consultar a un médium?

Lo primero que tienes que decidir es si necesitas la ayuda de un psíquico o de un médium. Mucha gente que confunde ambas capacidades irá a visitar a un médium con la esperanza de que el espíritu de su ser querido lo ayude en sus preocupaciones terrenales, ya estén relacionadas con la carrera laboral, el amor romántico o incluso las finanzas. Y estas son cosas en las que un auténtico psíquico bien entrenado tiene la capacidad de ayudar. Un médium, por otra parte, actúa como puente entre este mundo y el siguiente. (Aunque ya he escrito acerca de la diferencia entre un médium y un psíquico, quiero asegurarme de explicar esto aquí otra vez porque es posible que el lector se dirija directamente a esta sección antes de leer todo el libro).

Siempre insisto en que solo se debería consultar a un médium después de atravesar cierto período de duelo. Recomiendo personalmente un mínimo de tres meses desde el fallecimiento del ser querido, porque creo que se trata de un intervalo de tiempo razonable; para algunas personas, sin embargo, podría llevar algo más. Mucha gente quiere visitar a un médium nada más perder a alguien, cuando, de hecho, continúa en estado de shock y embargado por el dolor; lo que dificulta comprender, aprehender e incluso apreciar por completo el contacto con el espíritu.

Esto me trae a la memoria una sesión que mantuve hace unos pocos años en la que dos hermanos vinieron a verme con su madre. Ambos hombres querían conectar con su hermano (hijo también de la misma madre), que había muerto de repente. Nada más comenzar la sesión, pude notar cómo la presencia de dicho hermano daba un paso adelante. Sin embargo, cuando alcé la cabeza, comprendí que la madre se sentía muy afligida. Adiviné por la expresión de sus ojos que estaba medicada. Supe que nada de lo que pudiera decir, fuera cual fuera el mensaje de su hijo desde el otro lado, podía aliviar su dolor en ese momento.

De improviso, la madre comenzó a sollozar incontrolablemente, y tuve que terminar la sesión. Continuar no habría servido para nada; de hecho, habría provocado todavía más dolor tanto en las personas presentes como en el espíritu de su hijo. No quería añadir todavía más pesar a la depresión e histeria de la madre, ya que resultaba evidente que no era capaz de asimilar la información que yo le estaba transmitiendo. En el momento de marcharse, llamé aparte a uno de los hijos y le pregunté cuándo había fallecido su hermano. Me contestó que hacía solamente tres semanas. De haberlo sabido, jamás habría accedido a concederles una cita. Era evidente que el suceso resultaba todavía demasiado doloroso para ellos.

Fue entonces cuando comprendí la importancia de preguntar siempre a mis clientes si están tratando de comunicarse con alguien que ha fallecido recientemente, porque, en ese caso, les aconsejo que esperen un plazo razonable de tiempo antes de consultar a un médium. (Cuando tuvo lugar esta sesión en concreto que acabo de relatar, mi nueva ayudante estaba aprendiendo el oficio). Este período de espera resulta beneficioso no solo para la persona que viene a mi consulta, sino también para el espíritu del fallecido, pues necesita tiempo para adaptarse al mundo del Espíritu.

Algunas personas creen que si dejan de sentir dolor, de alguna manera están olvidando o perdiendo a ese ser querido. Sin embargo, esto no es así; tomarse un tiempo para procesar el dolor no significa que ya no nos importe o que estemos dejando marchar a ese familiar. Se trata simplemente de que, en ese estado de ansiedad y pesar, el cliente se convierte en lastre para la sesión de mediación, ya que tanto el médium como el espíritu del fallecido necesitan que esa persona sea fuerte y esté muy presente, en lugar de hallarse en ese nebuloso estado de shock y consternación. Es importante que el cliente no permita que el dolor lo incapacite, ya que juega un papel clave a la hora de confirmar la información que le envía el familiar

desde el otro lado. Recordad que se trata de un enlace entre tres
personas: el médium, el espíritu y el destinatario del mensaje.
Cuando los tres estamos sintonizados y en armonía, se siente la
magia de la sanación y un increíble sentimiento de amor puro, capaz de transformarnos a todos.

Encontrar un médium

Hoy en día hay tal cantidad de médiums que tener que elegir
entre tantas posibilidades puede resultar confuso. Yo defiendo,
como siempre, que se busque la ayuda de un especialista formado
y con experiencia a partir de una recomendación personal o del
boca a boca. La mayoría de los buenos médiums cuentan con una
sólida reputación, basada en la fuerza de la evidencia de las pruebas que muestran, en su exactitud y, por supuesto, en su compasión. Y *no* defiendo, sin embargo, la idea de acudir a un médium del
que jamás se ha oído hablar sin una recomendación o sin haber
tenido antes al menos la oportunidad de ir a verlo en persona sobre
un escenario.

Todos los médiums tenemos nuestro estilo propio y único. Si
tienes la oportunidad de ir a ver trabajar al médium de tu elección
sobre un escenario o en una iglesia, entonces te recomiendo encarecidamente que vayas. Podrás ser testigo de cómo conecta con el
Espíritu, verás pruebas evidentes, comprobarás la exactitud de la
información y oirás los mensajes que recibe del Espíritu. Y lo más
importante: podrás observar el proceso de sanación que tiene lugar.
Al ir a ver a un médium trabajar en un lugar público, tendrás la
oportunidad de comprobar si lo que ocurre allí provoca o no en ti
una resonancia, sobre todo si estás considerando la posibilidad de
pedir una cita para una consulta privada.

Si no hay ningún médium en la zona donde vives, entonces
puedes ir a ver a cualquiera que ofrezca sesiones por teléfono o
por Skype; al fin y al cabo es uno de los grandes beneficios de la
tecnología moderna. El lugar en el que se desarrolla la lectura no

tiene importancia, porque en definitiva la clave aquí es la energía. Se trata de un enlace mental, de mente a mente. Yo no necesito que la persona esté delante de mí. A veces incluso no ver al cliente constituye una ventaja, porque entonces no me siento influido por su lenguaje corporal o por las miradas que me lanza en respuesta a mis preguntas. Me concentro sencillamente en lo que recibo del espíritu y en la resonancia de la voz al otro lado de la línea telefónica.

Cada vez que hago una demostración como médium, ya sea en un escenario, en un salón de actos o durante una sesión privada, se trata siempre de algo único y muy especial para mí. Con frecuencia, la experiencia cambia la vida de la persona que hace la consulta y recibe ese mensaje de su ser querido con el corazón abierto. Disfruto contemplando a una madre sonreír e incluso echarse a reír por primera vez en muchos meses tras la pérdida de su hijo, u observando las lágrimas del marido al saber que su mujer fallecida quiere que él sea feliz… Para mí ser médium consiste en eso.

Otra forma de buscar a un médium es acudir a una iglesia espiritista, si es que hay alguna en tu localidad. No hay ninguna razón para ponerse nervioso o preocuparse por el hecho de que alguien quiera convertirte nada más entrar por la puerta. Los médiums realizamos demostraciones en las iglesias para confirmar la continuidad de la vida, y puede que disfrutes del servicio, de la lectura o de la demostración, y de paso de la sanación que tiene lugar siempre después del servicio. Es habitual que se celebre mensualmente el Día del Médium, durante el cual se reúnen médiums nuevos y recién llegados a la profesión. Tendrás la ocasión de sentarte cara a cara con ellos. Este tipo de encuentros les procura a los médiums esa práctica tan necesaria para la lectura en solitario, y además constituye una buena oportunidad para que tú observes con calma cómo trabajan. Estas iglesias suelen traer a médiums profesionales de todas partes del mundo para presentar una demostración y enseñar. Al final de este libro encontrarás una lista de recursos que incluye una dirección web con información acerca de muchas de las iglesias espiritistas de Estados Unidos y de otros países.

Consejos para aquellos que buscan a un médium

He estado en los dos lados: he sido cliente y ahora soy médium. Y me he dado cuenta de que la gente alberga expectativas muy variadas a la hora de visitar a un médium. Algunas de esas expectativas me han pillado por sorpresa; otras me han conmovido. He tenido el honor de hacer miles de lecturas privadas, así que me gustaría ahora compartir algunos consejos prácticos para ayudarte a elegir al médium adecuado. La información que voy a exponer aquí es exactamente la misma que ofrezco a mis clientes durante una sesión.

Ya solicites una lectura privada con un médium, participes en una sesión de grupo o asistas a una demostración como público, enseguida te darás cuenta de que cada médium es distinto y cuenta con su propia forma de contactar con el Espíritu. Y cuanto mejor comprendas la delicada relación entre el médium, el mundo del Espíritu y tú, mejor sabrás apreciar el amor y todo lo que te puede procurar el mundo del Espíritu una vez los tres están en sintonía.

¡Tus seres queridos del otro lado solo quieren que seas feliz! Quieren que tengas éxito y que sigas viviendo, y harán todo lo que puedan para demostrarte lo importante que es ahora mismo esta vida, para enseñarte lo precioso que es el tiempo y la relevancia de lo que haces con él aquí. Espero que los epígrafes que siguen te ayuden a encontrar a ese médium con el que mantener una sesión increíble a la que, por supuesto, acudirán tus seres queridos.

Investigación

Siempre resulta interesante llevar a cabo una pequeña investigación sobre tus amigos y parientes fallecidos antes de consultar a un médium, pues de este modo es más fácil identificar al espíritu que está tratando de comunicarse con vosotros, y en definitiva esto hace posible validar la información. Confecciona una lista con los nombres, fechas, localizaciones geográficas, circunstancias de la muerte, etc. No es necesario hacer averiguaciones acerca de todo el linaje familiar; para empezar, basta con los parientes contemporáneos.

Mucha gente espera que el médium les ponga en comunicación con el espíritu de la persona con la que quieren hablar, cuando, de hecho, puede presentarse cualquiera, incluso el espíritu de un desconocido. Por ejemplo puede que te visite tu abuelo, que murió antes de que nacieras tú. Solo porque tú no lo conocieras, eso no significa que él no te conozca a ti. Nuestros seres queridos, tanto aquellos a los que conocemos como a los que no, siguen siendo nuestra familia y amigos, y están conectados con nosotros. La persona a la que esperas ver llegará a través del médium (al menos si soy yo quien está trabajando), porque por lo general se suelen presentar o delatar su presencia. El amor es el puente que permite acercar a los seres queridos.

Cómo trabajan los médiums

Si estás considerando la idea de consultar a un médium por primera vez, es interesante que hagas primero tu propia investigación, de manera que te presentes a la lectura con una buena comprensión de lo que probablemente va a suceder y de cómo responder. Por ejemplo, si la persona a la que vas a ver ha escrito un libro, siempre merece la pena leerlo antes de asistir a la primera sesión para tener una idea sobre cómo trabaja y de cómo es su vida como médium.

Si has leído este libro hasta aquí, entonces comprenderás que cada médium tiene su propia y especial habilidad, alrededor de la cual gira su trabajo como médium y como espiritista. Estas diferencias pueden afectar al modo en que recibimos y comprendemos el mensaje… a veces con resultados divertidísimos.

Recuerdo una ocasión en la que estaba haciendo una lectura para una mujer. Se presentó su tío, que no hacía más que enseñarme un patito de goma de juguete. Era realmente muy extraño, pero no iba a ser yo quien se diera por vencido al primer obstáculo. Así que le pregunté: «¿Por qué tu tío me enseña un patito de goma?»

La mujer soltó una risita nerviosa y contestó: «Mi tío se llamaba Doug. Cuando era niña, yo no podía pronunciar su nombre, Douglas, así que le llamaba Ducky [«patito», en inglés]. Y a partir de entonces todo el mundo comenzó a llamarlo tío Ducky».

Yo sonreí y dejé que el tío Ducky siguiera con su mensaje. Sin lugar a dudas, el mundo del Espíritu sabe cómo hacernos llegar sus pruebas.

Con frecuencia, la gente viene a mi consulta acompañada de otra persona, un amigo, un pariente o incluso un compañero de trabajo. No son conscientes de que de este modo están abriendo la posibilidad de que los espíritus de los amigos o parientes de esa otra persona aparezcan también. Cualquiera que esté presente en la consulta podrá ser objeto de una lectura. He tenido más de una experiencia en la que el amigo o pariente del consultante dominaba por entero toda la sesión.

Otra cosa que puede ocurrir durante una lectura es que la persona que viene a verme se convierta también en médium para un tercero. Me refiero a que durante la consulta puede aparecer la madre de su mejor amiga para encargarle que le entregue un mensaje a su hija, incluso aunque mi clienta no la hubiera conocido en vida. De esta forma es mi clienta quien acaba transmitiendo el mensaje a su mejor amiga. ¿Por qué ocurre esto? En este caso porque el espíritu de la madre sabía que mi clienta era muy amiga de su hija, y estaba dispuesta a lo que fuera con tal de hacerle llegar el mensaje.

Ningún médium puede garantizarte que logrará conectar con la persona en concreto con la que tú deseas hablar. Como he dicho antes, los médiums no tenemos el número de teléfono directo del otro lado. Si algún médium afirma que puede hacerlo, entonces te recomiendo, de verdad, que te alejes. Nosotros hacemos todo lo que podemos; el resto depende del mundo del Espíritu.

Mente abierta

Entrar en la consulta de un médium con una actitud saludable y una mente abierta siempre ayudará al profesional a hacer fluir la sesión sin esfuerzo. Porque el asunto clave aquí es la energía. Tienes que recordar que los médiums somos personas psíquicamente sensibles; las vibraciones y los pensamientos de nuestros clientes pueden afectarnos. A veces la gente viene a verme con una actitud desafiante, como diciendo: «Demuéstrame que es verdad». Esto puede levantar un muro que el médium deberá resquebrajar antes incluso de empezar con la lectura.

He tenido clientes que sentían la necesidad de comprobar mi habilidad como médium, pensando o haciéndome preguntas concretas tales como, por ejemplo, «¿cuál es el nombre de mi madre?», o «¿qué llevo en el bolsillo que le pertenecía?», o ¿cuál es la palabra clave que ella y yo compartíamos antes de fallecer que me demostraría que ha conseguido llegar al otro lado?».

Aconsejo a mis clientes que si tienen una pregunta en concreto o una petición que hacer a sus seres queridos para demostrar que son ellos, entonces siempre pueden hacérsela mentalmente en casa, antes de venir a mi consulta. Cuando la gente me hace una pregunta en voz alta, esta interrupción puede cortar el enlace y provocar que mi mente se deslice de vuelta a la conciencia. Por supuesto, esto no quiere decir que *no puedas* hacer ninguna pregunta durante una sesión, pero para mí eso puede significar la ruptura en la continuidad del mensaje. Si hay alguna parte de la información que no entiendas, posiblemente su significado se te revelará o te acordarás de algún dato relacionado en un momento posterior.

Yo he recibido cientos de cartas y de *e-mails* de personas que solo con posterioridad han constatado que las pruebas eran correctas, al recordar datos que habían olvidado en el momento de la lectura. En muy raras ocasiones, el médium dice algo que no resuene de inmediato en la conciencia del cliente o a lo que no sepa responder. En esos casos solo cuando vuelve a casa y comprueba la información como parte del proceso de validación descubre que era correcto. A mí me encanta cuando sucede esto, porque muchas de las pruebas más contundentes se refieren a cosas que el cliente no sabe todavía. Esto disipa todos los mitos según los cuales el médium está extrayendo la información telepáticamente de su cliente o leyéndole el pensamiento. Porque ¿cómo entresacar una información que ni siquiera está en su mente? Estas son las maravillas que nos demuestran lo poderoso que puede llegar a ser el mundo del Espíritu.

La mediación que ejerce el médium no es una ciencia definida, porque estamos tratando de enlazar y fundirnos con un espíritu que ya no tiene laringe con la que expresarse. Nos envían sus pensamientos a un nivel mental y telepático, e interpretarlos y descifrar el significado de lo que tratan de comunicar depende de nosotros.

Durante las lecturas hay ocasiones excepcionales en las que de hecho no aparece ningún espíritu. Por favor, tienes que saber que esto no es un signo de que esa persona no te quiera o de que no quiera estar ahí para ti. Podría haber innumerables razones para su ausencia; desde que el médium tiene un mal día o el cliente no esté preparado hasta incluso que el espíritu no esté listo para la comunicación. No te lo tomes de un modo personal. Confórmate con saber que aparecerá cuando se suponga que tiene que hacerlo. Si después de un plazo de 10 o 20 minutos me doy cuenta de que no consigo enlazar con nadie, entonces yo mismo termino la sesión sin cobrar y le pregunto a mi cliente si quiere volver a repetirla un par de meses más tarde. Por lo general, cuando vuelven, el lazo ya está creado y ellos obtienen su anhelada lectura.

No te hagas dependiente de los médiums

Cuando una persona disfruta de una buena sesión con un médium, es posible que sienta la necesidad de repetir una visita tras otra. Tengo que señalar que, en realidad, esta no es una buena idea en muchos sentidos. Por suerte, después de una lectura habrás oído aquello que necesitabas oír y habrás sentido cierta sensación de clausura de la comunicación. Es importante darse cuenta entonces de que nuestros seres queridos también tienen su vida, aunque naturalmente van a seguir cerca de nosotros y nos harán notar su presencia cuando los necesitemos.

Pero, si insistes en ir a visitar a un médium detrás de otro, es muy probable que se presente siempre el mismo espíritu para repetirte un mensaje idéntico. ¿Por qué? Porque es como pedirle a tu pariente que te cuente cómo le ha ido durante su último viaje. ¿De cuántas formas quieres te relate la misma historia? Cuando alguien viene a verme para celebrar una sesión en privado, accederé a darle cita una vez y, si insiste, quizá, dos. Después de todo, uno de los mensajes recurrentes que los espíritus tratan de comunicarnos es que sigamos adelante con nuestras vidas hasta el momento de volver a verlos.

Más aún, tus seres queridos están tratando de enviarte mensajes por ellos mismos, pero se trata de señales muy sutiles. Así que, si todavía te sientes sobrecogido por la emoción o en pleno duelo, es muy posible que no lo hayas notado. Si tu sentimiento de pérdida es tan grande y los echas tanto de menos, entonces es fácil no percibir su presencia. Es entonces cuando un médium puede ser de gran ayuda y valor para los que nos quedamos aquí.

La responsabilidad del médium

Creo que es nuestra responsabilidad como médiums actuar de puente o de enlace entre el mundo del Espíritu y los vivos. Nuestro trabajo es hacerte sentir cómodo, sobre todo si es la primera vez. Además tenemos que explicarte cómo trabajamos y, lo que es más importante, qué puedes esperar. Me esfuerzo por conseguir la prueba más evidente posible de que estoy recibiendo un mensaje y conectando con tus seres queridos, de manera que tú puedas reconocer de inmediato con quién me estoy comunicando.

Como he dicho antes, los médiums no deberían pedirte demasiados datos. Por lo general basta con un «sí», un «no», o un «no estoy seguro» para confirmar o rebatir las evidencias. Y además te aconsejo que no les proporciones excesiva información. Algunos clientes se ponen tan nerviosos que no pueden parar de hablar y acaban revelando mucha información sobre sus seres queridos fallecidos. Pero recuerda que ese es nuestro trabajo, no el tuyo.

Los médiums deberían ser capaces de validar la presencia del espíritu con una prueba evidente y clara. Los elementos básicos que forman los cimientos de esta validación podrían ser: género, hombre o mujer; edad aproximada en el momento del fallecimiento; circunstancias que los llevaron al mundo del Espíritu; cómo están conectados o relacionados contigo, etc. Una vez confirmada la identidad, la lectura debería ser más detallada y el médium debería poder describir ciertos recuerdos, lugares que visitasteis juntos, cumpleaños, etc. No hay límites en el tipo de información que el médium puede recibir al establecer contacto. Puede tratarse de un recuerdo emotivo y muy querido, o incluso de un momento incómodo que te haga reír y llorar al mismo tiempo. Después de todo, son esas cosas especiales las que hacen de ellos las personas que fueron… y siguen siendo.

Hay muchos médiums cualificados y entrenados que pueden realizar un servicio muy útil para las personas que atraviesan un duelo o que buscan respuestas. Tómate tu tiempo a la hora de elegir al médium adecuado. Para recapitular: trata de abrir tu mente, de comprender la mecánica de las sesiones y confía firmemente en que tus seres queridos jamás te han dejado. Ellos harán todo lo posible para contactar contigo y demostrarte que te siguen queriendo. Puede que establezcan la conexión directamente contigo a través de signos y símbolos, o quizá a través de un médium. Con el tiempo acabarás por comprender, gracias a tu propio sentido de la intuición, que el mundo del Espíritu es real, que la vida sigue, y que existe la vida después de la muerte. Tu tristeza y tu dolor disminuirán al saber que, en realidad, no hay muerte.

Segunda parte:
La actuación del psíquico y del médium

Capítulo 7:

Abrir nuestra conciencia psíquica

E N LA SOCIEDAD DE HOY en día, la mayoría de la humanidad ha olvidado que somos seres increíblemente intuitivos y sensibles. Muchos de nosotros hemos llegado lejos en el dominio del pensamiento analítico. Existimos principalmente en el mundo físico, lo que provoca que nos centremos en exceso en todo lo que ocurre fuera, a nuestro alrededor. Pero creo que, de vez en cuando, es importante recordar que hay todo un *mundo interior*, listo y a la espera, que puedes visitar siempre que quieras.

Quiero dedicar íntegramente la segunda parte de este libro a las personas que desean comprender y desarrollar su propio potencial como psíquicos y como médiums. Ya desees convertirte en médium o simplemente sientas curiosidad por la materia, espero que esta sección te proporcione la guía que estás buscando. De igual forma, si estás tratando de entender el funcionamiento de tus propias habilidades espirituales, entonces esta segunda parte del libro te será de gran ayuda.

Todos poseemos la habilidad espiritual de hacernos más conscientes del funcionamiento interior de nuestras almas, con todas sus capacidades y sensibilidad innatas. En otras palabras: todos tenemos la capacidad natural de aplicar nuestras habilidades psíquicas e intuitivas a casi cualquier área de nuestra vida. Una de mis afirmaciones favoritas durante la presentación de una demostración es: «Todos provenimos de Dios, y no creo que la inteligencia divina nos hubiera permitido llegar hasta aquí sin un poco de ayuda. El don de la intuición es nuestra conexión con lo Divino». Es decir: aunque la intuición es un don concedido a todas y cada una de las almas, es importante recordar que nosotros somos los responsables de su desarrollo.

Con frecuencia, cuando mis alumnos comienzan a explorar el potencial psíquico, me preguntan: «¿Cuál es la diferencia entre la habilidad psíquica y la pura intuición?». Una delgada línea separa los términos *psíquico* e *intuitivo*, que a menudo se utilizan como sinónimos intercambiables. El desarrollo de la capacidad intuitiva conduce en natural progresión a la adquisición de la capacidad psíquica. La habilidad psíquica es sencillamente una *extensión natural* de nuestra intuición.

La mayoría de nosotros sabemos qué es la *intuición*. «¿Cuántas veces has oído a alguien decir "Me da la sensación de que…", o "Mi instinto me dice que…", o bien "Tengo la fuerte impresión de que…"?». Se trata en todos los casos de formas de la intuición: de esa corazonada o de esa sensación que, en términos generales, nunca se sabe de dónde proviene.

Cuando aprendemos a *reconocer, darnos cuenta* y *actuar* sobre la base de estas sensaciones, entonces establecemos una cimentación fuerte para el desarrollo de nuestras habilidades psíquicas. La habilidad psíquica es capaz de controlar a la intuición y de conseguir que esas impresiones tan especiales funcionen *para* ti. De hecho, el término *psíquico* procede del griego *psychikos*, que significa «del alma». Esto quiere decir que, como seres espirituales, somos capaces de acceder, recibir y transmitir información que va mucho más allá de nuestro cuerpo físico y de nuestros cinco sentidos innatos.

Ser conscientes de nuestras habilidades psíquicas resulta muy beneficioso, y no solo para convertirse en médium o para conectar con nuestros seres queridos. Estas habilidades pueden ayudarnos en gran medida en nuestra vida tanto personal como profesional, así como en las relaciones con la familia, los amigos y los colegas. Abrir la puerta a nuestras habilidades psíquicas naturales constituye una experiencia emocionante e iluminadora, capaz de cambiar nuestra vida. Yo he recibido miles de cartas y de *e-mails* de antiguos alumnos, en los que me cuentan que desde que han comenzado a trabajar con estas habilidades, generalmente dormidas, se sienten como si su alma o su espíritu estuviera conscientemente más *vivo* y más *despierto*. Y declaran que jamás volverán a caminar por la vida como sonámbulos.

Disfruto mucho cuando enseño el desarrollo psíquico en clase (ofrezco un taller sobre esta materia), porque, al llegar, muchos de los asistentes sienten que tienen poca o ninguna habilidad psíquica. Sin embargo, una vez comienzan el entrenamiento y empiezan a recibir información por medio de los sentidos psíquicos, la transformación es evidente. Se ve reflejada en sus rostros. Parece que hubieran descubierto algo nuevo, a pesar de que esa habilidad ha estado siempre ahí, esperando a ser utilizada. Y es perfectamente natural emplear nuestras capacidades psíquicas innatas. Puedes aprender a reconocer, practicar y confiar cada día un poco más y más en esas semillas de conocimiento intuitivo. Porque, al hacerlo, esas semillas se convertirán en una maravillosa fuente de orientación, transformación y empoderamiento a la que recurrir durante el resto de tu vida.

Pero, para vivir una vida psíquica o intuitiva, primero tienes que *saber* y *creer* que, de hecho, ya estás equipado con todas las herramientas que necesitas. Posees habilidades ilimitadas como ser espiritual, así que lo más inteligente es reconocer ese potencial que espera ser despertado... y, de ahí, que utilice el término *habilidades dormidas*. Las herramientas que nos ayudan a dirigir nuestra guía interior son los sentidos psíquicos o, para utilizar otro término con que suelo referirme a ellas, las «fuerzas psíquicas». En resumidas cuentas, estoy hablando de nuestras sensaciones interiores: nuestro *conocimiento interior* (clariestesia); nuestra *visión interior* (clarividencia) y, por último, nuestra *escucha interior* (clariaudiencia).

Conforme vayas afilando y puliendo estos sentidos, aprenderás a trabajar con el campo sutil de energía (el aura) que rodea todo y a todos. Y, según vayas siendo cada vez más y más consciente, aprenderás también a utilizar los centros de energía (los chakras) del cuerpo. (Hablaremos en detalle de los chakras en el capítulo 10). Todo esto forma una parte imprescindible en el fundamento y el desarrollo de tu labor como médium porque es a través de los sentidos psíquicos como captas las emanaciones que te procura o envía el mundo del Espíritu.

Nacer sabiendo

Probablemente todos hemos tenido una experiencia psíquica en un momento dado u otro de nuestras vidas. Acuérdate de que todos *nacemos* como seres psíquicos: es el derecho de nacimiento de cualquier persona. Creo que, de pequeños, todos somos intuitivos de una forma natural. ¿Alguna vez has visto a un niño jugar, dibujar o bailar? Parecen tener un pie en este mundo y el otro en el siguiente. Los niños hablan de cosas que nosotros, como adultos, no vemos de forma inmediata. Dibujan a personas con distintos tonos resplandecientes de color; a mí me parece que, en realidad, están representando su aura sin saberlo. Con frecuencia conviven con sus famosos amigos invisibles, y muchas madres tienen que poner un cubierto de más en la mesa.

A menudo los niños hablan de los ángeles y de la experiencia de volar en sueños. Algunos incluso tienen su propio mundo interior, que sienten como algo muy vivo y real. En ocasiones les cuentan a sus padres que no les gusta una determinada persona a la que acaban de conocer, aunque no saben por qué, o que les produce una mala impresión. Para ellos es perfectamente natural tener estas sensaciones, pues, a esa joven edad, nada los nubla, influye o determina. Los niños ven el mundo tal y como es, y son muy psíquicos, porque nadie les ha dicho todavía que no lo son. Pero, ¡vaya!, en cuanto comienzan la escuela, su lado izquierdo del cerebro se despierta y activa. Se apartan entonces de forma natural del lado derecho creativo e intuitivo de su cerebro, al tiempo que comienzan a utilizar el lado izquierdo analítico para aprender. Todo esto forma parte de la fase educacional de sus jóvenes vidas, aprenden a deletrear y estudian matemáticas, historia y muchas asignaturas más.

La consecuencia es que prestamos cada vez menos y menos atención a nuestra intuición a la hora de guiarnos, y por el contrario confiamos más y más en nuestros sentidos físicos en el momento de tomar una decisión, porque estamos aprendiendo a racionalizar nuestras vidas y a emplear la lógica. Encuentro fascinante que los niños criados en la tradición tibetana budista sean educados desde temprana edad en los sistemas de energía espiritual del cuerpo humano y en sus centros o chakras. ¡Qué maravilloso sería que nosotros hiciéramos lo mismo con nuestros hijos en Occidente! El mundo sería un lugar diferente, pues reinarían la tolerancia, los valores compartidos, la paciencia, el perdón, etc. Quizá, con el tiempo, se convierta en algo natural tanto para los niños como para los adultos recurrir a esta maravillosa fuente de sabiduría, disponible para todos; un saber o habilidad que nos ayuda a navegar mientras transitamos por el camino de la vida, y que es nuestro compañero fiel en el viaje del alma.

Reconocer tus habilidades psíquicas

Ser un intuitivo o un psíquico no consiste en poseer esta facultad; se trata más bien de un modo de ser. Esta habilidad natural del alma no se limita solo a los maestros excepcionales o a las personas que han dedicado toda una vida al estudio y la práctica de la meditación. No se trata de adivinar o predecir el futuro, ni implica bolas de cristal. Todos utilizamos estas habilidades especiales la mayor parte del tiempo, aunque muchas personas ni siquiera se dan cuenta.

Deja por un momento la lectura de este libro y hazte las siguientes preguntas:

- ¿Alguna vez has pensado en alguien y, de pronto, al cabo de un rato, te lo has encontrado?
- ¿Captas el estado de ánimo de alguien incluso antes de encontrarte con él?
- ¿En alguna ocasión has sentido una corazonada a la que no hayas hecho caso, solo para lamentarlo después porque era el camino correcto?
- ¿Te ha sucedido que, al hablar por teléfono con un amigo y escuchar su tono de voz habitual, sintieras, sin embargo, que algo no iba bien?
- ¿Alguna vez has predicho las consecuencias de una determinada situación o acontecimiento antes incluso de que se produjera?
- ¿Eres capaz de entrar en una habitación y descifrar de manera instantánea el ambiente que se respira?
- ¿Se producen las llamadas coincidencias y sincronicidades con frecuencia en tu vida?

¿A cuántas de estas preguntas has contestado con un «sí»? Se trata solo de unos cuantos ejemplos con los que trato de mostrar en qué consiste ser un psíquico o intuitivo. Es un sentido de la conciencia interior que puede ser muy sutil. (Pero, una vez más, no es tan espectacular como lo pintan en las películas).

Recuerdo que este último verano hubo un momento en el que mi intuición me proporcionó una fuerte sensación con respecto a mi perro Koda que no podía ignorar. A veces Koda tiene problemas con la dentadura, así que me he mostrado siempre muy diligente con su higiene dental. Durante una revisión rutinaria, al inspeccionarle los dientes, la veterinaria dijo que podíamos esperar hasta el otoño para hacerle la limpieza. Sin embargo, una noche, poco después de esa visita, Koda estaba en su sitio preferido del sofá cuando de repente, sin venir a cuento, oí en mi mente la frase: «Tiene un diente mal». Así que decidí llevarme a Koda de vuelta a la clínica para hacerle la limpieza cuanto antes en lugar de esperar al otoño.

Tras la segunda visita, la veterinaria me llamó por teléfono y me dijo que los rayos X habían revelado un absceso en uno de los dientes de atrás; lo tenía infectado, y había que sacárselo de inmediato. La revisión dental había sido incapaz de descubrir el problema; solamente los rayos X podían mostrar qué ocurría en el interior. Una vez discutidas todas las alternativas con la veterinaria, convinimos en que había que extraer el diente para detener el posible dolor que estuviera padeciendo. Le aplicaron el tratamiento, y se curó bien. La veterinaria me dijo que se alegraba de que hubiera seguido mi instinto.

Puede que sea un médium psíquico, pero ni siquiera yo sigo siempre mi intuición porque, como he dicho, a veces puede ser tan sutil, que es perfectamente posible creer que se trata de un simple pensamiento, de un producto de la imaginación o de la expresión de un deseo en lugar de un conocimiento o semilla intuitiva. Pero aquella vez fue diferente. En ocasiones tienes que confiar en lo que estás sintiendo, incluso aunque la lógica te señale otra dirección. Porque seguir tu intuición te llevará a tomar mejores decisiones.

Los mensajes o semillas de conocimiento intuitivo pueden producirse en cualquier momento y en cualquier lugar. Te recomiendo llevar siempre un pequeño diario en el que anotes cada uno de tus momentos intuitivos. Anota todos los pensamientos, visiones o sentimientos que tengas a cada instante. Yo además trato de percibir cuándo recibo un pensamiento que no tiene nada que ver con los asuntos corrientes de mi vida en determinado momento. Y, cuando esto ocurre, hago una pausa y me pregunto a mí mismo si se trata de un pensamiento intuitivo sobre el que tenga que basar una acción.

Así que la próxima vez que pienses que tienes un sentimiento o pensamiento intuitivo, incluso aunque todavía no estés seguro de si es producto de tu imaginación, haz una pausa y pregúntate: «¿Esto me viene *a* mí... o procede *de* mí?». Al hacer esto sentirás una fuerte sensación que te indicará qué hacer o qué dirección tomar, y, con suerte, tu intuición le añadirá claridad. Acuérdate de que tu imaginación tiende a entrar en tus pensamientos y después marcharse, mientras que es más probable que la sensación psíquica o semilla intuitiva aparezca una y otra vez.

He aquí un breve ejemplo: un día, de repente, se te ocurre la idea de llamar a tu hermana o a otro miembro de tu familia. Piensas: «Acabo de hablar con ella la semana pasada, así que ya la llamaré más adelante». Pasan unos cuantos días y vuelves a pensar: «¡Tengo que llamar a mi hermana!» Pero, una vez más, vuelves a repetirte que ya la llamarás en otro momento. Al día siguiente se te vuelve a presentar el mismo pensamiento, así que al final descuelgas el auricular y descubres que, de hecho, algo va realmente mal, y que tu hermana se alegra mucho de tu llamada.

Así pues, la imaginación va y viene, mientras que la impresión psíquica o conocimiento intuitivo regresa una y otra vez. Y, si no le prestas atención, será cada vez más fuerte y la oirás más alto, hasta que al final actúes en consecuencia. Confía en tu intuición porque no te defraudará.

El cuerpo como conducto

¿Sabías que tu cuerpo viene ya pertrechado con todo un equipo básico capaz de proporcionarte un flujo sin fin de información y orientación psíquica? No es necesario desviar la vista hacia ningún lado en busca de respuestas: basta con observar nuestro propio *cuerpo físico*. ¡Así de simple!

Todos nosotros estamos recibiendo continuamente información a través de nuestros sentidos psíquicos, solo que la mayoría de la gente no se da cuenta de que su cuerpo funciona como un conducto durante este proceso. Nuestros cuerpos actúan como una enorme antena psíquica que opera a su propio nivel de receptividad. Pero, para poder utilizar nuestras habilidades, es necesario primero dedicar algo de tiempo a aprender y ponernos al día en cuanto al funcionamiento del equipo, porque nosotros mismos *somos* el equipo.

A lo largo del tiempo se han llevado a cabo muchos estudios como parte de una investigación en profundidad acerca de cómo nuestros órganos y glándulas juegan un papel tan vital a la hora de acceder a la información psíquica. Estos órganos y glándulas no funcionan solo a un nivel fisiológico, sino que además son receptores de datos del exterior o del mundo físico, y nos ayudan a acceder y recibir información psíquica. Entre estos órganos y glándulas se encuentran por ejemplo las glándulas pineal y pituitaria, el corazón, las terminaciones nerviosas, el cerebro y el estómago. Esencialmente, *todo* el cuerpo se utiliza en este proceso. Todo está hecho de energía, también nosotros, y es importante valorar este precioso bien y apreciar su efecto en nuestro completo bienestar físico

Las antiguas filosofías espirituales orientales y occidentales nos hablan de una fuerza vital universal que recorre todo, incluidos *nosotros*. Esta energía espiritual insufla vida en nuestros cuerpos y nos mantiene conectados con la fuerza universal, que lo rodea todo. La antigua medicina china cuenta con su propio y único nombre para esta energía universal que fluye a través de nosotros, el *chi*, o lo que los hinduistas llaman el *prana*. Dicha energía discurre a través de nuestros órganos vitales y se infiltra en nuestros huesos, en nuestra corriente sanguínea y en otras partes del cuerpo gracias a una red de sistemas internos llamados *meridianos*.

Se trata de la energía espiritual con la que trabajan los sanadores y otros profesionales de la medicina natural, como las personas que se dedican a la acupuntura o a los masajes terapéuticos. Con frecuencia su trabajo consiste en eliminar los bloqueos de nuestro sistema de energía para permitir que esta fluya libremente. Y esto se debe a que, cuando ignoramos los bloqueos de nuestro sistema de energía, estos pueden manifestarse como enfermedades tales como dolores o dolencias, o pueden crear desequilibrios en nuestro estado mental y emocional. Mantener un flujo constante de la energía a través de todo nuestro sistema contribuye a una mayor salud mental y física.

La importancia de conocer el propio equipo

Tu cuerpo tiene una forma de enviarte señales a través de su propio lenguaje corporal. Ya se trate de una respuesta de tus entrañas, de una sensación física, de una emoción o incluso de un sueño, tu cuerpo sin duda te está hablando.

Yo aprendí por primera vez la lección de escuchar a mi cuerpo el día en el que me vi envuelto en un accidente de automóvil casi fatal, del cual hablé en mi primer libro, *Born Knowing* [Sin traducción al castellano]. El accidente provocó un trauma en mi sistema que forzó la apertura de mis centros de energía (más conocidos como chakras). Hasta ese momento, yo había rechazado mis habilidades, pero entonces vinieron a mí con una fuerza e intensidad que no había experimentado antes jamás. A pesar de todo yo no quería aceptar esta capacidad así, sin más, y sin estudiar primero el contexto dentro del cual tenía que enmarcarla para ser capaz de apreciarla. Necesitaba saber cómo y por qué me estaba ocurriendo aquello. Y lo que es más importante aún: quería saber si podía o no controlarlo. Después del accidente, me dediqué a estudiar todo lo que cayó en mis manos y pude leer sobre estas energías vitales del interior y alrededor del cuerpo. (Pero no hace falta que mires a tu alrededor para encontrar las respuestas, ni que tengas un accidente para convertirte en psíquico).

Por lo general apenas prestamos atención a nuestros cuerpos, y no hacemos caso de sus señales hasta que algo va mal. Por eso es tan importante no rechazar las sensaciones físicas y los sentimientos durante el proceso de desarrollo psíquico. Abrázalos y escúchalos. Con la práctica de la meditación serás capaz de encontrar la respuesta a aquello que está tratando de decirte tu cuerpo: basta con preguntar. Puede que al principio no obtengas nada, pero merece la pena perseverar porque con la práctica resulta cada vez más fácil.

Ignorar tu cuerpo o tus sentimientos es ignorar tu propia intuición. Por ejemplo, sé por experiencia propia que cuando sueño que estoy sumergido en agua hasta el pecho, a menudo es síntoma del inicio de una bronquitis, así que tomo precauciones extras y me administro una dosis de vitamina C. En otras palabras: *reconozco* y actúo según las señales de alerta.

Cuidar del propio cuerpo y de la propia salud debería ser una prioridad, sobre todo cuando estás desarrollando habilidades psíquicas y como médium. Porque, en definitiva, *tú eres* responsable de tu salud física. Considero esencial seguir un régimen de equilibrio y moderación razonables. Come con sensatez, bebe mucha agua, toma a diario una buena vitamina, descansa (además de dormir) y haz ejercicio. Con un cuerpo limpio y saludable tienes más oportunidades de reducir tus «bloqueos». Y eso te ayudará mucho a ser más receptivo.

El precio de la sensibilidad

Siempre les digo a mis alumnos que graben en su mente las siguientes palabras: el precio de la sensibilidad es… la sensibilidad.

Recuerda que el trabajo psíquico puede hacerte *especialmente* sensible, de manera que, de vez en cuando, puedes sentirte cansado o agotado. Ser sensible es algo que viene con la profesión. Una de las expresiones que más oigo repetir a mis colegas es: «Es parte del trabajo». Si no fueras altamente sensible, no serías capaz de alcanzar el otro lado o de ser consciente de él.

Es frecuente que las personas sensibles sientan además ansiedad, y cualquiera que me conozca sabe de sobra que a mí también me afecta a veces. Al haber crecido en un hogar de alcohólicos, he llegado a comprender cómo la «preocupación» de un niño se convierte de adulto en *ansiedad*.

A mí me ha llevado toda una vida conseguir el equilibrio entre el cuidado de mí mismo y ser un médium profesional. Hay mucha energía recorriendo mi cuerpo en un momento determinado, y, cuando me preparo para una demostración, entonces la velocidad de esa energía puede ser extrema. Tengo que conseguir controlar ese delicado equilibrio por mí mismo, de modo que mi bienestar y salud personal no se vean afectados. Esto no quiere decir que todo el que sufre de ansiedad sea necesariamente un psíquico o un médium. Siempre recomiendo a todos aquellos que sufren constantemente de nerviosismo que pidan ayuda a un médico o a un terapeuta.

Es importante liberarse de las tensiones y del estrés, ya sea a través de un masaje terapéutico, del yoga, la meditación o el ejercicio físico. Averigua qué te funciona mejor a *ti*, y trata de introducirlo en tu rutina diaria. Sal a dar un largo paseo por la naturaleza, por el bosque o por la playa. ¡Respira! La madre naturaleza es una maravillosa sanadora. Y lo que es más importante aún: acuérdate de cerrar tus chakras. (Te enseñaré cómo hacerlo en el capítulo 10).

Es perfectamente natural que llegue un momento en el que el trabajo con nuestras habilidades intuitivas sea excesivo, así que tómate un descanso del entrenamiento durante unos cuantos días, o todo el tiempo que sientas que necesites. Estás aquí, en el mundo físico, y tienes que mantenerte equilibrado y enraizado en tu vida física, además de en tu vida espiritual. Honra a todo tu equipo. El cuerpo físico *no* es solo un vehículo para deambular por ahí, mientras estás aquí, en la Tierra; tiene que ser tu colaborador mientras tu espíritu viva en él. Con un poco de suerte, no volverás a mirar a tu cuerpo con los mismos ojos. Tienes que saber cuán especiales sois tú y tu cuerpo… y conoceros mutuamente.

Somos energía

La clave para recibir información psíquica está en la *energía*. Todo está hecho de energía: la gente, los seres espirituales, los lugares e incluso los objetos almacenan energía. Y como tú también eres energía, puedes recibir y leer la información a través de tus sentidos psíquicos. Ser psíquico es algo parecido a una televisión. Todos entendemos que no podemos ver las señales de televisión volando por los aires (porque vibran a una frecuencia muy alta), pero, sin embargo, sabemos que se transmiten. Nuestros equipos de televisión reciben esas señales, y, en cierto sentido, las descodifican para crear una imagen en la pantalla. Pues bien, la energía psíquica sigue la misma lógica. Nosotros recibimos constantemente información a través de nuestros sentidos psíquicos, y lo que se deriva de ello es una impresión o sentimiento que no adquirimos mediante nuestros sentidos físicos. Así que, cuanto más desarrollemos nuestras fuerzas psíquicas, mejor descodificaremos y daremos sentido a las señales y símbolos.

Al practicar nuestra habilidad psíquica o nuestra capacidad como médium, tenemos que darnos cuenta de que estamos entrenando también a nuestra mente consciente a recibir pensamientos e información de una forma en la que no está acostumbrada. Por eso resulta beneficioso ofrecerle una guía, con afirmaciones como: «Soy un psíquico, y para mí es natural recibir palabras, imágenes y sentimientos más allá de mi habilidad normal».

Intento por todos los medios explicar la mecánica del funcionamiento de la habilidad psíquica y sus diversos niveles de receptividad. Para mí es importante que los demás se aseguren de la autenticidad y la legitimidad de este trabajo. Muchas de estas cosas las aprendí mientras me entrenaba en el Reino Unido y estudiaba por mi cuenta la figura de la fallecida Ivy Northage, una famosa médium cuyo trabajo siempre ha resonado conmigo. Ojalá hubiera tenido la oportunidad de conocerla cuando todavía estaba viva. Aquellos de mis colegas que tuvieron la suerte de estudiar con ella dicen que su fuerza era arrolladora y que como profesora era increíblemente dura. Una de sus grandes máximas era: «Cuando aceptes tus habilidades psíquicas y creas en ti mismo, tu mente se abrirá para recibir el entrenamiento mental que tu desarrollo te proporcionará».

A lo largo de los años, he aprendido que existen tres tipos de psíquicos: aquellos que disponen de una habilidad incontrolada; aquellos que se hallan parcialmente desarrollados, y aquellos que han reconocido su potencial y controlan sus habilidades. Con el fin de explicar un poco mejor esta afirmación, a continuación desarrollo una descripción más detallada de cada nivel.

- **Habilidad incontrolada:** estas personas son psíquicamente sensibles, pero ni siquiera lo saben. Responden a un nivel emocional, y constituyen un faro iluminado para el mundo del Espíritu, para otras personas, y para los estímulos del entorno exterior. Puede que no se sientan muy cómodos entre las grandes multitudes. Son empáticos, captan las emociones de los demás, y a veces pueden sentir emanaciones del mundo del Espíritu.

- **Parcialmente desarrollados:** las personas de este nivel por lo general tienen poco o ningún conocimiento sobre la mecánica de su habilidad o sobre cómo funciona. Tienen dificultades para discernir la genuina habilidad psíquica de sus propios pensamientos. Puede que hayan leído o estudiado un poco la materia, pero jamás han continuado con su educación o con el entrenamiento de sus habilidades.

- **Los maestros:** este es el nivel que espero que todos los estudiantes luchen por lograr. Los maestros aprecian la mecánica de sus facultades psíquicas y comprenden cómo se trabaja en equipo con el Espíritu. Mantienen el control de sus habilidades a voluntad, y son los recipientes entrenados y cualificados de los mensajes del Espíritu. Ellos son los dueños de sus habilidades, y no a la inversa: ellos controlan sus capacidades.

Cuando oigo a mis alumnos decir que el mundo del Espíritu está molestándolos todo el tiempo, eso me demuestra que todavía no han aprendido a cerrarse a sí mismos utilizando los chakras (sobre los cuales hablaré en el capítulo 10), o a replegar su aura (proceso que explicaré en el capítulo 9). En otras palabras: todavía no han aprendido a controlar sus habilidades. Como llevo muchos años ejerciendo el oficio, soy capaz de distanciarme de ese estado de conexión constante con el mundo del Espíritu cuando no trabajo como médium. Haría falta un espíritu muy fuerte e insistente para captar mi atención mientras estoy relajado. Pero, cuando a pesar de todo se produce el enlace, por lo general es porque pronto voy a hacer una demostración, y para los espíritus resulta perfectamente natural comenzar a fundirse conmigo antes. En cualquier caso, siempre les digo con el pensamiento: «¡Nos vemos sobre el escenario!» Pero, por supuesto, si hay algún mensaje importante o alguna advertencia previa de algún tipo, puede que no me quede elección... ¡algunos espíritus son tremendamente persistentes!

Por ejemplo, en una ocasión en la que se celebraba una fiesta a la que había sido invitado, supe nada más ver entrar a un hombre que su hermano (que había fallecido) venía con él. No se trataba de una fiesta espiritista ni de una lectura en grupo, ni nada parecido. El motivo de la reunión era que los técnicos de *software* se conocieran entre sí, y yo sencillamente acompañaba a un amigo, de manera que nadie me conocía.

Así pues, ahí estaba yo, sin saber a ciencia cierta qué hacer. No quería acercarme a dicho hombre para decirle abiertamente algo así como: «Eh, hola, ¿has perdido a tu hermano?», y a continuación hacerle una lectura completa. Eso probablemente lo habría asustado. Más aún, no defiendo la idea de abordar de forma directa a una persona para darle un mensaje, porque no puedo estar seguro de qué fe profesa, de cuáles son sus creencias, ni me gusta tomarme la libertad de inmiscuirme en su intimidad y en sus sentimientos de esa forma tan brusca. Sencillamente no es ético; yo respeto el mundo del Espíritu, pero también tengo que respetar a los que están aquí.

Así que, en lugar de hacer eso, envié un pensamiento: «Si quieres darle un mensaje a tu hermano, entonces resuelve tú cómo vas a hacerlo».

¡Aquella noche *no* entregué ningún mensaje! No obstante, puedes confiar en que, cuando un espíritu quiere enviarle un mensaje a alguien, hallará el mejor modo de hacerlo y el momento y lugar apropiados. Espero que el espíritu del hermano de aquel hombre fuera capaz de guiarlo hacia alguien que pudiera entregarle el mensaje.

Si sientes que tu vocación es convertirte en psíquico o en médium, entonces te animo a que estudies en serio. Es esencial aprender a utilizar tus habilidades psíquicas y tus capacidades como médium, además de comprender su funcionamiento. Y luego están los principios éticos (capítulo 11), que todo buen médium debe practicar; en definitiva, observarlos hará de ti un médium más seguro de sí mismo y más respetado tanto para los de aquí como para los del otro lado.

Y hablando de la práctica, me gustaría compartir con vosotros el siguiente ejercicio, que es perfecto para principiantes.

Ejercicio psíquico para principiantes

Utilizar nuestra habilidad psíquica es exactamente lo mismo que usar cualquier otro músculo de nuestro cuerpo: hay que ejercitarlo para fortalecerlo. Este ejercicio, que utilizo a menudo en mis talleres, puede resultarte muy útil y divertido. En primer lugar, le pido a una persona que finja que es, de hecho, psíquicamente consciente. A continuación le digo que elija a alguien de la sala hacia quien se sienta atraído de forma natural. Luego le pido que me cuente cualquier información que esté recibiendo, incluso aunque sienta que él mismo se la está inventando.

Cuando te sientes libre, no hay ninguna presión por acertar, y entonces te diviertes con el ejercicio. En este caso tu imaginación y tu habilidad psíquica trabajan al unísono para crear un flujo natural de información. Y es frecuente que el espíritu de un ser querido se deslice en el interior de tu mente cuando no existe ninguna presión para ejecutar la lectura con corrección y exactitud.

Por supuesto, a menudo lo que ocurre es que todo el mundo piensa que se lo está inventando, y solo después comprueba que ha recibido una información exacta. Siempre habrá aciertos y errores, pero, en general, los alumnos quedan gratamente sorprendidos por la gran cantidad de información correcta que, de hecho, reciben. Y esto ocurre porque se lo están pasando bien, y dan rienda suelta a su imaginación sin albergar expectativas.

He aquí algunas cosas que puedes intentar como parte de tu propio desarrollo:

- Antes de sentarte delante de tu mesa por la mañana, pregúntate a ti mismo: «¿Cuántos *e-mails* voy a recibir hoy?», o «¿qué llevará hoy puesto mi jefe?».
- Cuando suene el teléfono, mira a ver si puedes *sentir* quién llama antes de comprobarlo en la pantalla.
- Al recibir la factura de cualquier servicio que hayas contratado, intenta *averiguar* el importe antes de abrir el sobre.
- Si estás en un edificio con múltiples ascensores, ponte delante de aquel que *sientas* que llegará primero.
- Si te sientes seguro, trata de *visualizar* una o dos palabras de los titulares del periódico de mañana.

Al comenzar a practicar y desarrollarte, es importante que no le prestes demasiada atención al hecho de si aciertas o no. Lo fundamental es hacer el esfuerzo; esa práctica será de gran valor cuando descubras cómo reciben e interpretan la información tu intuición y tu habilidad psíquica. Para terminar esta sección me gustaría recordar que cada cual trabaja con sus habilidades psíquicas e intuitivas a su manera, así que jamás se debe intentar emular a otra persona.

Tomar nota de tus progresos

Ya he mencionado la conveniencia de contar con un lugar especial para uno mismo; una habitación en la que puedas acallar tu mente y donde seas capaz de permanecer en calma. Esta habitación especial o santuario puede ser también el lugar en el que desarrolles tus estudios psíquicos.

Además de crear esta zona para ti mismo, te recomiendo que lleves un diario en el cual vayas registrando tus pensamientos psíquicos, sueños e impresiones. Puede que decidas tener más de uno, de modo que, estés donde estés, tengas siempre a mano un cuaderno donde anotar tus progresos, además de las impresiones y flashes intuitivos. (También puedes utilizar una aplicación en tu teléfono u otro dispositivo electrónico).

Recuerda que los pensamientos psíquicos pueden producirse en cualquier momento y en cualquier lugar. Tu diario se convertirá en un valioso recurso tanto en el momento presente como en un futuro, conforme vayas revisándolo y comprobando tus avances. Este registro te proporcionará grandes intuiciones de los momentos en los que has acertado y de aquellos otros en los que fallaste. Y, ¿quién sabe?, puede incluso que acabe transformándose en un manual didáctico de instrucciones en sí mismo. Yo tengo diarios que se remontan a años atrás, donde guardo constancia de mis corazonadas, impresiones, ejercicios y, por supuesto, sueños. Hoy en día, cuando los reviso, veo claramente cómo se han fortalecido mis habilidades, y cómo han madurado y se han ido definiendo e integrando con el resto de mi ser físico. De hecho, algunos de los métodos de enseñanza que utilizo provienen directamente de esos diarios.

Trucos para llevar tu diario psíquico

Si estás a punto de comenzar tu primer diario, asegúrate de anotar la fecha y la hora de cada nueva entrada, de manera que veas los progresos cuando revises lo ocurrido días, meses y años después.

He aquí unas cuantas ideas acerca de los asuntos sobre los que quizá quieras tomar nota en tu diario psíquico:

- Cualquier pensamiento o impresión inesperada que te sobrevenga y que no parezca relacionada con las preocupaciones de tu día a día, incluso aunque creas que te la has inventado.
- Coincidencias y sincronicidades que dan la impresión de aparecer de continuo en tu vida.
- Números idénticos que no dejan de presentarse, ya los veas en las matrículas de los coches, en los relojes, teléfonos o en cualquier otro aparato.
- Sueños, imágenes y sentimientos o emociones producidos durante el sueño que seas capaz de recordar.

- Cualquier imagen o símbolo que te venga a la mente (intenta no corregir aquello que recibes).
- Metas y deseos personales.
- Afirmaciones que de verdad te inspiren (tú también puedes crear las tuyas).

El mismo proceso de llevar este diario contribuirá a expandir tu conciencia, porque estarás comenzando a conocer y a trabajar con tu propio sistema de orientación interior. Y esto te llevará a un despertar gradual, según comiences a advertir la forma en que tu mente y tu espíritu colaboran juntos para interpretar el lenguaje del alma.

CAPÍTULO 8:

Tus fortalezas psíquicas

❦

Todos y cada uno de nosotros nacemos con nuestro propio y único conjunto de dones, talentos y habilidades personales. Y así como algunos tienen la capacidad de ser artistas, profesores, trabajadores de la construcción, entrenadores personales o escritores, lo mismo puede decirse de la habilidad psíquica individual de cada cual.

Tras estudiar la conciencia psíquica y del médium durante más de dos décadas, si algo he aprendido es que todos poseemos esta habilidad en alguna medida, y que cada uno de nosotros trabaja con su estilo particular, que depende precisamente de esa capacidad psíquica. Me gusta enseñar a mis alumnos la importancia de contar con una base sólida y una comprensión exacta de la mecánica y el funcionamiento interno de esta capacidad, de modo que sean capaces de fortalecer su núcleo central de habilidades psíquicas. Enseño a la gente a emplear esta habilidad en su día a día, lo que incluye tanto la esfera de la vida privada como la laboral y la social. Una vez comiences a utilizar tu habilidad psíquica única, esta misma práctica contribuirá positivamente en el momento de explorar tu potencial como médium. Yo animo a mis alumnos a sentirse cómodos y a conocer a fondo la forma en que usan sus habilidades psíquicas antes de pasar a estudiar las enseñanzas propias del médium, porque es a través de los sentidos psíquicos como se accede y se hace posible utilizar la capacidad del médium.

Aunque existe toda una gama de habilidades psíquicas, para los propósitos de este libro quiero centrarme en las tres más conocidas, a las que serás capaz de acceder una vez identifiques tu fortaleza psíquica particular. Estas tres habilidades se conocen con los nombres de clariestesia, clarividencia y clariaudiencia. Cuando trabajo como médium, la gente espiritual me utiliza como instrumento de comunicación de diversas formas, pero, por lo general, es la fuerza de mi clariestesia y de mi clarividencia las que me proporcionan los mejores resultados y los mensajes más claros.

Conocer nuestras propias fortalezas

Cuando observamos a un psíquico o a un médium trabajar, es fácil obtener un buen indicador de cuál es su verdadera fortaleza psíquica y como médium sencillamente escuchando las palabras que utiliza. Con frecuencia los oirás decir: «Siento… o me da la sensación…» (se trata de la clariestesia), «se me está mostrando…» (es un caso de clarividencia) u «oigo… o me dicen que…» (y en este último ejemplo hablamos de la clariaudiencia).

Sería perfectamente natural que algunos de vosotros conocierais ya dónde reside vuestro núcleo de fortalezas psíquicas personales. Por ejemplo, si crees que tu aptitud psíquica personal va a ser la de la *sensibilidad*, entonces deberías trabajar para fortalecer tu clariestesia antes de empezar a desarrollar el resto de sentidos psíquicos. Yo me he dado cuenta de que muchos de los estudiantes que participan en mis talleres llegan con la idea fija de que la mejor manera de recibir información psíquica es la clarividencia. Sin embargo, contar con una buena clariestesia puede arrojar igualmente resultados excelentes. Con tiempo y práctica, además de cierta paciencia, lograrás utilizar estos tres sentidos psíquicos primarios de manera que funcionen al unísono y en armonía. No obstante, al descubrir al principio cuál es tu fortaleza primaria, serás capaz de construir una base sólida con tu propio yo psíquico personal, y adquirirás una alta sintonía y receptividad, necesarias ambas para convertirte en médium.

Si decides continuar con estos estudios y desarrollar tu potencial como médium, entonces muéstrate abierto y flexible, y observa qué fuerzas se desarrollan, maduran y crecen con más vigor; de ese modo el mundo del Espíritu te utilizará a *su* manera. Es probable que estas fuerzas pasen por diversas fases. Yo ahora utilizo todas mis «clarividades» en mi trabajo como médium, mientras que antes mi fuerza dominante era la clariestesia. El Espíritu conoce tus fortalezas y tus debilidades, y considero que, de vez en cuando, es bueno enviarle este pensamiento: «Utilízame, pero úsame a tu manera, no a la mía». En cualquier caso, esto siempre contribuirá a mantenerte humilde y abierto ante la posibilidad de hacer madurar y evolucionar tu capacidad como médium.

También es importante recordar que jamás debes imitar la forma en que trabajan otros médiums. ¿Por qué? Si lo piensas bien, comprenderás que eso solo significa que vas a convertirte en una segunda copia del original. Tras contemplar a un médium de fama, algunos estudiantes tratan de hacer encajar sus propias capacidades como médium para amoldarlas al trabajo de esa persona a la que tanto admiran. Pero al hacer esto están bloqueando su propio desempeño como médiums, su potencial de crecimiento y la oportunidad de mejorar sus propios y exactos sentidos de la conciencia. Sé tú mismo. No trates de moldear la fuerza de tus habilidades, porque no te estarás haciendo ningún favor.

Confía en el Espíritu

A lo largo de los años, conforme mis propias capacidades han ido madurando y cambiando, en ocasiones he tenido que utilizar todas mis fortalezas psíquicas a la vez, dependiendo de las necesidades de los espíritus para transmitir sus mensajes. En ese momento procuro mantenerme abierto y les pido que me utilicen a su manera, en lugar de a la mía, porque deposito toda mi confianza en el mundo del Espíritu. Ellos saben lo que se hacen y, en mi caso, una gran multitud no parece intimidarlos.

Hace algunos años pronuncié el discurso de apertura a una demostración ante mi editor y un público calculado en un total de más de 2.000 personas. En aquel momento no sabía que mi lectura iba a emitirse simultáneamente en directo a través de las redes para las personas que no habían podido asistir. Al oír mi nombre, subí al escenario, iluminado con un intenso foco de luz, y de inmediato percibí que habían atenuado hasta tal punto la iluminación que incidía sobre el público que apenas era capaz de ver sus siluetas.

Así que le susurré al organizador del evento, oculto detrás del escenario: «Por favor, enciende la luz. Me gusta ver los rostros del público». Esperé, pero la audiencia permaneció en aquella semioscuridad. Podía sentir cómo crecía la ansiedad entre los asistentes, a causa de la espera. Así que volví a pedir: «Por favor, enciende las luces».

Entonces, los productores me susurraron desde detrás de la cortina del escenario: «¡No podemos! Estamos emitiendo en vivo, y necesitamos que la luz te ilumine solo a ti para que la gente pueda verte desde sus casas».

No grité, ni me dejé dominar por el pánico. Sencillamente expliqué esta circunstancia a la gente espiritual para, a continuación, preguntar: «Bueno, ¿y ahora qué hacemos?».

De improviso sentí que se había ampliado mi clariaudiencia, como si alguien hubiera subido el volumen al máximo. Aquel día ejecuté toda mi demostración como médium y mi lectura de 90 minutos utilizando únicamente esta fortaleza. Las palabras fueron llegando rápida y nítidamente desde el otro lado, describiendo quiénes eran, cómo habían fallecido y cuáles eran sus nombres, además de la localización geográfica de su lugar de procedencia. Conocí detalles acerca de sus aficiones y de las relaciones que habían mantenido con ciertas personas del público. Conforme cada espíritu iba siendo identificado, verificado y aceptado como evidencia por parte del público, la información empezaba a fluir. Lo que resultó doblemente inusual y en cierto sentido desconcertante a propósito de aquella semioscuridad fue que yo no podía ver a ninguna persona del público en el momento de contestarme. Tuve que confiar por completo en mi clariaudiencia, y escuchar las voces de los espíritus al mismo tiempo que las respuestas del público. Se trató de uno de los mejores ejercicios de pura clariaudiencia que se pueda imaginar y de un día que jamás podré olvidar. Pero el mérito no es solo mío, no soy más que el transmisor de una historia que se teje entre bambalinas. ¡Y los del otro lado también se merecieron su aplauso aquel día!

Los espíritus sabían que ese día yo no iba a poder ver al público ni trabajar como siempre, así que se hicieron cargo. Conservé la calma; sabía que ellos no me defraudarían ni decepcionarían a las más de 2.000 personas que esperaban los mensajes de sus seres queridos. En cualquier caso, tuve que abandonar mi acostumbrada forma de trabajar y poner toda mi confianza en el Espíritu.

Como ya he dicho, en los comienzos es bueno conocer el propio desarrollo y qué fuerzas pueden ser las más sólidas y firmes, pero, por favor, trata de no limitarte siempre solo a una. Concédete la libertad de descubrir y comprender el funcionamiento y los mecanismos de todas ellas. En el futuro, tú también aprenderás y crecerás de formas que jamás creíste posible.

A continuación vamos a profundizar en el funcionamiento de las tres habilidades más importantes, además de descubrir cuántas capacidades tienes en realidad.

Clariestesia o «sensación clara»

La clariestesia es el sentido interior del *conocimiento*. Se trata de uno de los sentidos intuitivos más conocidos, y probablemente el más fácil de aprender y desarrollar. Por ejemplo, ¿alguna vez has entrado en una sala donde hubiera tenido lugar una discusión y lo has *sentido* al instante? ¿Sabes por qué?

Cuando la energía permanece, puedes sentir las emociones y circunstancias que originaron esa situación a través de tu habilidad de la clariestesia. En otras palabras: *sientes* la turbulencia, la energía negativa de la reciente discusión.

He aquí otro ejemplo. Digamos que estás en una reunión social y que te presentan a una persona. De inmediato notas una sensación de incomodidad y molestia. No resulta tan difícil captar qué estás sintiendo. Sencillamente *sabes* que en realidad no vas a establecer ningún vínculo con esa persona. Se trata de una reacción instintiva; solo que nosotros tendemos a racionalizarla y a explicarla con el argumento de que seguramente no tengamos nada en común con dicha persona. Pero lo que ocurre, de hecho, es que estás recibiendo los pensamientos y sentimientos del aura de esa persona, que se transmiten a través del chakra del plexo solar, en la zona del abdomen. (En el capítulo 10 entraremos en detalles a propósito de los siete chakras más importantes y de su asociación con nuestras «clarividades»). La consecuencia es lo que, por lo general, se conoce con el nombre de «reacción visceral», que en este caso es una forma de clariestesia.

Reflexiona acerca de las siguientes preguntas. Cada «sí» que ofrezcas como respuesta constituye una indicación de tu fuerte clariestesia:

- ¿Resulta fácil herir tus sentimientos?
- Cuando conoces por primera vez a alguien, ¿sabes intuitivamente que algo va mal, a pesar de que esa persona parezca feliz?
- Imagínate que vas conduciendo y de repente sientes instintivamente que deberías desviarte por otro camino. Y al rato descubres que se ha producido un tremendo atasco en tu ruta original. ¿Te suele pasar?
- ¿Eres una de esas personas a las que acude todo el mundo cuando está deprimido o necesita desahogarse?
- Al entrar en cualquier salón, ¿*sientes* de inmediato si el lugar que ocupa cada mueble es el correcto?

- ¿Te has dado cuenta de que la gente se siente atraída hacia ti? ¿Se te acercan a menudo las personas por la calle para preguntarte por una dirección? O cuando vas de compras, ¿creen los demás que eres un empleado y te hacen preguntas?

Estos son solo algunos de los signos de la clariestesia.

La gente se siente atraída de forma natural por las personas con una fuerte clariestesia. Y muchos de los que contamos con esta capacidad recibimos «todo tipo de cosas» de los demás. Con eso de «todo tipo de cosas» me refiero a toda esa información que no es nuestra. Si como psíquico tienes una inclinación natural a *sentir*, entonces es más que probable que captes las vibraciones de otras personas y estas puedan afectar a tu propia disposición.

En relación con este punto tengo que hacer una advertencia. Si posees la facultad de la clariestesia, entonces es posible que captes las emociones de los demás, ya sean tristes o alegres. Si tu temperamento se corresponde por lo general con el de una personalidad con altibajos, y por alguna inexplicable razón comienzas a sentirte mal (aunque no haya ocurrido nada a tu alrededor que haya podido provocarlo), intenta plantearte el problema desde un ángulo diferente. En lugar de preguntarte «¿qué me pasa?», pregúntate «¿*quién* tiene algo contra mí?». Es fácil que estés sintonizando con sentimientos o vibraciones de otra persona sin saberlo siquiera. Tu habilidad psíquica puede y quiere ayudar.

La próxima vez que te ocurra esto, deja lo que estés haciendo, céntrate en el chakra del plexo solar y pregúntate: «¿De quién son estos sentimiento?». Observa si aparece la imagen de alguien en tu mente mientras te haces esta pregunta. Podría ser cualquiera: un miembro de tu familia, tu mejor amigo, tu vecino o un colega del trabajo. Llama a esa persona y pregúntale cómo se siente. Puede que te sorprenda descubrir que se encuentra mal.

Vivimos en una sociedad en la que la gente es poco propensa a besarse, tocarse o abrazarse. Pero una persona con clariestesia *necesita* tocar y sentir las cosas físicamente. El contacto físico beneficia a la habilidad psíquica intuitiva, y ayuda a comprender a los demás a un nivel mucho más profundo, del alma. En otras palabras: estarás entablando una conexión de alma a alma.

Nuestras manos son maravillosos receptores de energía. La próxima vez que te presenten a alguien, míralo a los ojos, alarga el brazo (y sujeta) su mano: estarás creando una conexión *real* con él. De igual modo, cuando vuelvas a ver a un amigo, dale un fuerte abrazo. El simple hecho de ser consciente de tu clariestesia y de los sutiles caminos por los que recibes la información te ayudará de miles de formas y te proporcionará una maravillosa herramienta para descubrir las respuestas a cientos de preguntas sin respuesta aparente.

Clariestesia al nivel del médium

Cuando un médium está trabajando y utilizando su clariestesia, es capaz de *sentir* o de *captar* la energía del espíritu, ya se trate de un hombre, una mujer, un joven o un anciano, y ya fuera o no la enfermedad la responsable de habérselo llevado al otro lado. El médium describirá la personalidad de ese espíritu, captará su modo de ser y sus particularidades y, en algunos casos, asumirá las características del espíritu. Esta es la forma más común de trabajar de la mayoría de los médiums, y no hay límites con respecto a lo que el espíritu puede hacer sentir al médium.

Cuando un espíritu se acerca a mí y se funde con mi aura, puede que yo me ponga a hablar y a caminar como él, e incluso que asimile algunas de sus singularidades, tales como un tic nervioso o una expresión facial típicamente suya mientras estaba aquí, en su cuerpo físico. Siempre resulta divertido ver la cara del destinatario del mensaje cuando comienza a ver cómo se manifiesta la auténtica personalidad y el carácter de su ser querido fallecido mientras se comunica a través de mí. Es casi como si su ser querido estuviera ahí, delante de él. Y en realidad, a un nivel espiritual, lo está.

También me enseñaron que, como médium, puedo mejorar la calidad de la fusión con el espíritu pidiéndole que se acerque más y que se una a mi aura; que viene a ser casi como si él ocupara mi lugar. Es como si yo viera a través de sus ojos y me convirtiera en él. Cuando trabajo con la clariestesia con alguien que ha fallecido, practico algo que me enseñaron en mis comienzos, a saber: menos de mí... y más del espíritu.

Ejercicio: abrir tu sentido psíquico de la clariestesia

Puedes desear utilizar tus fortalezas psíquicas por multitud de razones diferentes. Si debes tomar una decisión importante en tu vida, respecto a una relación personal, un negocio, la compra de un coche o de una casa nueva, o un cambio de empleo, te recomiendo centrarte en el conducto de tu clariestesia, es decir, en el chakra del plexo solar, e intentes hacer este ejercicio.

Comienza por instalarte cómodamente en tu espacio privado personal. Cierra los ojos y coloca las manos sobre la zona del plexo solar sin ejercer presión. Imagínate que esta área de tu cuerpo se va llenando lentamente de una bella luz amarilla.

Cuando estés cómodo, pregúntate: «¿Cómo me hace sentirme en realidad esta decisión en particular?», o «¿qué siento de verdad por esa persona?»

Observa tus sensaciones o si aparece una imagen en tu mente. Pregúntate una vez más: «¿Me provoca una sensación positiva o negativa?». Si notas que aquello que sientes te hace estar incómodo, entonces pregúntate por tercera vez: «¿Por qué estoy incómodo?». Cuanto más concreta sea la pregunta, más precisa será asimismo la respuesta. Este ejercicio solo te llevará unos minutos, y, no obstante, puede procurarte intuiciones verdaderamente útiles.

Segundo ejercicio de clariestesia

He aquí otro gran ejercicio que a mí, en particular, me ha
servido muchas veces para evitar culparme innecesariamente
por los actos de los demás. Cuando sientas o captes que emana
una actitud negativa de otra persona, utiliza esta técnica para
entender qué está pasando... antes de empezar a culparte a ti
mismo.

En primer lugar es necesario que apartes de *ti* todo lo que estás
sintiendo. Desecha los pensamientos relacionados con lo que estás
percibiendo o sintiendo. Relájate, cierra los ojos y respira.

Intenta imaginar que estás literalmente metiéndote en la piel
de otra persona, y transformándote en ella. Siente lo que ella está
sintiendo. Observa si ahora tienes una comprensión mayor de qué
está ocurriendo *realmente*, y de cómo puedes ayudar.

Ahora que ya cuentas con los elementos básicos de la clariestesia y sabes cómo acceder a esta habilidad, utilízala para experimentar en cualquier área de tu vida en la que creas que pueda resultarte beneficiosa. Es posible afinar esta capacidad de forma notable; si
es necesario, siempre puedes cerrarla para disminuir tu sensibilidad
psíquica, para ello céntrate en el plexo solar e imagina que esa luz
amarilla se va haciendo cada vez más pequeña. Una vez hayas entrenado tu clariestesia, intenta salir a dar grandes paseos por el
campo para abrirte a ti mismo y sentir el exterior en toda su belleza. Como todo está hecho de energía, no tardarás mucho en aprender a sentirlo.

Clarividencia o «visión clara»

La clarividencia es nuestro sentido interior de la *vista*. Gracias
a ella recibimos imágenes, símbolos y colores. Es importante saber
que no se trata de ver tal y como vemos con nuestros ojos físicos;
la cuestión, más bien, es utilizar nuestro *ojo interior*, más conocido

como el «tercer ojo». Yo estoy convencido de que el alma jamás pierde la oportunidad de utilizar una imagen al hablar.

No permitas que los actuales prejuicios sobre la clarividencia dificulten tu desarrollo personal. Todos sabemos que algunas personas encuentran un tanto escalofriante el hecho de encontrarse con lo desconocido, y que el poder de la propia mente racional puede suponer a veces un fuerte freno. La misma palabra, *clarividencia*, quizá resulte disuasoria. No es difícil dejarse influir por los programas de la televisión, que retratan a los clarividentes de un modo estereotipado, con esas imágenes-cliché, en una sala llena de humo y con las manos aferradas a la bola de cristal. Creo que ha llegado la hora de desterrar esos mitos.

En una ocasión oí una historia maravillosa a propósito de una pareja encantadora que demuestra cómo la clarividencia puede ser una experiencia cotidiana. Jack estaba sentado en el sofá cuando alzó la vista y se fijó en el cuadro nuevo que su mujer acababa de comprar y de colgar orgullosamente justo encima de la chimenea. Mientras contemplaba aquella obra de arte en la que se retrataba a un ángel, tratando de decidir si le gustaba o no, Jack se dio cuenta de que el rostro de aquel querubín se desdibujaba y transformaba. Justo delante de sus narices, aquel semblante adquiría una forma nueva y se metamorfoseaba. Parpadeó varias veces, tratando de aclarar su visión, pero la imagen continuó con su transformación. Aquel ángel comenzaba a parecerse a su tía Mary, a la que hacía mucho tiempo que no veía. Por supuesto, Jack se dijo que solo estaba viendo visiones, y lo achacó a su imaginación. Aquel había sido un día duro, así que supuso que estaba cansado. Así respondió su mente racional. Después de todo, él no estaba metido en ninguna de esas «historias de la adivinación», me explicó después entre risas, mientras me contaba esta historia.

Al día siguiente, Jack se sintió perplejo porque no podía apartar la imagen de su tía de la mente. Así que llamó a su prima Carol, hija de Mary, y le contó la historia. Jack sabía que Carol era una persona más consciente y más abierta que su madre a los fenómenos metafísicos como aquel. Y Carol, por su parte, conocía demasiado bien a Jack como para pensar que se lo estaba inventando. De modo que, nada más colgar el teléfono, Carol llamó a su madre para preguntarle cómo estaba. «Mamá, soy Carol. Sé que te parecerá extraño, pero solo te llamo para saber si te encuentras bien». Su madre le contestó que estaba bien, pero que últimamente se mareaba. Carol decidió llevarla a una revisión médica al día siguiente, solo por precaución.

Bueno, creo que todos adivinamos cómo sigue esta historia. El médico le practicó la acostumbrada batería de pruebas, y descubrió que Mary tenía la presión sanguínea anormalmente alta y que requería medicación con urgencia. Gracias a la imagen clarividente de Jack y a las decisiones tomadas en consecuencia, Mary consiguió llegar al hospital antes de que su salud se deteriorara.

Reflexiona acerca de las siguientes preguntas. Cada «sí» que ofrezcas como respuesta constituye una indicación de tu fuerte clarividencia:

- ¿Sueles tener sueños muy vívidos y profundamente memorables?
- ¿Tienes ojo para captar de forma natural cómo colocar los muebles en un salón, de manera que mejore su flujo de energía o su estética?
- ¿Alguna vez has visto a alguien y has sabido que estaba a punto de caer enfermo, aunque tuviera un aspecto saludable?
- Cuando hablas con alguien por teléfono, ¿eres capaz de imaginar su aspecto, aunque jamás hayas visto a esa persona?
- ¿En alguna ocasión te has quedado mirando algo, por ejemplo, un cuadro, un trozo de madera o una nube, y has acabado viendo imágenes dibujadas en el interior de ese objeto?

La clarividencia consiste simplemente en ver a través del ojo de nuestra mente. Para explicarlo con términos un poco más científicos, el área de recepción de esta habilidad está situada en el chakra del tercer ojo (entre las cejas), y se asocia con la glándula pituitaria.

Las personas que muestran una fuerte tendencia hacia la clarividencia a menudo prefieren permanecer en espacios grandes, abiertos y bien iluminados. Del mismo modo, cuando viajan, despliegan
un enorme interés por verlo todo, como si no quisieran perderse un
detalle. Utilizar la facultad de la clarividencia, al igual que la clariestesia, puede suponer un beneficio tanto para ti como para los
demás, siempre que sepas cómo acceder al área específica de recepción de esta capacidad y comprendas cómo interpretar tus propios
símbolos e imágenes.

En los primeros estadios de desarrollo, muchos alumnos me
cuentan que las imágenes y símbolos que reciben son muy breves
y sutiles. Si no eres un psíquico o un médium entrenado, y careces
de una alta conciencia psíquica, es muy probable que ni siquiera los
captes, porque resulta fácil pasarlos por alto. Es aquí precisamente
donde la práctica de la concentración mental puede ayudar en gran
medida a desarrollar la clarividencia. Otra idea preconcebida y
errónea muy popular consiste en creer que se va a abrir una brecha
tridimensional ante nosotros, donde aparecerá la imagen clarividente. Lo cierto es que la realidad es bastante menos teatral, en el
sentido de que esta habilidad consiste más bien en recibir símbolos
o imágenes y a veces palabras.

Cada uno de nosotros tiene su propia y única interpretación de
estos símbolos e imágenes, cuyos significados concretos diferirán
por completo de una persona a otra. A lo largo del tiempo, con la
práctica, recibirás repetidamente los mismos símbolos por medio
de la clarividencia, y aprenderás a interpretarlos relacionándolos
con puntos de referencia personales y estableciendo analogías. Es
importante tomar nota de estos símbolos en tu diario, de manera
que comprendas su relevancia e importancia. Pregúntate a ti mismo: «¿Qué significa este símbolo para mí?». Una vez hayas adquirido competencia en la clarividencia y confeccionado una buena base
de datos psíquica de las imágenes, entonces este dicho te sonará a
verdad: «Una imagen vale más que mil palabras».

Una forma estupenda de entrenar y pulir la clarividencia consiste en escuchar meditaciones guiadas que utilicen técnicas de visualización capaces de trasladarte de viaje por tu imaginación. También te recomiendo que cada vez que salgas a disfrutar de la naturaleza intentes captar todo lo que te rodea, ya se trate del intenso azul del cielo o del calmante verde de la hierba y los árboles. Procura percibir los diferentes rasgos de las personas con las que te cruces en el día de hoy. En el momento de comenzar a desarrollar esta habilidad de la clarividencia, mucha gente quiere ver de inmediato con su ojo psíquico cuando lo importante, creo yo, es empezar por mirar y observar tu entorno aquí mismo, en el mundo físico. Si sigues mi consejo, entrenarás tus ojos y tu mente y advertirás más cosas. Y eso te ayudará a desarrollar la fortaleza de la clarividencia.

Clarividencia al nivel del médium

Muchos psíquicos y médiums ven subjetivamente; en otras palabras, ven en su propia mente. Puede que alguna vez hayas visto a un psíquico o a un médium con la mirada perdida o dirigiendo la vista más allá del cliente al que está haciendo una lectura; se trata de algo muy natural. Por ejemplo, sé que, cuando conecto con el mundo del Espíritu, miro y dirijo mi conciencia hacia mi lado izquierdo, a pesar de que allí no hay nadie. No se trata de que no quiera establecer contacto visual con mi cliente; es más bien que trato de alcanzar y de fundirme con la energía que estoy sintiendo o experimentando. Me refiero a esto como mi «pantalla psíquica», y para mí es casi como si se estuviera representando un cortometraje justo ahí, delante de mí. A lo largo de los años he ido perfeccionando y desarrollando esta destreza hasta conseguir ver imágenes con una gran claridad y definición.

Cuando un médium profesional utiliza la clarividencia para trabajar con el espíritu de una persona fallecida, este le enviará imágenes a la mente. Puede mandar desde imágenes de su aspecto hasta visiones de la casa donde vivía en la Tierra. El médium entonces describirá aquello que el espíritu le está mostrando. Es sorprendente la cantidad de cosas que los espíritus pueden enviar, y nuestro trabajo consiste sencillamente en entregarlo. Y cuanto más detallado, mejor.

Yo jamás sé qué es lo que van a mostrarme los espíritus, pero sin duda ellos saben exactamente qué enviar cuando quieren que el mensaje llegue al destinatario. En numerosas ocasiones, durante una lectura, el espíritu me pide que arquee la espalda hacia atrás para mirar al techo. Para mí, esto significa siempre que el espíritu está tratando de mostrarme que él mismo o el destinatario del mensaje tienen un vínculo con la Capilla Sixtina, en el Vaticano. Entonces veo la gloriosa pintura de Miguel Ángel que adorna el techo de la capilla y es como si estuviera contemplándola a través de los ojos del espíritu. Con un poco de práctica y experiencia, las imágenes que te enviará el mundo del Espíritu tendrán por lo general el mismo significado en todas tus lecturas.

Ejercicio: abrir tu sentido psíquico de la clarividencia

El ejercicio siguiente debería ayudarte a comprender dónde se localiza tu ojo psíquico, además de contribuir a expandir tu visión interior.

Antes de comenzar, ponte cómodo y relájate en tu espacio privado. Apaga el ordenador y el teléfono. Para este ejercicio vas a necesitar una pequeña vela votiva blanca.

Siéntate cómodamente y coloca la vela encendida en una mesa enfrente de ti. Relaja los ojos y observa la llama. Sentirás que tus ojos comienzan a lagrimear, lo cual es de esperar, además de totalmente natural. En cuanto te suceda, cierra los ojos y coloca las palmas de las manos sobre los párpados para bloquear por completo la visión.

Ahora mismo deberías comenzar a ver en tu imaginación que la llama fluctúa ligeramente por encima de tu entrecejo. Espera hasta que la imagen desaparezca, y entonces repite el ejercicio otra vez durante 10 o 15 minutos. Con esta práctica tratamos de entrenar y desarrollar el ojo de la clarividencia. (Descubrirás que este punto tan especial está justo encima del puente de la nariz; no a una distancia relativa en línea recta, tal y como dirigen tus ojos físicos la mirada).

La próxima vez que quieras utilizar tus habilidades psíquicas para ayudarte a responder a una pregunta o tomar una decisión, comienza por cerrar los ojos y tratar de centrarte en tu ojo psíquico; en el chakra del tercer ojo. Continúa con el ejercicio y haz una pregunta. Como siempre, trata de concretarla todo lo posible. Una vez hecho esto, escribe en tu diario la pregunta original junto con la respuesta, ya hayas visto un símbolo, una palabra, un color, una persona o un objeto. La práctica y la experimentación te ayudarán a pulir esta habilidad. Pero comienza con cosas sencillas, con pruebas simples. Por ejemplo, intenta adivinar el palo de cada una de las cartas de una baraja tras ponerlas todas boca abajo.

Segundo ejercicio de clarividencia

Cuando era niño solía jugar con mi madre al juego que voy a explicar a continuación. ¡Jamás se me habría ocurrido pensar que estaba entrenando mis capacidades psíquicas a tan temprana edad! Se trata de algo muy simple. Dile a un amigo que piense en un número del 1 al 50 y trata de visualizarlo. Pronuncia en voz alta el primer número que surja en tu visión psíquica; no pienses demasiado. Permítete ser espontáneo.

Otro gran experimento consiste en pedirle a alguien que se encierre en una habitación, elija un objeto, y lo sujete con ambas manos. Desde la habitación contigua, deberás ir tomando nota mentalmente de todo lo que ves, ya se trate de imágenes o de un boceto. Confía en lo que recibes antes de que tu mente lógica intente averiguarlo.

Estos ejercicios pueden parecer muy simples, pero, en realidad, estás comenzando a expandir tus habilidades una vez más. Y ahora podrás apreciar el dicho: «Úsalo o piérdelo». Puedes crear tus propios experimentos. Una vez aprendes a utilizar esta notable cualidad, ¡hay tantas cosas que ver!

Clariaudiencia o «escucha clara»

La clariaudiencia es el sentido interno de la audición. Es la capacidad de oír nombres, fechas, ciertos dichos, y, sí, también incluso canciones y melodías. La gente oye *objetivamente*, es decir; fuera de ellos mismos. Pero, cuando escuchas *subjetivamente* (en tu mente), eres consciente de los sonidos como si se tratara de palabras pronunciadas con tu propia voz.

¿En alguna ocasión has oído tu nombre y acto seguido has descubierto que estabas solo? Puede que te esté llamando el espíritu de un ser querido o quizá alguien de este mundo piense en ti. Si crees que se trata de lo segundo, entonces llama a esa persona por teléfono. Lo más probable es que te diga que justamente estaba pensando en ti.

Otro buen ejemplo de clariaudiencia se produce cuando oyes una canción en tu mente. Y no me refiero a la canción que acabas de oír por la radio, sino a una que comienza a sonar de pronto, inesperadamente, en tu cabeza. Párate unos minutos y toma nota mentalmente de qué canción es. ¿Cuál es su título? Escucha la letra y trata de encontrarla por Internet. Podría tratarse de la canción favorita de un ser querido fallecido que intenta decirte hola de este modo. Y es muy probable que la letra de la canción contenga un mensaje de aliento o un consejo para ti o para alguien cercano que necesita consuelo o ayuda.

Cuando hago una lectura para alguien por teléfono, utilizo la habilidad de la clariaudiencia para sintonizar con la energía de la otra persona a través de la voz. La voz es una herramienta de expresión muy poderosa para recibir información intuitiva. La próxima vez que hables con alguien por teléfono, cierra los ojos y escucha de verdad su voz al otro lado de la línea. Deja que el tono y las palabras de la otra persona penetren por completo en tu espacio, de modo que tu intuición tome el control por encima de tu reacción consciente. Puede que captes colores, imágenes e incluso sentimientos que no tienen nada que ver con la conversación. No escuches simplemente con los oídos; escucha con la intuición. La clariaudiencia es esa vocecita que oímos con tanta frecuencia. Ya sabes a cuál me refiero; esa a la que muchos no hacemos caso suficiente, y luego nos arrepentimos.

Es posible acceder a esta habilidad a través de la zona de recepción de la garganta (el chakra de la garganta). Las personas con clariaudiencia pueden aumentar su *fortaleza psíquica* centrándose en esta área.

Reflexiona acerca de las siguientes preguntas. Cada «sí» que ofrezcas como respuesta constituye una indicación de tu fuerte clariaudiencia:

- ¿Sueles pensar en voz alta?
- ¿Sabrías descubrir que alguien no dice la verdad?
- ¿Alguna vez has oído de pronto un fuerte pitido en el oído?
- ¿Sueles oír música o alguna canción en concreto en tu cabeza?
- ¿Oyes alguna vez lo que piensan los demás?

La clariaudiencia puede resultar un tanto confusa. ¿Cómo decides si aquello que oyes son tus propios pensamientos o son pensamientos psíquicos? Después de todo, todos tenemos tendencia a hablar con nosotros mismos en nuestras cabezas. El primer estadio de desarrollo de la clariaudiencia consiste en aprender a diferenciar y separar la información psíquica de nuestros pensamientos cotidianos y del parloteo mental. Y para eso es necesario practicar y mejorar la clariaudiencia. A lo largo del tiempo, la información que recibes vía *voz interior* comenzará a fluir y a desarrollar una fina sensación de claridad. Por lo general, esa información se referirá siempre al mayor bien y debería procurarte una sensación positiva. Si estás recibiendo información negativa, entonces lo más probable es que tengas interferencias procedentes de tu propia mente. Y, si es este el caso, deberías considerar la posibilidad de comprobar si tienes todavía temas y problemas emocionales y psicológicos pendientes por resolver antes de continuar.

Un consejo importante que suelo dar a la gente que comienza su entrenamiento psíquico es el siguiente: cuando creas que estás recibiendo información psíquica, da un paso atrás y pregúntate a ti mismo: «Esta información ¿es *para* mí o proviene *de* mí?». Al hacer esto, serás capaz de mantener el equilibrio en tu desarrollo psíquico, y mantener la subjetividad, no obstante, todo el tiempo.

Clariaudiencia al nivel del médium

Siempre pensé, nada más comenzar a estudiar la clariaudiencia, que oiría a una voz estruendosa pronunciar las palabras procedentes del mundo del Espíritu de una forma clara y cristalina. Creí que oiría de forma objetiva, fuera de mi cabeza; no me daba cuenta de que lo más común es oír tu propia voz, dentro de tu cabeza. Y, sin embargo, sé que se trata de un espíritu porque oigo cosas que no tienen nada que ver con mi vida.

Cuando un médium profesional está trabajando con la excepcional habilidad de la clariaudiencia, el mensaje puede ser muy concreto y el fenómeno resultar muy destacado y notable de presenciar. La escucha interior del médium es tan aguda y receptiva que puede verbalizar todo lo que está diciendo el espíritu. Es corriente oír al médium citar nombres, apodos, fechas, direcciones y números. De igual forma, si al espíritu le encantaba cierto tipo de música o una canción en especial, el médium puede oírla sonar en su cabeza. Por supuesto, la mente del médium puede filtrar aquello que está recibiendo. Por eso precisamente me gusta ir entregando la información nada más oírla.

Tengo una historia estupenda que pone de relieve este punto. Estaba haciendo una lectura privada para una pareja que, tristemente, había perdido a su hijo. La sesión se desarrolló con fluidez hasta que empecé a oír constantemente las palabras *zipper* *head** en mi cabeza. Pregunté a los padres si sabían a qué podía referirse, se miraron perplejos y contestaron: «No, John, esa parte del mensaje no la entendemos».

A veces recibo la imagen de una cremallera sobre una cabeza con mi clarividencia, y entonces sé que se trata de mi símbolo de referencia personal para indicar un tumor cerebral. Pero, en esa ocasión, yo no hacía más que oír esas palabras; no veía la imagen. Tuve que dejarlo pasar porque el joven tenía más cosas que decir, así que les pedí a los padres que tomaran nota de la referencia *zipper head* por si acaso más adelante le encontraban un significado.

Poco después de aquello, la pareja llamó por teléfono a mi consulta para contarme que habían tenido uno de esos momentos de «¡Aha, eureka!» en el camino de vuelta a casa. El apodo de su hijo era *Zip*, y la contraseña de su ordenador era *zipper head*.

Como he dicho, la clariaudiencia puede ser difícil de diferenciar del propio pensamiento, pero con la práctica comenzarás a adivinar cuándo habla el espíritu. Y conforme vayas desarrollando esta habilidad, serás cada vez más capaz de acceder a tu escucha psíquica, lo cual te ayudará en muchos asuntos de tu vida. Si la clariaudiencia es tu fortaleza, entonces puede que algunos de los ejercicios siguientes te ayuden a pulirla.

Ejercicio: abrir tu sentido psíquico de la clariaudiencia

En lugar de acomodarte en tu propia casa, esta vez quiero que salgas al exterior a buscar un sitio confortable, como, por ejemplo, un parque o la playa. Encuentra un lugar al que personas de todas las edades vayan juntas. Busca, a continuación, un banco o un árbol bonito, o algún lugar donde te sientas cómodo.

Una vez instalado cierra los ojos, respira despacio y relájate. Inhala profundamente unas cuantas veces y libera la tensión.

---

* *N. del T.*: *Zipper head*, que significa «peinado con la raya en medio», está compuesto de dos términos, *zipper*, «cremallera», y *head*, «cabeza».

Y ahora intenta por todos los medios no *mirar*, sino *escuchar* con tus oídos físicos. Procura concentrarte en los sonidos lejanos. Intenta escuchar el tráfico, un avión o una conversación. Trata de llegar lo más lejos posible con la escucha.

Al mismo tiempo que haces esto, intenta traer tu conciencia de la escucha hacia lo que tienes más cerca. ¿Oyes a los niños jugar?, ¿oyes al resto de gente hablar? Trata de averiguar las edades de las personas a las que oyes. ¿Son jóvenes o mayores?, ¿hay pájaros por la zona? Percibe todos los sonidos lejanos y cercanos al mismo tiempo.

Y ahora, mientras sigues haciendo todo esto, intenta oír además el silencio entre ruido y ruido. Este es el espacio especial en el que por lo general se oye el discurrir de la información intuitiva.

Se trata probablemente de uno de los ejercicios más complicados, pero con él estás entrenando tu escucha física para alcanzar diferentes niveles y rangos de sonido. Puede que esté utilizando el término oír, pero se trata en realidad de *escuchar* para ser capaz de recibir impresiones sonoras. Un ejemplo de esto sería el siguiente: cuando *oyes* una canción, oyes la música y la letra. Pero, cuando *escuchas* una canción, lo estás asimilando todo: el ritmo, la letra y las notas que toca cada instrumento. Hay una gran diferencia entre oír y escuchar, así que merece la pena detenerse por un momento para comprender y apreciar correctamente esta distinción. Al hacerlo, estarás de hecho puliendo tu sentido de la clariaudiencia, y familiarizándote con la vocecita de tu interior. Algunas personas encuentran útil ponerse tapones para los oídos cuando desarrollan la clariaudiencia de modo que amortiguan en parte el ruido exterior. Al apagar las influencias auditivas externas, tu escucha interior se acentúa y se hace más exacta.

Segundo ejercicio de clariaudiencia

El siguiente es un ejercicio estupendo para llevar a cabo al final del día, de manera que vayas dejando atrás tu mente pensante.

Siéntate o túmbate en una posición cómoda y en silencio. Respira profundamente y relájate. Deja que se disipen los sucesos del día, cierra los ojos y libera la tensión.

A continuación tómate unos minutos para imaginar una preciosa luz azul celeste situada en la zona de la garganta. Imagínate que esa luz va expandiéndose lentamente conforme comienzas a respirar, dirigiendo el aire a su parte central. Desde ese centro se accede a la clariaudiencia.

Haz cualquier pregunta sobre la que necesites respuesta o cierta claridad, pero manteniendo tu conciencia sobre esta área y sobre la luz azul celeste. No te desanimes si al principio no oyes nada; antes o después recibirás una palabra o incluso una frase. Pregúntate a ti mismo si la respuesta que has recibido se relaciona con la pregunta que has hecho. Si no entiendes la respuesta, pregúntate: «¿Qué significa esto para mí?». Puede que fluya más información o también podría ser que tu guía interior quiera mantener su respuesta original. Confía en lo que estás recibiendo, porque es posible que descubras que era la respuesta perfecta poco tiempo después.

Una vez te conviertas en un experto en este ejercicio, puedes aprovechar para utilizarlo en otros momentos. Por ejemplo, la próxima vez que vayas a una reunión, párate un momento, céntrate en la zona de la garganta, y pregúntate: «¿Qué necesito saber para asistir a esta reunión?» Puede que te llegue un consejo, una canción o incluso un símbolo que de alguna forma, a su manera, parezca hablar en voz alta. Y esto puede influir potencialmente en tu respuesta y ayudarte a conseguir un resultado mejor en dicha reunión.

Acuérdate de que tus ángeles, guías y espíritus están esperando para ayudarte. Solo tienes que preguntar y escuchar su consejo. Utiliza tu diario para llevar un registro de lo que recibes. Y no olvides apuntar la fecha, ya que puede que al principio no le encuentres sentido a algo, pero, con el tiempo, lo comprendas.

Muchos de mis alumnos aspiran a tener clariaudiencia; si tú todavía estás en pleno desarrollo, déjate llevar por lo que ya tienes.

Cualquiera de las tres habilidades (o una combinación de las tres) te ayudará a trabajar como médium. Aprende a jugar y a divertirte mientras desarrollas tus capacidades espirituales. No puedo enseñarte cómo ser psíquico… porque *ya lo eres*… pero sí puedo ayudarte a recordarlo.

Reto semanal para tus clarividades: la rendición

Ya he mencionado que ser psíquico es un modo de ser. Sacar tiempo para realizar actividades que contribuyan a tu crecimiento espiritual y a tu desarrollo psíquico no es una muestra de egoísmo; al contrario, hacerlo puede tener un impacto importante en tu bienestar general y en tu vitalidad espiritual. Dedicar tiempo a centrarte en las necesidades de tu alma te permitirá nutrirte y expandir tus límites espirituales. Por eso te animo a que, durante una semana, hagas cosas que nunca sueles hacer. En otras palabras: cosas que normalmente no harías.

Durante esa semana de ensayo, ríndete y confía por completo en tus habilidades psíquicas intuitivas.

- Si *sientes* que siempre has querido ir a comer con alguien del trabajo, pero jamás has hecho el esfuerzo de decírselo, tómate esta semana la molestia de ir a preguntar.
- Si te has *sentido* inclinado a llamar por teléfono a un pariente con el que hace mucho tiempo que no hablas, llámalo.
- Si hay una carretera por la que siempre hayas querido conducir de camino a casa, pero nunca te has desviado por ella, ¡disfrútala!
- Si hay un libro que siempre has querido leer; uno hacia el que te hayas sentido atraído, aunque no trate realmente de los temas o del tipo de historia que te suelen interesar, cómpratelo.
- Si te sientes atraído continuamente hacia cierta clase o taller, al menos, acércate a preguntar.

Ya sabes a qué me refiero. Quiero que confíes y que sigas los dictados de tu corazón; que utilices todos tus sentidos psíquicos. Después de hacer este ejercicio durante una semana, no olvides anotar cualquier descubrimiento nuevo o revelación que hayas podido hacer al seguir tu guía interior. A veces, cuando haces caso de aquello que brota en tu alma, descubres que aparecen oportunidades novedosas. Este increíble ejercicio te enseñará la forma en que discurre el flujo de información intuitiva o psíquica a través de ti, y el modo en el que te funciona a ti. Con esto lo que pretendo es que trates de vivir de un modo más intuitivo y menos analítico. ¡Adelante!

Según aprendas a despertar y desarrollar tus habilidades psíquicas personales (clariestesia, clarividencia o clariaudiencia), por favor, acuérdate de mantenerte equilibrado y bien enraizado. Cuando desarrolles correctamente estas capacidades, pueden resultarte muy útiles en todas las áreas de tu vida, además de en tu desarrollo espiritual. Y lo más importante: descubrir y potenciar tus sentidos psíquicos debería constituir un viaje y una experiencia maravillosos.

Ejercita esos músculos intuitivos. ¡Cuánto más los uses, más fuertes se harán!

Psicometría: el toque psíquico

A lo largo de todo mi entrenamiento, tanto en Estados Unidos como en Reino Unido, la palabra *psicometría* se usaba continuamente. No tardó en convertirse en parte de mis enseñanzas, pues yo recomiendo a todos mis alumnos que estudien y experimenten con esta maravillosa técnica. La palabra psicometría significa «medida del alma».

La psicometría es una herramienta excelente y muy divertida para entrenar tu conciencia psíquica. Al silenciar y calmar tu mente consciente, esta sencilla técnica revierte en importantes beneficios que te ayudarán a superar los límites de tus cinco sentidos físicos y alcanzar el nivel psíquico. Cuando practicas con la psico-metría estás utilizando más de una de tus fortalezas psíquicas, ya se trate de la clariestesia, la clarividencia o la clariaudiencia.

Esta práctica consiste en sostener un objeto personal de otra persona y, a continuación, *leer* en él como parte de la lectura psí-quica. Para explicarlo dentro de un contexto más amplio, se trata de utilizar tu capacidad psíquica para *sentir* o experimentar la na-turaleza y la historia de ese artículo. De alguna manera es como si *sintieras*, *vieras* u *oyeras* a través del tacto, y recibieras impresiones. Es posible deducir información sobre la gente o los acontecimien-tos asociados a ese objeto únicamente tocándolo. Acuérdate de que todo está hecho de energía y tiene sus propias emanaciones aúricas. Ese objeto puede ser tu anillo favorito, un reloj, la camisa que llevas puesta o incluso una silla vieja en la que te encante sentarte.

Resulta sorprendente observar y oír contar a los estudiantes lo que están recibiendo cuando sostienen un objeto entre las manos y prueban esta técnica por primera vez. Les pido que me relaten lo que están recibiendo, y escucho sus palabras para saber si dicen «he visto…», «he *sentido*…» o «he *oído*…», y así distingo la fortaleza que están entrenando. Puede que solo estén empleando una de ellas, pero, por regla general, esta práctica implica el trabajo de las tres fortalezas al mismo tiempo.

Una amiga mía utiliza esta técnica cada vez que va a firmar un nuevo contrato. Cuando alguien le ofrece su tarjeta de presenta-ción, por lo general lleva impresa la huella de la energía del propie-tario, de modo que ella es capaz de acceder a las impresiones que esa persona le provoca. Mi amiga hace una pausa, sujeta la tarjeta, y sintoniza consigo misma para preguntarse qué está sintiendo, y si es positivo o negativo; esto la ayuda a tomar la decisión correcta en sus negocios.

Haz la prueba tú mismo la próxima vez que sostengas algo entre las manos. Piensa en el objeto que estás sujetando y pregún-tate si te hace sentir algo positivo o negativo. Por ejemplo, ¿alguna vez te han prestado una camisa o un jersey que te ha hecho sentir diferente? En ese caso lo que está ocurriendo es que captas las emociones y la esencia de la persona a la que pertenece. Os contaré un truco muy útil que he aprendido con la experiencia: he descubierto que los artículos de metal parecen funcionar mejor que los demás. Los relojes, collares, anillos y llaves son capaces de almacenar la energía del propietario con más fuerza. Y cuanto más tiempo lo hayan llevado o poseído, mejor.

También he trabajado con flores. Al sostener una flor que alguien ha tenido en las manos, puedes sentir la energía que se ha transmitido entre ambos seres vivos. Yo conocí la clariestesia por primera vez con las flores, cuando asistía al Instituto Arthur Findlay de Reino Unido. Colocaron las flores en un jarrón en clase, y nadie tenía ni idea de quién había traído cada una de ellas. Las había de muy diferentes formas, tamaños y colores. Entonces nos pidieron que eligiéramos aquella hacia la cual nos sintiéramos atraídos. Al sujetar la flor, hicimos uso de la psicometría y leímos lo que nos decía de la persona que la había traído para establecer con ella un vínculo fuerte, que, por lo general, enlaza también con alguien del mundo del Espíritu. Era como si sujetar una preciosa rosa fuera una forma de abrir la puerta a otro mundo.

La psicometría puede constituir un buen fundamento para el trabajo psíquico, y te la recomiendo encarecidamente si estás tratando de desarrollar tus habilidades.

Ejercicio: psicometría

Antes de comenzar este ejercicio, asegúrate de haber realizado todos los anteriores que incluye este libro. A estas alturas ya deberías haber determinado cuál o cuáles son tus fortalezas psíquicas.

Esta sencilla práctica comienza sujetando algo que pertenece a otra persona; algo que tenga un significado especial para ella. Tienes que intentar apartar de tu mente tus propios pensamientos, de manera que permanezcas completamente neutral. (Por esta razón sería preferible que no supieras gran cosa acerca de la persona a la que pertenece el objeto que sostienes).

Mientras lo sujetas, céntrate en el chakra correspondiente, asociado a la habilidad psíquica que estás utilizando. Depositar tu conciencia sobre el chakra indicado mejorará tu fortaleza psíquica. (Recordatorio: el chakra del plexo solar se corresponde con la clariestesia; el de la garganta, con la clariaudiencia, y el del tercer ojo, con la clarividencia).

No hace falta que sujetes ese objeto con fuerza; basta con que lo sostengas con tu mano dominante. Cuando las imágenes y los sentimientos comiencen a tomar forma, empieza a girar el objeto con tu mano. Si puedes, escribe lo primero que te venga a la mente, no analices estas palabras ni dejes que tu mente consciente se apropie de ellas y manipule su sentido.

Hazte preguntas mentalmente mientras sujetas ese objeto, por ejemplo:

- Esa persona, ¿está casada?
- ¿Tiene hijos?
- ¿Es feliz?
- ¿En qué trabaja?
- ¿Está capacitada para ocupar el puesto que le estoy ofreciendo?
- ¿Qué consejo podría ayudarla ahora mismo?

La lista de preguntas es infinita. Comparte lo que has recibido con el propietario de dicho objeto, ya sean sentimientos, palabras, imágenes o símbolos. Puede que te sorprenda observar cómo la información que has obtenido se traslada de hecho a la práctica.

Si tienes potencial como médium, cuando manejes la psicometría con eficacia serás capaz de utilizarla como una valiosa herramienta para establecer un vínculo con el otro lado. Es casi como si, al utilizar tus fortalezas psíquicas combinadas con la psicometría, pudieras elevar tu frecuencia para conectar con los dominios y los seres espirituales. Con el tiempo y con la práctica, comprenderás mejor y estarás más capacitado para distinguir con facilidad aquello que estás recibiendo psíquicamente de aquello que recibes como médium. Recuerda que son dos cosas diferentes.

Hagamos una pequeña recapitulación: los psíquicos *perciben* la información del aura de la persona o de los objetos que están sujetando, mientras que los médiums *reciben* la información del mundo espiritual.

De manera que, si alguien te ofrece un objeto que perteneció a un ser querido suyo fallecido y sientes que comienzas a conectar con el espíritu, en ese caso, antes de continuar, suelta ese objeto por un momento. La razón es que necesitas asegurarte de que *no* estás trabajando con un enlace psíquico. Una persona no versada en la forma en la que se comunican los espíritus podría pensar que esa información proviene de un espíritu cuando, en realidad, está captando todavía las emanaciones psíquicas que fluyen del objeto. Pero, si tras soltar el objeto sigues recibiendo información, más pruebas y una corroboración del espíritu, entonces sabrás que estás trabajando como médium y no como psíquico.

Disfruta de la práctica, y recuerda dejar atrás la costumbre de analizar en exceso todo lo que recibes. Y, una vez más, anótalo en tu diario o en tu registro.

CAPÍTULO 9:

La atmósfera psíquica humana

⚜

SIEMPRE QUE SALGO A UN ESCENARIO veo un mar de rostros expectantes, ansiosos por escuchar los mensajes que estoy a punto de revelar del Espíritu. Permanecen sentados deseando que empiece, con la esperanza de ser ellos los destinatarios del mensaje de su ser querido.

A menudo me he preguntado si la gente siente curiosidad por lo que experimenta el médium cuando hace una demostración delante del público, si se plantea cómo funciona. Estoy convencido de que todos y cada uno de nosotros tenemos nuestro propio ritual y nuestro propio método. Y, por supuesto, yo tengo el mío. Antes de salir al escenario para hacer una demostración o antes de sentarme si se trata de una consulta privada, despejo mi mente y aparto de mí todos mis pensamientos. Una vez hecho esto, mi aura se abre, y yo mismo me abro y me siento preparado para recibir los mensajes del Espíritu. Como llevo haciéndolo mucho tiempo, no me hace falta practicar ninguna técnica extraordinaria en concreto para abrir el aura; me basta con pensar en el mundo del Espíritu y decir una oración, y se abre de manera natural. Envío mis pensamientos como rayos de luz al mundo del Espíritu y así les hago saber que estoy preparado para trabajar y ser de utilidad tanto a los de allí, los que habitan el otro lado, como a los de aquí.

Puede que la mayoría de la gente no se dé cuenta de que la comunicación que está a punto de presenciar no procede *de* mí, sino *a través* de mí. Con frecuencia, ya en la presentación, comienzo a *sentir* que la gente del Espíritu se acerca a mí y mi aura empieza a registrar su presencia. Entonces se activa el chakra correspondiente que permite a mi clariestesia, clarividencia o clariaudiencia discernir los mensajes que me envía el Espíritu. Y una vez ocurre esto, ya está construido el puente que une los dos dominios, y el encuentro ha comenzado.

El aura y los chakras son de vital importancia en el desarrollo de tu potencial como médium o como psíquico. Por este motivo, dedicaré este capítulo y el siguiente a profundizar en el alcance de ambos conceptos y en cómo pueden impulsar el descubrimiento de esa gran parte de nosotros mismos.

El aura y los chakras trabajan en colaboración. El aura recibe energía psíquica y espiritual, y constituye el medio a través del cual se alimentan tus chakras. Tus fortalezas psíquicas, tu aura y tus chakras forman parte de la mecánica que se utiliza para mejorar nuestra habilidad psíquica natural, además de ayudar también a desarrollar tu potencial como médium, lo cual te capacitará para conectar con el mundo del Espíritu.

Merece la pena reiterar aquí que, aunque escribí esta segunda parte de este libro para colaborar en el desarrollo de las capacidades espirituales del lector, también aquellos que no han decidido convertirse en psíquicos o médiums pueden beneficiarse de estos conocimientos. Obtener una comprensión más profunda de nuestro yo interior siempre nos será de ayuda no solo en nuestra vida espiritual, sino también en nuestra vida física.

¿Qué es un aura?

Conforme transcurre la vida estamos continuamente dando, recibiendo y percibiendo la energía de todas las personas con las que entramos en contacto, ya sean de aquí, del mundo físico, o del otro lado. ¿Alguna vez te ha ocurrido que nada más conocer a una persona, y sin venir a cuento, has visto imágenes y has sentido emociones fluyendo por tu mente? Es en esos momentos precisamente cuando sabes de forma inmediata si esa persona te va a gustar o no. Y con frecuencia se trata de una sensación muy fuerte. También es posible que, del mismo modo, te formes una imagen en tu mente de cómo es su vida o que captes a qué se dedica para ganarse el sustento. Puede incluso que veas si está casada o soltera, y muchos otros detalles. En esa décima de segundo, durante esa *primera* presentación, obtendrás una descarga completa con todo tipo de información que tu mente irá descifrando e interpretando con el tiempo. Pues bien, en ese momento, lo que ocurre es que estás de hecho leyendo e interpretando su *aura*.

He aquí otro ejemplo. ¿Alguna vez has *sentido* la presencia de un ser querido fallecido o de pronto te ha venido a la mente un pensamiento acerca de él? Aunque estén en el dominio del Espíritu, su cuerpo espiritual sigue teniendo aura, y es precisamente esa aura la que se acerca con ternura a ti.

Todos hemos visto cuadros religiosos de santos y ángeles, pintados a menudo con halos dorados alrededor de la cabeza. Estas imágenes representan la luz espiritual de su aura. Pero no es necesario ser un santo o un ángel para poseer aura. Todos y cada uno de nosotros tenemos nuestra propia aura única. A lo largo de la historia, las auras se han descrito de miles de formas distintas. Pero, para explicarlo del modo más sencillo posible, se trata del campo de energía que rodea a *toda* la materia. El aura humana, que rodea nuestro cuerpo, emana en todas las direcciones y, por lo general, tiene forma oval; se manifiesta como un campo magnético. Esta energía fluye constantemente y evoluciona según nuestro estado de ánimo. Se adapta a nuestro estado emocional, mental y físico. Hasta nuestra historia personal queda documentada y grabada en el aura, como, por ejemplo, los recuerdos, ideas, metas y dolencias físicas, además de quiénes somos en realidad. Ningún registro o expediente médico podría contener jamás tanta información.

El aura tiene muchas capas, y solo el ojo de un clarividente experimentado es capaz de verlas todas. La capa *etérea* es la más cercana al cuerpo, seguida de las capas *astral, mental* y, finalmente *espiritual.* Cuanto más psíquicamente sensible seas, más fácil te será ver y sentir las capas del campo de energía humano. Es un hecho que *todos* nosotros sentimos las auras tanto de las personas como de los lugares, pero muy pocos nos damos cuenta de lo que está ocurriendo.

Las situaciones siguientes constituyen ejemplos de experimentación del aura:

- Cuando estás haciendo cola en el banco o en la oficina de correos y, antes incluso de darte la vuelta, *sabes* que alguien acaba de colocarse detrás de ti.
- Notas que alguien te está observando desde el extremo opuesto de una sala.
- Te sientes atraído de forma natural por ciertos colores.
- Notas cuándo te sientes cómodo o incómodo en ciertas habitaciones.
- Te sientes a gusto con ciertas personas, pero otras, en cambio, te agotan.
- Sientes la presencia de un ser amado fallecido, de pie, a tu lado.

Estoy convencido de que nuestros ancestros prehistóricos, como el hombre primitivo, confiaban en sus auras para sentir, notar y detectar si estaban en peligro. Después de todo, no tenían ningún otro sistema de detección, así que tenían que confiar en sus propios sentidos y habilidades para juzgar si se trataba de una presencia amiga o enemiga. Con el tiempo, los humanos hemos ido perdiendo gradualmente parte de esta habilidad sensorial primitiva, pero es posible aprender a despertarla para utilizarla otra vez.

La intensidad del color y la brillantez del aura pueden revelar el estado de salud de la persona a quien pertenece, además de sus estado mental y emocional. Cada aura es única y vibra con su propia y distintiva frecuencia. Con la práctica es posible que seas capaz de aumentar la vibración de tu aura, de manera que puedas expandirla hacia fuera o replegarla hacia dentro, hacia ti. Cuando tu aura está abierta y vibras en la misma frecuencia que alguien o algo, incluso aunque se trate de un lugar físico, es con frecuencia cuando sientes la *conexión*. Y, de igual forma, cuando una persona no resuena en ti, es por lo general porque vibra con una frecuencia distinta. Por eso puedes sentir la *desconexión*, a la que a mí me gusta referirme como las *auras que chocan*. Por supuesto,

Ejemplo de un aura.

habrá veces en las que te costará más tiempo fundirte con la
energía de otra persona y llegar a ese punto en el que ambos estáis cómodos.

Pues bien, vamos a ver si consigues ver y sentir el aura por ti
mismo. La gente que cuenta con la habilidad de la clarividencia es
capaz de ver el aura; mientras que quienes poseen la clariaudiencia
pueden oír ciertas palabras que emanan del aura; y quienes en cambio tienen la capacidad de la clariestesia sienten o notan esa aura.
Pero, dejando al margen cuál de tus fortalezas psíquicas es la más
potente, *todo el mundo* es capaz de descubrir la mejor forma de
comprender y leer un aura.

Desarrollar la visión del aura

Estoy convencido de que algunas personas se sienten *atraídas*
por la luz, mientras que de otras *emana* luz. Tuve una experiencia
increíble, que valida precisamente este conocimiento, cuando estaba haciendo una demostración en el Instituto Omega de Rhines-
beck, en Nueva York.

Acababa de salir a escena para hacer una demostración de mis
capacidades como médium ante un público que esperaba con ansiedad. Comencé con mi explicación habitual sobre cómo trabajo
como mensajero del espíritu. Estaba describiendo el proceso rápidamente cuando mi vibración se elevó y la de los espíritus descen-
dió para comenzar a fundirse con la mía. Antes incluso de que
hubiera terminado de explicar este delicado proceso, me sentí repentina y fuertemente atraído hacia una mujer sentada en medio
del público. No podía apartar los ojos de ella.

Pues, bien, es importante destacar aquí que, antes de entregar
los mensajes, en realidad yo no tengo ni idea de hacia quién voy a
sentirme atraído, de cuál será el tipo de relación que mantiene el
espíritu con esa persona del público o de qué naturaleza será el
mensaje. Sin embargo, aquella mujer parecía resplandecer, como si
la luz saliera desde dentro de ella hacia fuera. Fue una visión ex-

traordinaria, y yo era perfectamente consciente de que estaba siendo testigo de algo único. El resto del público parecía desvanecerse mientras contemplaba la increíble y luminosa luz que emanaba en todas direcciones a su alrededor. ¡Su aura estaba literalmente lanzando destellos! Hasta el día de hoy, jamás he vuelto a ver a nadie tan bellamente iluminado.

Resultó que se llamaba Elizabeth, y yo rápidamente capté que su marido había fallecido unos años antes. Él era un espíritu tierno, y su amor por ella resultó evidente en su bello mensaje de aquella noche, que fluyó sin dificultad y sin esfuerzo, mientras ella seguía sentada entre el público, sonriendo y asintiendo con la cabeza para confirmar la información.

Elizabeth se había apuntado a un taller que yo iba a impartir ese fin de semana con la esperanza de oír noticias de su marido. Pues bien: cumplió su deseo. Yo sabía que él estaba de pie justo a su lado y que su energía y su amor de algún modo habían amplificado la luz del aura de ella. Más tarde, aquella misma noche, otras personas que habían estado sentadas cerca de ella me contaron que habían sentido una especie de cosquilleo. Era evidente que se habían mezclado con el aura de ella, y que habían sentido las emanaciones espirituales de esta mujer y del amor de su marido.

Una de las áreas de conocimiento más populares que enseño en mis talleres es la visión de las auras. Por supuesto, no quiero inducirte a pensar que un día vas a despertarte y a comenzar a ver estos campos de energía como si fuera lo más habitual. Y por el mismo motivo, tampoco puedes simplemente leer este libro y ser capaz de pronto de verlas. Sin embargo, una vez te des cuenta de que no se trata necesariamente de ver las auras con los ojos físicos, sino con el *ojo psíquico interior*, entonces tendrás una mejor comprensión de cómo ver el aura de luz que rodea a todas las personas y a todas las cosas. Encuentro útil imaginarse a uno mismo como un ser de luz y de energía, porque la verdad es que es cierto.

Ejercicio: ver la luz del aura

Con el fin de aumentar tus posibilidades de ver un aura, te sugiero que para esta práctica busques una habitación en la que puedas disponer de una iluminación tenue y con la menor cantidad posible de luz solar directa. Quizá puedas utilizar ese sitio especial en donde te concentras si es que allí puedes disminuir la intensidad lumínica. Además necesitarás una pared vacía, delante de la cual se situará un voluntario, de pie. Dicha pared debería ser preferentemente de un color neutral, y no conviene que haya cuadros u otros adornos colgados. Para ver el aura de una persona es mejor que el voluntario vista con tonos pálidos o colores claros. Ya sé que parecen muchas condiciones, pero merece la pena preparar bien las circunstancias que rodean el experimento para poder trabajar de una forma adecuada.

Comienza por cerrar los ojos y respirar hondo unas cuantas veces. Una vez te hayas relajado, lleva tu conciencia al tercer ojo. Creo que el aura es una especie de «pantalla de visión» para el tercer ojo, y que con la práctica serás capaz de potenciar esa mirada para observar varias auras al mismo tiempo. Abre tus ojos físicos, pero mantén la conciencia en ese punto entre ambas cejas. (Esto no significa que tengas que ponerte bizco). Tómate tu tiempo.

Cuando sientas que estás preparado, dile a tu amigo que se siente o se quede de pie delante de la pared. Colócate lo suficientemente lejos como para poder ver todo su cuerpo. Acuérdate de que estás observándolo con tu ojo psíquico, así que tienes que mantener tu conciencia en ese punto del entrecejo. Dirige tu mirada al espacio que queda al lado de los hombros y la cabeza de tu amigo como si quisieras ver más allá de él. Sus hombros y su cabeza deberían formar parte solo de tu visión periférica; no intentes enfocarlos para verlos bien.

Permite que tus ojos se relajen mientras continúas contemplando ese espacio *al lado* de tu amigo. Y ahora, utilizando la respiración, sigue manteniendo la conciencia sobre el chakra del tercer ojo y pídele a tu amigo que se balancee hacia adelante y hacia atrás

muy despacio. Deberías comenzar a percibir una forma resplande-
ciente de un azul blanquecino alrededor de la cabeza y de la zona
de los hombros que se mece exactamente igual que él.

Este resplandor blanquecino es lo primero que la gente ve.
Cuando seas más sensible y estés mejor entrenado, comenzarás a
ver la diversidad de tonalidades de color.

Trata de observar si el aura es más grande por una zona que por
otra o si ves toques de colores diversos a su alrededor. Se pueden
ver y sentir muchas impresiones psíquicas en el aura, así que en este
punto es importante que permitamos que fluya libremente cualquier información intuitiva que recibamos.

Para terminar este ejercicio, cierra los ojos, respira hondo y trae
tu conciencia de nuevo a tus ojos físicos. Tómate un momento para
relajarte y respirar. Si quieres, intercambia los papeles con tu compañero para que él vea tu aura. Una vez hayáis terminado, intenta
escribir todas tus experiencias en el diario. Si te sientes cómodo
escribiendo y hablando al mismo tiempo, cuéntale a tu amigo lo
que has visto para que él te describa también sus impresiones.

Me gustaría repetir que no vas a despertarte de pronto un día y
vas a empezar a ver de inmediato las auras. Si ahora mismo no ves
nada, no importa; estás aprendiendo una nueva forma de mirar, así
que tómate tu tiempo y no te des por vencido. Al principio, cuando
comencé, me costó trabajo aprender a percibirlas. Sigue practican-
do este ejercicio. Una vez veas un aura por primera vez, comenzarás
de pronto a verlas todas todo el tiempo, cada vez con menos esfuerzo. Con la práctica serás capaz de expandir tu visión de las auras
para ver a muchos más niveles, y los colores se intensificarán y se
harán más vibrantes y visibles.

Pero no limites tu experiencia a las personas. Intenta ver las
auras de las plantas y de los árboles cuando sales fuera de casa.
Recuerdo que un día particularmente despejado vi el aura de un
pino por primera vez, recortada delante de un profundo cielo azul.
Me quedé allí unos cuantos minutos, completamente traspuesto.
Creé una imagen y un recuerdo visual que jamás olvidaré.

Sentir el aura

Las auras *existen* realmente, aunque al principio no seas capaz de verlas. Puede que tú seas más que nada clarivisensible, y entonces tendrás una capacidad más fuerte para sentir que para ver el aura. Quizá hayas observado como trabaja un sanador sobre el aura de una persona: mueve las manos por encima de su cuerpo para relajarlo, volver a equilibrarlo y sanar su campo de energía. Las manos son maravillosos receptores de energía, y es posible conseguir intuiciones e impresiones psíquicas con ellas.

Tal y como he explicado, el aura se extiende más allá del cuerpo físico. Así que a partir de ahora podrás comenzar a percibir esas ocasiones en las que te acercas a un lugar o vives una circunstancia concreta que no te hace sentir bien. Serás más consciente cuando te halles en una reunión social o de negocios y te sientas atraído hacia una persona o, por el contrario, sientas que necesitas distanciarte de ella. Pues, bien, cuando te encuentres en cualquiera de estas dos situaciones, párate un minuto y examina cómo te sientes, qué estás captando y qué colores estás percibiendo. Porque al hacerlo le estarás concediendo a tu guía interior la oportunidad de procurarte algunas intuiciones psíquicas que quizá puedan resultarte útiles en dicha situación.

Puedes aprender a *expandir* tu aura. Hay muchas razones para desear hacerlo: realizar una lectura psíquica, asistir a un concierto y querer experimentar toda la riqueza de la música o intensificar toda la experiencia que te procura la naturaleza en una salida al campo. Todos estamos hechos de energía, así que puedes fundir tu aura con la de otra persona, con un espíritu, con una planta o incluso con tu fiel mascota. Además es muy importante saber y recordar que también puedes aprender a *contraer* (o replegar hacia dentro) tu aura si deseas ser menos sensible a tu entorno físico o a las emanaciones psíquicas. Al hacer esto estarás luchando para ser el dueño de tus propias habilidades en lugar de permitir que ellas se adueñen de ti. Podrás volver atrás, recargarte y expandir tu aura de numerosas y diversas formas, utilizando el poder de la respiración y la meditación, además de otorgar color a tu aura sencillamente con tu imaginación y tu pensamiento. Las ventajas y beneficios de saber controlar la propia aura son ilimitados.

En los dos ejercicios siguientes vamos a aprender a sentir la energía del aura que rodea al cuerpo humano.

Ejercicio: sentir la energía

Como siempre, en primer lugar, ponte cómodo; toma asiento o quédate de pie, pero en una posición confortable. Respira hondo para limpiarte; exhala y relájate. Respira hondo otra vez más: inhala y exhala.

A continuación frótate las palmas de las manos con vigor durante unos 20 o 30 segundos. Así tus manos serán todavía más sensibles y receptivas. Colócalas justo delante de ti (a unos 30 centímetros de tu rostro), con las palmas mirándose la una a la otra. Júntalas lentamente sin que lleguen a tocarse y, una vez casi unidas, vuelve a separarlas y a unirlas otra vez. No dejes que las palmas de las manos se toquen. Mantén esa distancia de unos 30 centímetros entre una palma de la mano y la otra cada vez que las separes.

Deberías comenzar ya a sentir una leve presión entre las palmas de las manos (como dos imanes que se repelieran el uno al otro). Puede que sientas también un ligero cambio de temperatura o una sensación de cosquilleo. Es perfectamente natural. Puedes incluso crear lo que se conoce con el nombre de «bola de energía», que no es sino una circunferencia de energía que se crea entre tus manos. Otras personas que estén cerca de ti pueden sentir también esta energía sobre todo si pasan lentamente una mano entre las tuyas.

Se trata de un ejercicio fantástico. En primer lugar, te ayudará a sentir tu campo de energía. Y con una práctica continua, tus manos se convertirán en receptores altamente sintonizados para captar esas vibraciones sutiles.

Como siempre, te animo a registrar todas tus experiencias y observaciones en un diario.

Ejercicio: sintonizar con el aura

Este ejercicio te permite ir un paso más allá de lo aprendido en el anterior. Ahora quiero mostrarte cómo sentir el aura de otra persona y cómo captar algunas sensaciones e impresiones psíquicas. Para realizar este ejercicio necesitarás una silla cómoda de respaldo bajo y la colaboración de tu amigo de confianza.

Decidid entre los dos quién permanecerá sentado y quién será el lector, es decir, el que sienta el aura. Una vez decidido, uno de los dos tomará asiento y colocará las plantas de ambos pies sobre el suelo y las palmas de ambas manos sobre el regazo, mirando hacia arriba. Tras colocarse en esta posición, respirará hondo y se relajará. Su compañero se quedará de pie, justo detrás de su silla, erguido, pero en una posición cómoda. Respirad hondo, lentamente, los dos. A continuación, el encargado de sentir se frotará las palmas de las manos durante 15 segundos, exactamente igual que en el ejercicio anterior.

A continuación, la persona que permanece sentada recordará algún problema o situación desagradable de su vida. Es necesario hacerle saber que no hace falta que se quede cavilando durante mucho tiempo; se trata simplemente de traer un recuerdo a la memoria. El que siente colocará entonces las palmas de las manos a unos 25 centímetros de su cabeza, y comenzará *lentamente* a moverlas alrededor, sin tocarla. A continuación bajará las manos hacia los hombros, y empezará a apartarlas y a acercarlas, todo ello muy despacio. Concentrarse es importante, así que si te ha tocado sentir, captarás dónde comienza el aura de tu compañero y hasta dónde se extiende.

Llegados a este punto deberías percibir una sensación en tus manos. Observa si puedes *sentir* si el aura de la persona que está sentada se expande o sigue apretada contra su cuerpo. ¿Notas algún cambio de temperatura? Y si es así, ¿dónde lo percibes? ¿Hay algún color que puedas notar o sentir? Toma nota mentalmente de todo para que puedas describirlo después en tu diario.

A continuación, quien siente debe mantener las manos fijas en una posición concreta (preferentemente unos centímetros por encima de la cabeza de su compañero). Cierra los ojos y concéntrate en el área del tercer ojo, y trata de captar lo que está expresando tu compañero. ¿Ves alguna imagen, símbolo o color? Memoriza todo lo que recibes. La persona que está sentada puede, a continuación, *soltar* ese pensamiento desagradable (se trata simplemente de un recuerdo del pasado) y, al mismo tiempo, rodearlo con una luz blanca sanadora, mientras que quien siente debería sacudir ambas manos hacia abajo, lejos de los dos. La energía será absorbida y purificada por la Tierra. Pero no comiences todavía a relatar todo lo que acabas de recibir, porque primero vamos a intercambiar los papeles.

En esta ocasión quien permanece sentado pensará en uno de los días más felices de su vida. Repetid todo el proceso exactamente igual. Quien permanece de pie deberá frotarse las palmas de las manos y comenzar a sentir el aura alrededor de la cabeza y los hombros de su compañero. Trata de percibir si hay algún cambio. Su aura ¿está expandida o contraída?, ¿han cambiado su temperatura o sus colores? ¿Sientes tus manos más sensibles, con esa sensación de cosquilleo? A continuación coloca las manos fijas en una posición y trata de captar alguna impresión acerca de ese día tan feliz de tu compañero. Por último sacude la energía de tus manos y compartid entre ambos toda la información.

La valoración y el intercambio de impresiones entre compañeros son esenciales para saber si vamos por el buen camino cuando queremos desarrollar la sensibilidad psíquica. Te sugiero que hagáis el experimento de intercambiar los papeles para darle la oportunidad a la persona que se queda sentada de sentir y comprender ella también el aura, si es que así lo desea. Pero recordad que todas las auras son diferentes, y esta es una forma estupenda de incrementar tu sensibilidad psíquica además de tu confianza a la hora de sentir e interpretar las auras sin verlas siquiera.

Ejercicio: el aura en el entrenamiento del médium

Cuando seas un experto en sentir tu propia aura y las de los demás, y te sientas preparado para utilizarlas para llegar hasta el mundo del Espíritu, entonces el ejercicio siguiente será perfecto para comenzar a explorar todo ese dominio.

Necesitarás a una persona que permanezca sentada; preferentemente alguien a cuyos parientes tú no conozcas. Coloca dos sillas, una frente a la otra, y pídele a tu compañero que tome asiento y que se ponga cómodo antes de empezar. Explícale que vas a leer su aura y a tratar de enlazar y fundirte con la de otra persona muy querida por él y ya fallecida. Te animo a escribir tus impresiones mientras practicas. (Un efecto colateral de tener cerca un bloc de notas es que la persona que permanece sentada se pone menos nerviosa, ya que tú no estás todo el tiempo mirándola).

Comienza por traer cerca de ti la luz blanca del universo y por dejar que penetre en el área de tu corazón. Tómate tu tiempo e inhala esta luz en tu corazón. Permite que esta bella luz llene tu corazón y a continuación, lentamente, que te llene entero; como si todo tu ser estuviera iluminado. Imagínate esta luz expandiéndose más allá de tu cuerpo y abarcando incluso a la persona que tienes sentada delante. Es casi como si estuvierais los dos metidos en una especie de burbuja invisible. El objetivo es expandir tu aura para fundirla con la de la persona que está sentada frente a ti.

Los psíquicos trabajan de este modo para ayudar a sus clientes a resolver sus mayores dificultades. Abre tu mente y *mira, siente* u *oye* (según tu fortaleza) si estás recibiendo alguna impresión de su aura. Podría tratarse de un color, una imagen, una escena, una palabra o un problema planteado en su vida. Escribe todo aquello que recibas. A mí me resulta muy útil mirar por encima del hombro del compañero, de manera que el aura se convierta en una pantalla de visión.

La persona que está sentada no debería tratar de mandarte información en ningún momento; leerla es tarea tuya. Permanece abierto y sigue escribiendo todo lo que recibas. Y, como siempre, no analices en exceso esa información.

Y ahora vamos a dar un paso más. No concentres tu conciencia en la persona que tienes delante; utiliza tu mente para dirigirla e intentar alcanzar a la gente del Espíritu, que quizá tenga una relación familiar con tu compañero. Expresa tu intención ante el mundo del Espíritu y ante tu guía de contactar con alguien que pueda dar un paso adelante; debe tratarse de alguien a quien tu compañero conozca, de modo que él pueda validar la información. Tómate tu tiempo. Quizá empieces a sentir, ver u oír a un espíritu. La tarea del médium no tiene por qué resultar espectacular. Puedes recibir algo muy sutil. Al principio puede que sientas cuál es el género del espíritu. Si forjas un buen lazo y sientes una conexión, entonces pregúntale al espíritu si es joven o mayor, y luego trata de averiguar cómo murió. Puede que percibas alguna sensación en tu propio cuerpo. Pero, sea lo que sea lo que estés experimentando, confíale toda esa información con exactitud a tu compañero, sin tratar de interpretarla. Infórmale sencillamente de aquello que recibes sin cuestionarlo, al tiempo que le pides que lo valide y respalde. Todo esto constituye parte del proceso de autentificación y confirmación de la identidad del espíritu.

Acuérdate de mantener tu conciencia centrada en el mundo del Espíritu, no en tu compañero. Pídeles a los espíritus que se aproximen más para fundirse aún más contigo. Pero recuerda que no se trata de una posesión; forma sencillamente parte del proceso de interconexión, conforme los espíritus se superponen a tu propio cuerpo espiritual con su aura. Un buen truco (ya estés trabajando con una sola persona o con toda una audiencia) consiste en mantener una ligera conciencia sobre el chakra asociado a tu habilidad psíquica única. A mí me ayuda a sintonizar (igual que si fuera una señal de radio) con la información que me envían desde el mundo del Espíritu. Pero no te preocupes; tal y como he dicho antes, cuando realizas la labor del médium, lo más probable es que los espíritus intenten utilizar tus tres «claridades». Aunque, por supuesto, la más fuerte será siempre la prominente.

Si estás comenzando a practicar y a aprender la mecánica de esta técnica, te recomiendo que hagas este ejercicio solo durante unos minutos hasta que te familiarices con todo el proceso y las sensaciones que conlleva. Es muy importante darle las gracias al espíritu por presentarse antes de que decida regresar, mientras retiras lentamente la energía (de tu aura) hasta que vuelve a quedar unida a ti y a tu cuerpo físico. Y acuérdate siempre también de cerrar tus chakras. (Compartiré con el lector un ejercicio en el que se describe cómo hacer esto en el capítulo siguiente). La conexión ahora está cerrada y tú estás aquí por completo, enraizado en el mundo físico.

Si el potencial está ahí, poco a poco te convertirás en un experto en la tarea del médium. Si sientes que no estás recibiendo nada del mundo del Espíritu, entonces eso podría significar que todavía tienes que hacerte más sensible antes de ser receptivo al dominio del Espíritu. Yo preferiría que te tomaras tu tiempo para establecer un sólido fundamento psíquico y para aprender antes de seguir, explorando tus habilidades como médium. En mi caso tuve que dedicar varios años al trabajo de psíquico antes de que apareciera nadie procedente del mundo del Espíritu. Y una vez comenzaron a hacer notar su presencia, tuve que pasar otros dos años más entrenándome y estudiando los intrincados mecanismos de este trabajo. No puedes precipitarte ni forzar tus habilidades espirituales, porque, si lo intentas, eso podría obstaculizar tu desarrollo natural y afectarte psíquica, emocional y mentalmente. Yo siempre digo «paciencia, amigo, paciencia».

Fortalecer y purificar tu aura

Contar con un aura fuerte, equilibrada y pura es *esencial* para todo el mundo, tanto a un nivel físico como espiritual. Y para ti es muy importante aprender y comprender todo lo que puedas sobre esta fuente de energía tan especial. Deberías luchar conscientemente para lograr un poderoso campo del aura.

Todos nos vemos bombardeados constantemente por influencias externas. El aura puede verse afectada tanto por el estado de tu mente como el de tu cuerpo, tus emociones, la gente que te rodea y tu entorno inmediato. Si tu aura se debilita, puedes acabar sintiéndote cansado, exhausto o incluso, en el peor de los casos, impotente a la hora de tomar una decisión. Y, si continúas así, los síntomas físicos se irán haciendo cada vez más notorios. Los problemas de salud pueden ser consecuencia tanto de desequilibrios mentales como emocionales. Y en estos casos, como siempre, debes buscar el consejo de un médico.

Tu aura es un maravilloso sistema de detección temprana. Te alerta con antelación de cualquier problema, de manera que tengas tiempo para hacer algo al respecto. Cuando tu aura está saludable y fuerte, actúa como un escudo protector. Puedes fortalecer tu aura de distintos modos. No requiere de un trabajo excesivo, y, sin embargo, puede ayudarte a mantenerte saludable, a mejorar tus habilidades psíquicas y como médium, y a vivir una vida próspera, en la que atraigas solo lo mejor para ti.

Muchos terapeutas y médiums, entre los cuales me cuento, utilizamos las sales de baño del Himalaya como medio para depurar nuestras auras. Si lo piensas, nuestro origen es marino, y muchos de nosotros nos sentimos atraídos constantemente por su energía a lo largo de toda nuestra vida. Nos hallamos ya para siempre buscando el mar más cercano. ¿Cuántas veces has vuelto a casa tras un día de playa sintiéndote por completo relajado y revigorizado? No se trata simplemente del sol o del sonido de las olas al romper; no son estos los responsables de tu estado, sino el salitre del mar y el aire, que ioniza tu aura y, por tanto, la depura y fortalece. Te sientes refrescado, como si se hubieran borrado todos tus problemas. No es de extrañar que las sales de baño sean tan populares.

Tampoco es necesario mencionar que el ejercicio físico regular, los paseos al aire libre, al sol, y respirar aire puro (rico en oxígeno y prana) te ayudará a robustecer y revitalizar tu aura. Si trabajas en una oficina con aire acondicionado y luz artificial, haz un esfuerzo por salir a dar un breve paseo a la hora de comer, aunque solo sea de 10 minutos.

Defiendo la idea de que la gente complemente todo eso que nos ofrece la naturaleza con diferentes prácticas sanadoras, como, por ejemplo, el masaje, el reiki, los toques terapéuticos o la sanación a distancia, la polaridad, la aromaterapia o la acupuntura. Cualquiera de estos tratamientos naturales reforzará notablemente tu aura y recargará tu campo de energía. Pero, como siempre, debes recurrir al que mejor te haga sentir a ti.

La dieta y un estilo de vida saludable también juegan un papel importante a la hora de mantener tu aura equilibrada; y, como repito constantemente, todo con moderación. El exceso de alcohol, de tabaco o de las tan temidas comidas rápidas tendrá un efecto negativo en tu aura y debilitará tu sistema de energía.

Ser *consciente* de tu propia aura es ya un gran comienzo. Todas las mañanas te vistes para protegerte de los elementos, ¿no? Pues, bien, es el momento perfecto de cuidar también a tu aura con un pensamiento protector. Hazlo a diario, antes de comenzar el nuevo día de trabajo, de manera que no solo atraigas lo positivo, sino que, además, alejes lo negativo, ya provenga de una persona o de un lugar. Contempla tu aura como una luz blanca brillante que actúa como un escudo protector invisible, rodeándote y permaneciendo contigo durante todo el día. Tómate tu tiempo para descansar y relajarte en la medida de lo posible, y, por supuesto, recuerda que cada vez que medites estarás alimentando tu fortaleza psíquica, además de expandir y reforzar tu preciosa aura.

CAPÍTULO 10

Ruedas de luz

Ꮬ

Como humanos, estamos continuamente buscando lugares diferentes donde iluminarnos, ya sea una iglesia, una sinagoga o cualquiera de los muchos sitios sagrados de todo el mundo. Buscamos con insistencia nuestro espíritu en nuestro interior, pero tenemos una fuerte tendencia a explorar fuera de nosotros para encontrar dirección, orientación, e incluso respuestas. (Aquí debería destacar que desde luego no pretendo infravalorar la importancia que mucha gente otorga a los lugares de adoración, ya que yo mismo visito a menudo una iglesia en busca de la sabiduría, la paz y la soledad que alberga y que tanto me reconforta y alienta). Sin embargo, cuando comenzamos a comprender y a trabajar con nuestro sistema de chakras, enseguida nos damos cuenta y apreciamos que nuestros cuerpos son nuestros auténticos templos.

Cuando pienso en los chakras, me los imagino como bellas ruedas de luz espiritual. Recuerdo la primera vez que oí la palabra *chakra*. Me intrigó todo lo relacionado con ella: desde su sonido hasta su origen y significado. Fue entonces cuando me prometí a mí mismo que dedicaría el tiempo y la energía necesarios a aprender qué significaba en realidad esta fascinante palabra. Por supuesto, yo entonces no me daba cuenta de la importante función que tienen los chakras para desarrollar nuestras habilidades espirituales, además de nuestro bienestar general. A mí me gusta llamar a estos siete centros principales «baterías espirituales», debido a la energía vital que los recorre, y soy consciente de lo importantes que son y del papel que juegan en nuestro equipamiento psíquico: es decir, en ti mismo.

¿Qué son los chakras?

Hay siete chakras mayores (además de muchos otros menores), cada uno de ellos se corresponde con una glándula endocrina de tu cuerpo y todos prestan un servicio importante en tu vida física y espiritual. Durante las primeras etapas del desarrollo psíquico, te sugiero que te centres en estos siete chakras principales.

Los chakras recorren toda la médula espinal. La energía entra tanto por delante como por detrás de cada uno de ellos. Los chakras son los enlaces entre tu *cuerpo físico* y tu *aura*, y están en constante interacción. Cada uno de ellos está dotado de un color distintivo y tiene su propia función única. Los siete centros actúan como puntos de contacto sensibles, o puentes, entre los mundos físico y espiritual. Los chakras inferiores se ocupan del cuerpo físico y se relacionan con todos los asuntos asociados al hecho de vivir en un mundo material, tales como la supervivencia, la salud, la carrera laboral, la seguridad y el hogar. Los chakras superiores o más altos se ocupan de todas nuestras habilidades psíquicas y espirituales.

Tus actos y pensamientos juegan un papel importante a la hora de controlar este flujo de energía, además de las funciones de los chakras. Aunque la energía que fluye por estos centros permanece constante, puede incrementarse o disminuir en función de hasta qué punto equilibres tu vida. Por ejemplo, si te preocupan los asuntos económicos (que son problemas terrenales que conciernen al mundo *físico*), entonces es probable que tus chakras *inferiores* se vean afectados de forma negativa, y descenderá tanto su velocidad como sus revoluciones. Y, cuando ocurre esto, la entrega de energía es más débil y, como consecuencia, puedes sentirte flojo y desequilibrado.

Por el contrario, cuando sientes compasión hacia alguien o te centras en pensamientos espirituales más altos, entonces los chakras superiores son más propensos a girar libremente, y, como consecuencia, la energía se dispersa sin dificultad, lo que crea en ti una sensación de armonía y vitalidad. Tiene que haber un *equilibrio* cuando activas y trabajas con tus chakras. Y no deberías jamás concentrarte en estimular solo uno cada vez, ya que los siete necesitan estar en equilibrio, de modo que el flujo de energía pueda recorrerlos todos de una forma regular y apropiada para cada área.

Considero que todas las personas cuentan con una cantidad infinita de energía que deberían ser capaces de aprovechar para impulsar su talento creativo y atraer el amor, la compasión y, lo que es más importante, la paz a su vida. Cuando por fin vuelvas la mirada hacia tu interior y consultes a tu sabiduría interna, encontrarás una auténtica y poderosa orientación en tu vida. Al permitir que el equilibrio natural de tus energías fluya a través de tus baterías espirituales, donde verdaderamente comienza la transformación, serás capaz de *oír*, *ver* y *sentir* la voz de tu más alto yo, además de las voces del mundo del Espíritu, con mucha más claridad.

Los siete centros de energía

Todos los chakras disponen de un conjunto de colores, sonidos y glándulas relacionadas, además de una serie de palabras clave, con los que son capaces de resonar. Aprender y comprender estos puntos de referencia sin duda mejorará y apoyará tu comprensión física y espiritual.

Echemos un vistazo a estos siete chakras.

Chakra	color	sonido	glándula
raíz	rojo	lam	glándula suprarrenal
sacro	naranja	vam	testículos, ovarios
plexo solar	amarillo	ram	páncreas, glándula suprarrenal
corazón	verde	yam	timo
garganta	azul claro	jham	tiroides
tercer ojo	índigo	om	glándula pituitaria
coronilla	violeta	silencio	glándula pineal

Chakra de la coronilla

Chakra del tercer ojo

Chakra de la garganta

Chakra del corazón

Chakra del plexo solar

Chakra sacro

Chakra raíz

1. Chakra raíz o de la raíz

- Color: rojo.
- Sonido: lam.
- Glándula suprarrenal.

El chakra raíz, situado en la base de la espina dorsal, es el que más relación guarda con los temas terrenales, tales como la supervivencia, el cuerpo físico o las preocupaciones económicas, así como con la necesidad de sustento, seguridad y cobijo. Es el centro del que extraemos energía para mantenernos.

Cuando la energía de este chakra se bloquea o acaba, es posible que tengas la sensación de que no estás por completo enraizado. Esto puede llevarte a decir cosas como «hoy no me encuentro bien» o «no me siento yo mismo». Puede que experimentes además fatiga, cierto letargo, que te muestres en extremo cauteloso y que no te sientas motivado, sino más bien propenso a buscar la aprobación de los demás.

Un primer chakra excesivamente activo, por el contrario, puede provocarte ira y agresividad en exceso, además de mostrarte impulsivo, hiperactivo e incluso temerario.

Para equilibrar este chakra, el yoga resulta altamente beneficioso, además de bailar o hacer un ejercicio físico suave, como, por ejemplo, el taichi, que te ayudará a mantener la energía fluyendo de un modo regular y armonioso.

Si te sientes como si estuvieras en una nube, intenta imaginar tus raíces extendiéndose desde la base de tu espina dorsal y cavando y penetrando en la tierra igual que un árbol. Sé que esto suena un poco a locura, pero este sencillo proceso de pensamiento te permitirá permanecer enraizado en el presente. Por último, recuerda siempre que honrar a tu cuerpo y cuidarlo por *fuera* te beneficiará por *dentro*. Y esto funciona en los dos sentidos.

2. El chakra sacro

- Color: naranja.
- Sonido: vam.
- Glándula: testículos y ovarios.

Localizado dos dedos por debajo del ombligo, el chakra sacro se relaciona con las emociones, los deseos, la creatividad y la sexualidad.

Un chakra sacro hipoactivo puede provocar que experimentes poco impulso sexual o que te muestres introvertido e incluso muy preocupado por lo que los demás puedan pensar de ti. Cuando se vuelve hiperactivo, por el contrario, puedes mostrarte sexualmente agresivo, celoso o posesivo, o puede que padezcas dolor lumbar o problemas en los riñones.

Cuando tu chakra sacro está equilibrado, disfrutas de la vida y de todo lo que esta puede ofrecerte con toda tu pasión y emoción. Así que para mantener el flujo de energía, intenta probar con distintas formas de bailar en las que muevas las caderas y la parte baja del abdomen. Para estimular este chakra, utiliza una meditación basada en el color; practica yoga; expresa tu sexualidad de una forma en la que te sientas cómodo; y, por encima de todo, tómate tu tiempo para nutrirte a ti mismo. Acuérdate de que tú *sí* importas.

3. Chakra del plexo solar

- Color: amarillo.
- Sonido: ram.
- Glándula: páncreas y glándula suprarrenal.

Localizado entre la zona del ombligo y la caja torácica, el chakra del plexo solar representa el poder, la vitalidad, el autocontrol, la autoestima y la confianza en uno mismo. Es el centro en el que quedan grabadas todas tus emociones y sentimientos; se asocia también con la clariestesia, y es una zona de recepción psíquica principal.

Nada más comenzar a desarrollar tus habilidades psíquicas y como médium, deberías ser consciente de esta área tan sensible y aprender a «cerrarla» adecuadamente, de manera que no te sientas en exceso susceptible ni recibas energías no deseadas de ciertas personas o lugares. (Más adelante, en este mismo capítulo, compartiré con vosotros un ejercicio sobre cómo hacer esto).

Con este chakra en correcto equilibrio puedes llegar a parecer una persona verdaderamente segura de sí, dispuesta a comerse el mundo. En cambio, cuando está desequilibrado, puedes mostrarte crítico, ser propenso a trazar planes que luego no sigues, preocuparte en exceso e incluso sufrir de agotamiento nervioso. Los problemas estomacales y desórdenes digestivos, entre ellos, las úlceras, son corrientes en esta área cuando ese desequilibrio se prolonga.

Para equilibrar y abrir este chakra quizá quieras plantearte la posibilidad de visitar a un profesional de la sanación de la energía o de asistir a algunos talleres y clases centrados en el autoempoderamiento. También sirve de ayuda trabajar con la respiración junto con el color.

Un consejo final: sé consciente de la gente que te arrebata tu energía.

4. Chakra del corazón

- Color: verde.
- Sonido: yam.
- Timo.

Situado justo en el lugar que su mismo nombre indica, el chakra del corazón representa el amor incondicional, la compasión, el júbilo, el equilibrio, las relaciones personales y la sanación. Se dice que es el vínculo entre nuestra mente, cuerpo y espíritu. Cuando veo a un médium trabajar con el chakra o centro del corazón para entre-

gar un mensaje procedente del mundo del Espíritu, sé que el destinatario del mensaje puede sentirlo también. Y si está sentado entre
un público numeroso, *todo el mundo* siente ese amor compartido.

A menudo el chakra asociado al corazón humano se llena de
tanta felicidad y júbilo, debido a que las emociones fluyen con
fuerza a su través, que es posible que las lágrimas recorran nuestras mejillas mientras meditamos. Se trata también del área donde
nos duelen el pasado y las desilusiones y donde residen las heridas
emocionales. Por eso, cuando la energía alcanza esta área, tratará
de aclarar cualquier bloqueo que encuentre. Cuando el chakra del
corazón se activa en los primeros estadios del desarrollo psíquico
y como médium, es posible experimentar cambios en el estado de
ánimo o deprimirse. Por eso precisamente he hablado con anterioridad de cuidar de uno mismo, y de la necesidad de sentirse en
un buen estado emocional y mental cuando se desarrollan estas
capacidades.

Al equilibrar tu chakra del corazón podrás sanar las emociones
relacionadas con el pasado, lo cual te permitirá seguir adelante con
tu vida. Si, por el contrario, está desequilibrado, puedes mostrarte
iracundo y celoso, además de desarrollar potencialmente alguna
dolencia cardíaca. Un chakra del corazón hipoactivo te inducirá a
experimentar problemas de autoestima, sentimientos de falta de
amor o una carencia de compasión.

Equilibrar esta área puede llevar trabajo, así que asegúrate de
tomarte todo el tiempo que necesites para que la energía sanadora
atraviese y fluya libremente hacia tus otros chakras. Amarte a ti
mismo y a los demás, llevar a cabo actos compasivos y aprender a
perdonar, además de salir fuera de casa para rodearte de la belleza
de la naturaleza, te ayudarán a equilibrar esta área. También puede
ayudarte en el trabajo de eliminación de los bloqueos del chakra del
corazón un monitor especializado en la respiración (un profesional
entrenado y certificado en el arte de la *respiración transformadora*),
un terapeuta o un consejero; y esto mejorará tu bienestar general y
potenciará tu sanación emocional.

5. Chakra de la garganta

- Color: azul pálido.
- Sonido: jham.
- Glándula: tiroides.

Localizado en la garganta, como era de esperar, el chakra de la garganta se asocia con la comunicación, el sonido, la creatividad y la capacidad de la clariaudiencia. Por lo general, los artistas, oradores, escritores, cantantes y otros profesionales creativos tienen el chakra de la garganta altamente sintonizado y muy activo.

¿Alguna vez has visto a alguien que estuviera constantemente aclarándose la garganta? Cuando veo esto, enseguida pregunto a esa persona si quiere decir algo. La gente por lo general se calla cosas que necesita decir, y al hacerlo pueden provocarse un «bloqueo energético» en el área de la garganta. De ahí el dicho: «Se les atragantaban las palabras». Cuando el chakra de la garganta está desequilibrado puede dar lugar a irritaciones de garganta, de piel e incluso a infecciones auditivas. Como consecuencia, la tensión se traslada al cuello y a la zona de los hombros. Cuando el chakra de la garganta está inactivo, es posible mostrar cierta resistencia al cambio, tardar en reaccionar o dejarse influir fácilmente por otras personas.

Al activar y equilibrar este centro, te sentirás inspirado para decir y escuchar la verdad tanto a ti mismo como a los demás. Intenta tararear, corear o cantar en voz alta, y lo más importante: si tienes algo que decir, por favor, ¡dilo! Una vez hayas activado este chakra, no te sorprendas si de repente te sientes increíblemente inspirado.

6. Chakra del tercer ojo

- Color: índigo.
- Sonido: om.
- Glándula pituitaria.

El chakra del tercer ojo, que es del que más se habla, se asocia con la clarividencia, la intuición y los niveles más altos de conciencia. Situado entre las cejas, justo por encima del puente de la nariz, este chakra trabaja conjuntamente con el de la garganta y la coronilla para ayudarte con tu guía interior psíquica e intuitiva. La mayoría de los psíquicos, artistas y personas con una gran imaginación tienen por lo general muy desarrollado este tercer ojo. Con un desarrollo correcto serás capaz de «ver» más allá de las limitaciones de la vista ordinaria y de descubrir soluciones y opciones que no necesariamente se presentan justo delante de ti.

Si este chakra permanece sin desarrollar, podrías convertirte en una persona que teme el éxito y que es incapaz de ver el panorama general desde un punto de vista más amplio, ya que con frecuencia estas dos características son a su vez consecuencia de la imposibilidad de visualizarse a uno mismo feliz y con éxito.

Si este centro se desequilibra puedes llegar a experimentar tensión ocular, problemas con la vista, excesiva preocupación, dolores de cabeza y olvidos frecuentes. Yo, por ejemplo, cuando realizo mucho trabajo psíquico, experimento una fuerte tensión alrededor de la cabeza, que es un signo de que mi tercer ojo está hiperactivo y de que necesito ir a un gimnasio o llevarme a mi perro a pasear. Entonces sé que ha llegado el momento de devolver la energía hacia los chakras inferiores para lograr el equilibrio.

Para equilibrar este chakra del tercer ojo, te recomiendo meditar mientras caminas, el trabajo con la respiración y las visualizaciones que hacen uso del color. Pero no te centres únicamente en este chakra como parte de tu desarrollo; es importante recordar que *todos* los chakras deben estar en equilibrio, de manera que puedan trabajar sintonizados, al unísono y en armonía.

7. Chakra de la coronilla

- Color: violeta.
- Sonido: silencio.
- Glándula pineal.

Al chakra de la coronilla, localizado justo en lo alto de la cabeza, se le conoce también como el «loto de los mil pétalos» o el «receptor de la luz». Es el centro de tu conexión con el universo y con tu conciencia más alta; en otras palabras, es la conexión con la sabiduría y la visión espiritual. El chakra o centro de la coronilla es el lugar donde recibes la luz y la energía espirituales para luego dispersarlas por tu aura y por todo tu ser.

Cuando este chakra es estimulado y está en equilibrio, la energía puede fluir hacia arriba por la espina dorsal hasta alcanzar este centro y salir por él como si se tratara de una bella fuente que te envuelve con energía positiva, elevando y enriqueciendo así tu espíritu. Por el contrario, si se encuentra abandonado y sin equilibrio, puedes sentirte desconectado, frustrado, deprimido o infeliz, y enseguida comenzarás a dudar de ti mismo. Puede incluso que experimentes el bloqueo del escritor, que se produce cuando la energía no fluye libremente hasta este centro y, como consecuencia, careces de inspiración. Sin embargo, una vez equilibrado, el chakra de la coronilla se expandirá hasta un punto en el que es posible el acceso a las más profundas fuentes de la sabiduría universal.

Para equilibrar este chakra intenta meditar, trabajar con la respiración, hacer yoga y practicar la sanación espiritual, la acupuntura y las visualizaciones con color.

Los chakras y las habilidades psíquicas

Conforme vas desarrollando tus habilidades psíquicas y como médium y haciéndote un experto en su manejo, tus chakras se irán abriendo cada vez más fácilmente de forma natural. Si en cambio eres un principiante, te sugiero que estudies y aprendas todo lo que puedas sobre este sistema de los chakras. Como recorren toda la espina dorsal, estos centros actúan como una gran antena psíquica. Avanza despacio cuando trabajes con ellos, porque, aunque siempre los has tenido, jamás los habrás activado y utilizado en el pasado tanto como ahora.

Tu habilidad psíquica está intrínsecamente unida a tus chakras, así que es posible estimular tus centros psíquicos solo con el pensamiento. Sin embargo, un exceso de trabajo psíquico, o incluso el mero hecho de hablar de temas psíquicos, puede abrir todo tu ser y hacerte sentir cansado, de mal humor o incluso irritable. Por eso dos prácticas muy importantes para el desarrollo personal son mantenerse uno mismo depurado y protegido, y asegurarse de cerrarse correctamente.

No olvides que eres un *ser espiritual* viviendo en un *cuerpo físico*, así que tendrás que repartir tu dedicación, tiempo y energía a partes iguales entre los dos. De esta forma conseguirás mantenerte enraizado y equilibrado, de manera que tu espíritu y tu cuerpo puedan vivir y trabajar juntos y en armonía. Recuerda también que tu guía interior es solo una parte de ti… y que tú eres *mucho más*.

Cuando abras por completo tus chakras, al mismo tiempo estarás expandiendo el campo de tu aura. Tal y como he explicado antes, cuando ocurre esto, te haces más susceptible a todas las vibraciones que te rodean. Y como consecuencia comienzas a comprobar lo sensible que te has vuelto y lo sintonizado que estás con todas las personas y con todo a tu alrededor.

Yo lo siento *todo* cuando me subo a un escenario, incluyendo a la gente del Espíritu, a la gente del público y mis propios sentimientos. Es como si cada sentido estuviera siendo bombardeado, y al mismo tiempo está todo cargado de emoción. Por suerte para mí, he aprendido a manejar este flujo de sentimientos, y soy capaz de cerrarme y de controlar el proceso. La naturaleza de mi trabajo implica que a veces esté abierto y sea altamente sensible, así que permanecer durante un tiempo prolongado en una gran ciudad (con todo su ruido, conmoción, actividad y caos) puede llevarme a la sobrecarga psíquica.

Por eso ahora vivo en el campo, donde el ritmo de la vida es más lento. Eso me permite enraizarme. Tengo tiempo para meditar, hacer ejercicio y llevar una vida saludable y más equilibrada. Sé por experiencia propia lo importante que es cuidar de uno mismo cuando intentas desarrollar y hacer operativo tu equipo psíquico.

Trabajar con los chakras

En este último y esencial ejercicio vamos a trabajar con los siete chakras mayores. Tendrás que imaginarte cada uno de estos centros como una pequeña lucecita brillante de color, que tú mismo irás abriendo y cerrando conforme vayas visualizando cómo van creciendo y menguando de tamaño. Esta práctica no solo infundirá vitalidad y energía a tus chakras, sino que además, como en otros ejercicios, te ayudará a elevar y expandir tu conciencia psíquica.

Vamos a comenzar por el chakra raíz y vamos a ir ascendiendo hasta el chakra de la coronilla. Recuerda que los chakras de la raíz y de la coronilla deben permanecer siempre abiertos y en equilibrio, pues esto te permitirá ser el conducto de esa preciosa energía revitalizadora que fluirá correctamente a través de todo el sistema, tanto a nivel físico como espiritual. Utilizar la imagen de la luz con un color distinto para cada chakra, además de enviar el pensamiento de abrir o cerrar cada uno de ellos, a menudo basta para elevar y amplificar tu poder psíquico.

Este ejercicio es muy poderoso, y hay unas cuantas reglas que es importante seguir:

1. Abre tus chakras por orden.
2. Sé consciente de cada chakra.
3. Cierra todos los chakras correctamente.

Ejercicio: elevar el poder

Comienza sentándote erguido, con la espina dorsal recta, pero en una posición cómoda. Respira despacio unas cuantas veces y relájate.

Abrir los chakras:
Visualiza una luz roja en la base de la espina dorsal. Contempla cómo esa luz comienza a expandirse y a aumentar de tamaño.

Conforme haces esto, imagínate que hay una luz blanca brillante que sube desde la tierra por las plantas de tus pies y por tus piernas y, finalmente, se funde con la luz roja del chakra raíz. Al fusionarse esta luz blanca con tus chakras, los expandirá y llenará de energía. Tómate tu tiempo para hacer todo esto, ya que este ejercicio es muy poderoso y no se debe realizar de forma apresurada.

Visualiza una lucecita naranja en tu centro sacro, y obsérvala aumentar y disminuir lentamente de tamaño. Igual que antes, trae la luz blanca; en esta ocasión deberá pasar primero por tu chakra raíz rojo antes de llegar al chakra sacro naranja.

Continúa de esta forma ascendiendo de uno en uno a lo largo de todos los chakras. Lleva la luz blanca de la tierra por el chakra raíz y luego, consecutivamente, pasa por todos los demás en orden. Centrarte en la respiración te ayudará a elevar la energía de cada centro.

Una vez hayas abierto todos los chakras, tómate un momento para elevar la energía directamente hacia arriba, hacia el chakra de la coronilla. Capta la increíble sensación que se produce entonces, cuando todos los centros están abiertos y vibran al mismo tiempo.

Y ahora sitúa tu conciencia en el chakra de la coronilla e imagínate que hay un enorme canal de entrada desde el universo. En esta ocasión quiero que veas otra luz blanca brillante, una *nueva*, que comienza a formarse lentamente encima de tu cabeza y que penetra por ese centro hasta encontrarse y fundirse con la luz blanca de abajo. Permite que estas dos luces blancas se fusionen y se conviertan en una sola y deja que su intensidad llene tus centros psíquicos con más energía todavía.

Tómate un momento para captar cómo se expande tu aura de forma natural, de manera que te sientes como si todos los límites naturales hubieran desaparecido. Esto es lo que se conoce como *estar abierto*.

Puedes permanecer así hasta que estés listo para comenzar con el proceso de cierre.

Cerrar los chakras:

Una vez más, vamos a utilizar el poder del pensamiento para cerrar los chakras de uno en uno.

Cuando estés listo, lleva tu atención a la luz brillante de arriba, que continúa entrando por el chakra abierto de la coronilla. Ahora traslada tu conciencia al chakra del tercer ojo. Ve menguando cada vez más la luz expandida de color índigo (su color correspondiente). Deberías sentir que el poder comienza a disminuir conforme vas descendiendo hasta el chakra de la garganta, con su luz de color azul claro. Céntrate en esta última luz, que será cada vez más pequeña, y, a continuación, baja hasta el centro del corazón y luego al del plexo solar y al sacro. Todas las luces de todos los colores deberían hacerse más pequeñas: es lo que se conoce con el nombre de tener los chakras *cerrados*. Pero acuérdate de que tienes que mantener abiertos los centros de la coronilla y de la raíz para conservar un flujo constante de energía a lo largo de todo tu sistema.

Abrir y cerrar los centros psíquicos constituye un ejercicio esencial si deseas continuar de un modo seguro con el desarrollo de tus capacidades intuitivas y psíquicas; confía en mí cuando te digo que no hay otra forma de hacerlo. Este es el ejercicio más importante que practico con regularidad (antes y después de realizar cualquier trabajo psíquico o como médium) y que enseño en mis talleres.

Tus fortalezas psíquicas, tu aura y tus chakras son clave a la hora de practicar y hacer uso de tus habilidades como psíquico y como médium. Creo que he insistido lo suficiente en lo importante que es estar informado y comprender cómo funciona la mecánica de estas capacidades espirituales. Si haces honor a este aprendizaje, no solo te convertirás en una persona fuerte y bien enraizada, sino además en un médium o un psíquico sano y sabio.

Capítulo 11:
Continuar tu viaje

Descubrir quiénes somos y qué queremos es una empresa que, para la mayoría de nosotros, no acaba nunca. Todos tenemos nuestra propia misión particular por cumplir mientras estamos aquí, en este dominio físico. Y hay muchos caminos distintos que pueden llevarnos o guiarnos hacia la meta. Pero siempre es posible encontrar ayuda para orientarnos hacia el camino correcto; tenemos que comprender, reconocer y confiar en que jamás estamos solos mientras estamos aquí. Nuestra intuición, ciertas personas, espíritus, guías e incluso la misma sincronicidad pretenden ayudarnos, y todos ellos juntos pueden ser nuestros compañeros a la hora de descubrir qué queremos y qué necesitamos de nuestras habilidades espirituales.

¿Puedes crear y manifestar esta ayuda en tu vida? Sí, claro que puedes.

Sé que es un hecho que todas las cosas y personas estamos rodeados de un aura de energía magnética. Todos los pensamientos, emociones y sentimientos están contenidos en el aura y son enviados al universo. Para decirlo con más sencillez, *aquello que pensamos es lo que atraemos*. Por ejemplo, si tienes miedo, atraerás más temor; si eres amable, atraerás la consideración; cuando te muestras agradecido, atraes la prosperidad, y cuando buscas el conocimiento por el mayor bien, entonces surgen maestros y caminos en tu vida.

Dispondrás de libertad de elección a la hora de dar este importante primer paso.

Mientras estaba en Inglaterra, desarrollando y haciendo honor a mis destrezas como médium, yo mismo fui guiado hacia los lugares correctos para contactar con las personas adecuadas justo en el momento en que necesitaba su ayuda para continuar este maravilloso viaje. Centré todos mis pensamientos en comprender el funcionamiento de mi capacidad psíquica y como médium, y en servirle de ayuda al Espíritu del mejor modo posible. El mundo del Espíritu y la sincronicidad trabajaron en equipo para guiarme, de manera que supiera dónde debía estar y qué tenía que hacer a continuación. No obstante, sabía que solo dependía de mí dar ese primer paso que consiste en confiar y seguir a esa guía tan necesaria. Y el único modo de encontrarnos a medio camino era no solo estudiar, sino también *hacer* el trabajo. Comparo esta circunstancia con la que vive un aspirante a actor. Puedes tomar todas las clases de interpretación que quieras, pero al final tendrás que salir al escenario, interpretar y perfeccionar tu actuación. Solo entonces serás capaz de decidir dónde necesitas poner más atención.

Seguir estudiando

Por lo general, mis alumnos, ya cursen un taller de fin de semana, un retiro de cinco días o un círculo de desarrollo, siempre me preguntan: «¿Y ahora qué hacemos?». Y yo respondo: «Seguir estudiando y haciendo sencillamente el trabajo».

Hacer el trabajo significa sentarse en un círculo de desarrollo del médium y practicar esta habilidad. Si decides continuar con el viaje para convertirte en médium, tendrás que aprender y practicar de verdad para poder discriminar entre esos pensamientos tuyos que surgen de pronto, y aquellas otras ideas que proceden de los dominios espirituales. Y no siempre es una tarea fácil, aunque se va simplificando con el tiempo.

Cuando tienes un conocimiento sólido de la mecánica de tu propia habilidad, entonces puedes comenzar a hacer lecturas para los demás. Es buena idea empezar por demostrar tu capacidad como médium en una de esas noches dedicadas a los principiantes en una iglesia espiritista, una librería especializada en la Nueva Era o en cualquier otro centro espiritual que te ofrezca una posibilidad de desarrollo como psíquico y como médium. Hay muchas iglesias e instalaciones que disponen de noches de estreno para principiantes, donde puedes practicar tus destrezas ante el público y comenzar a sentir qué es eso de fundir tu energía con el Espíritu. Al final de este libro he incluido una lista de estos lugares para ayudarte a encontrar recursos en tu localidad.

Practica a hacer la mayor cantidad de lecturas que puedas, incluso aunque sean complementarias; porque, créeme, cuando adquieras destreza, la gente comenzará a darse cuenta y te buscará personalmente para pedirte ayuda. Yo ahora aprecio todas y cada una de las lecturas que hago como práctica y ejercicio, pues se trata de una herramienta maravillosa de aprendizaje para mí.

Merece la pena intentar estudiar con diversos profesores si es que puedes. De vez en cuando, mis antiguos alumnos vuelven para continuar sus prácticas conmigo, y yo les digo que ningún profesor puede enseñártelo todo y, por tanto, los aliento a trabajar con otros maestros experimentados y médiums. Aprender con diferentes tutores puede mostrarte un abanico más amplio de estilos de enseñanza, técnicas y lecciones. Puede que un instructor en concreto no te haga sentir bien; o también es posible que te haya enseñado todo lo que sabe y que necesites una perspectiva nueva.

El compromiso con el desarrollo de tus propias capacidades espirituales depende de ti y, después de practicar y de realizar tu trabajo de desarrollo como psíquico y como médium, comenzarás a apreciar cómo funcionan tus facultades espirituales. Esto, a su vez, contribuirá a crear confianza en ti mismo. No pierdas jamás la inquietud por explorar y aprender cosas nuevas. Hay un proverbio chino, que oí una vez, que resume esto de una forma muy bella: «Aprender es un tesoro que seguirá a su propietario adonde quiera que vaya». Jamás se ha dicho nada más cierto. En la sección siguiente quiero daros algunos consejos para continuar con este viaje.

Los guías espirituales y sus roles

Del mismo modo que en esta vida tenemos amigos y profesores que nos asisten, apoyan e inspiran, así también contamos con la ayuda especial de aquellos que trabajan con nosotros desde el dominio del Espíritu. Ellos se acercan a nosotros en la forma de guías y ayudantes espirituales. Vienen aquí para guiarte y ayudarte, y para contribuir a tu desarrollo espiritual. Pero *no* entran en tu vida para echarte una mano con los asuntos mundanos que deberías resolver por ti mismo. Los guías pueden inspirarte y colocarte en el lugar adecuado justo en el momento oportuno. Búscalos en ese espacio de quietud, en esa vocecita de tu oído o de tu cabeza o en esas sensaciones viscerales que sientes de pronto.

Los guías también te acercan a personas que pueden ayudarte. Si estás estudiando el desarrollo de tus habilidades como psíquico y como médium, entonces es probable que ya seas consciente de tus guías.

Todos tenemos un guía principal que permanece con nosotros durante toda nuestra vida. Yo tengo un guía, un monje tibetano, ha sido mi principal maestro y mi guía desde mi nacimiento. He oído a muchos médiums hablar de él a lo largo de los años, e incluso tengo un retrato que me hizo un artista espiritual. Por lo general, la gente quiere saber el nombre de sus guías, y si tú crees que es importante, entonces te animo a que trabajes para recibir su nombre... ¡o pónselo tú! A ellos no les importa que no sepas su nombre; les basta con que los reconozcas y comiences a colaborar con ellos.

Además de un guía principal, todos tenemos otros guías que desempeñan su propia tarea y papel en tu vida. A diferencia de tu guía principal, estos otros guías secundarios vienen y van en función de tus necesidades en cada momento. Yo sé que cuento con un «guía inspirador» que me ayuda a escribir, y a menudo me ofrece palabras de sabiduría cuando menos me lo espero. Y estoy convencido de que los artistas psíquicos también trabajan con sus guías espirituales, que muy probablemente serían artistas también o trabajarían de una forma creativa mientras existían aquí, en la Tierra.

También hay sanadores que cuentan con su guía médica o con un espíritu doctor, que colabora con ellos cuando ven a sus pacientes. Muchos doctores entrenados en la medicina convencional tienen probablemente también guías médicos o doctores espirituales que los asisten, aunque ellos ni siquiera sean conscientes.

Imagínate una escena en la que un doctor está operando a un paciente. A pesar de tener todo el historial médico, las pruebas del laboratorio y un diagnóstico, algo *parece* ir mal. El médico continúa investigando otra zona del cuerpo, y entonces descubre que hay un fallo en las pruebas del laboratorio; podría tratarse incluso de la razón principal por la que el paciente está enfermo. Pues bien, ¿de dónde procede esa idea o quién la ha introducido en la mente del doctor?, ¿su propia educación, entrenamiento e intuición, o su guía, que trabaja mano a mano con él? Quizá ambas cosas. Son las situaciones como esta las que me maravillan… y suscitan mi curiosidad.

Puedes utilizar mi meditación «Elevar el poder» (capítulo 10) para ayudarte a contactar con tus guías. Pero, por favor, procura no hacerte ideas preconcebidas acerca de cómo van a aparecer. Puede que recibas una imagen, un color, un sentimiento, o incluso que experimentes un dulce calor sobre los hombros. Son tus guías: penetran a través de ti y se te presentan a su manera única y personal.

Es perfectamente correcto preguntarle a tu guía durante la meditación: «¿Cómo voy a reconocerte?». Una vez hayas establecido la conexión, ellos, por lo general, llegarán a través de ti siempre de la misma forma, así que te resultará fácil saber cuándo están contigo. Cuando sientas deseos de hablar con tus guías y quieras alguna prueba de que son ellos de verdad, pídeles simplemente que te muestren una señal. Yo a menudo veo el número 419 cuando estoy

240

a punto de salir al escenario a hacer una demostración como médium. Y no se trata de que sea supersticioso y necesite ver ese número; la cuestión es que he captado este signo especial cada vez que trabajo ante el público. Es el estilo personal de mi guía de decirme: «Vale, John, allá vamos».

Toda la información e inspiración procedente de tus guías debería ser *siempre* positiva y alentadora. Si oyes a tu supuesto guía diciéndote que hagas algo que, por lo general, no sueles hacer, entonces es más probable que se trate de tu imaginación, de un producto del miedo o de un problema psicológico que necesitas resolver. Hay muchos libros y páginas web sobre los guías, así que te animo a estudiar a el que encaje mejor contigo a medida que desarrollas tu relación con tus guías. Puede que no siempre *sientas* su presencia, pero ellos trabajan entre bastidores y esperan que los reconozcas y les pidas su ayuda divina. Conócelos y permite que te guíen y ayuden.

Ver los rostros de mis guías

Permitidme que comparta con vosotros la maravillosa historia de la primera vez que vi el rostro de mi guía. Ya he mencionado antes aquí a Coral Polge, la artista psíquica del Reino Unido con quien tuve la bendición de pasar un tiempo antes de su fallecimiento. Ella fue, sin duda, quien me enseñó a apreciar su papel en nuestra vida espiritual y la importancia de cuidar nuestra relación con ellos.

Recuerdo que estaba sentado en un saloncito pequeño de la Asociación Espiritista de Gran Bretaña (Spiritualist Association of Great Britain), en Londres, pensando precisamente que no encontraría otra forma mejor de ser presentado a uno de mis guías que a través del poder de atracción de Coral.

Permanecí sentado en silencio; ella no sabía nada de mí, y yo tampoco tenía ni idea de a quién estaba a punto de atraer. Primero dibujó a una mujer mayor, pariente mía por la línea materna.

Coral llegó a decirme incluso que esta encantadora dama era italiana, que es el lugar de procedencia de toda esa rama de la familia. Me tendió el dibujo y de inmediato ocurrió otra cosa. Coral eligió colores pasteles y se puso otra vez a dibujar, al tiempo que me decía que un guía había dado un paso adelante. ¡Yo me puse eufórico!

De pronto, justo en el momento en el que Coral conectaba con mi guía, fui intensamente consciente de que la atmósfera en la salita había cambiado. Una inmensa sensación de paz absoluta invadió todo mi cuerpo, y literalmente sentí un amor puro envolverme con sus brazos. Los ruidos de la ciudad parecieron desvanecerse, y la salita se quedó en silencio. Sé que mi guía le enviaba sus pensamientos también a Coral. Ella siguió dibujando y hablándome cadenciosamente, diciendo: «John, tú sabes que él ha estado contigo durante toda tu vida, y que te ha estado ayudando en tu labor de médium, actuando como maestro para ti en esta vida».

Mientras ella dibujaba, yo solo podía pensar en lo atraído que me había sentido siempre hacia el Tíbet y hacia el soberbio Himalaya. El país y sus gentes parecían resonar conmigo. De pequeño, había soñado a menudo con un hombre orando, con la cabeza rapada y una colorida túnica naranja, al que había reconocido como a un monje tibetano. (¡Cómo iba a saber que un día uno de ellos iba a revelarse como *mi* guía!). Me juré que algún día visitaría ese país tan extraordinario. No sé por qué, pero hasta el día de hoy todavía sigo sintiendo que yo viví allí en una ocasión, y que probablemente fui un monje tibetano.

El tiempo pareció detenerse mientras Coral dibujaba. Ella siguió informándome hasta casi el momento de terminar el dibujo sobre adónde me llevaría el Espíritu y mi faceta como médium, y sobre todo el trabajo que tenía todavía que realizar.

Por fin le dio la vuelta al bloc y me tendió el retrato de mi guía tibetano; su rostro me resultó muy familiar. Me fijé sobre todo en los ojos. La suya era la mirada más tierna que había visto jamás. Sus ojos parecían aproximarse a mí y tocar mi alma. Sentí que una única lágrima recorría mi mejilla. Las emociones me desbordaron cuando me di cuenta de que aquella bellísima persona había estado conmigo durante toda mi vida. De alguna manera, él había estado ahí, guiándome con ternura, sin intrusiones ni exigencias.

Coral captó enseguida lo embargado que me sentía y me pregunto si estaba bien. «Sí, Coral, es que ahora mismo me siento tan pletórico de emociones que… Primero por tener el honor de estar aquí contigo, y ahora por ver por primera vez el rostro de mi guía», le contesté. «Sé que todos tenemos guías, pero de alguna manera, yo necesitaba tener esta experiencia precisamente en este momento de mi vida».

Entonces seguí contándole que vivía en el Reino Unido, lejos de mi hogar y de mi familia. Le confesé incluso que últimamente llevaba tiempo preguntándome si había hecho bien en venir. En parte me cuestionaba el futuro hacia el que me llevaba mi trabajo. Sin embargo, nada más ver el rostro de mi guía por primera vez, todo volvió a encajar, e incluso de algún modo me pareció más auténtico. Mis miedos se derritieron y sentí alivio. Una vez más, ahí estaba la lección que yo tenía que aprender: «Confía y suéltalo». Sabía que iba por el buen camino.

Estaba a punto de levantarme cuando Coral me dijo que todavía tenía otro dibujo que hacer de otro guía que también quería presentarse. A mí no me hacía ninguna falta que me convencieran; por supuesto que me quedé sentado. Así que ella fue directa al grano, pasteles en mano, y empezó a contarme que se trataba de un chamán africano que también llevaba mucho tiempo conmigo.

«Me está diciendo, John, que su trabajo es protegerte y otorgarte la fuerza que necesitas para superar las dificultades de tu vida». Diez minutos más tarde me enseñó el retrato del aspecto con el que él había decidido presentarse: con las pinturas del rostro de un chamán africano. Era un hombre de gran estatura, pero igual que mi monje tibetano, tenía un semblante increíblemente amable. Ahora sé por qué tengo tantas máscaras y piezas de arte africano en las paredes de mi casa. Siempre que las miro, extraigo fortaleza interior de ellas. De hecho, cuando nos sentimos atraídos hacia el arte o los platos típicos de un país, o hacia la arquitectura o la cultura de un sitio determinado, creo que puede deberse o bien a un recuerdo de una vida pasada, o bien a la influencia de nuestros guías.

Me di cuenta, mientras contemplaba el retrato de mi guía africano, de que llevaba ya tiempo influyendo en mí. El caso es que yo no me había parado a escucharle, ni había tratado de averiguar de dónde procedía semejante influencia.

Mi sesión con Coral llegó a su fin. Recogí mis retratos, me puse en pie y me despedí. Le di las gracias efusivamente y eché a caminar hacia la puerta; sabía que había otra persona esperando fuera. Ella me miró y añadió con ternura: «Sigue con ese duro trabajo, joven». Me giré y le contesté: «Ahora, sabiendo que cuento con toda esta ayuda, seguro que sí. Adiós, y que Dios te bendiga».

Desde entonces los retratos enmarcados de mis dos guías cuelgan en un lugar de honor en mi sala de meditación, que utilizo a su vez como estudio de grabación para mi programa semanal de radio. Creo que Coral se sentiría feliz de saber que mis guías me cuidan incluso cuando trabajo en vivo y en directo. Ambos me infunden una gran sensación de serenidad cada vez que miro sus retratos, que guardo como un tesoro por muchas razones.

Miles de personas echamos de menos a Coral: todos aquellos que hemos sido testigos de sus demostraciones de arte psíquico, y en especial aquellos a los que ella tocó de una forma personal con su magia. Espero que ahora ella esté aquí, con alguien; con un artista, quizá, inspirándole, ayudándole y guiándole por el buen camino. Es otra prueba más de que todos somos eternos, de que ya existíamos antes de nacer y de que seguiremos existiendo mucho después de haber abandonado este cuerpo físico.

Sentarse en círculo

En las etapas iniciales de tu desarrollo psíquico evolucionarás hacia un estado de conciencia más agudo que aquel al que estás

habituado. Formarás además una alianza para toda la vida con la
gente del Espíritu, conforme aprendas a conectar y fundirte mejor
y con más rapidez con ellos en ese estado elevado de conciencia.
Permitidme que os relate cómo me preparé yo para alcanzar dicho
estado.

La mejor educación, entrenamiento y práctica de las que disfruté mientras estudiaba en Inglaterra tuvieron lugar en un círculo
de médiums (conocido a menudo con el nombre de círculo de
desarrollo). Si lo que pretendéis es desarrollar y expandir vuestro
potencial como médium, os animo a asistir a uno.

Un círculo de desarrollo es aquel en el que un grupo de médiums se sienta en actitud de meditación para aprender a conectar, alcanzar y construir una relación con el mundo del Espíritu.
Resulta muy ventajoso contar con un médium experimentado
para dirigir el círculo que pueda ayudar en la comunicación y
cooperación con los espíritus, ya sean guías o no. Además también pueden enseñarte a distinguir (por lo general en los primeros estadios de desarrollo) qué procede del espíritu y qué es co-
secha de tu propia imaginación. Yo sabía que sentarme a meditar
con personas con mi misma mentalidad me ayudaría a expandir
mis propias habilidades. Recuerdo que la primera vez que fui, la
idea de compartir entre todos nuestras energías psíquicas me pareció fascinante; era algo que anhelaba experimentar desde hacía
tiempo.

Una vez sentados en círculo, muchos de nosotros (incluido yo)
sentimos diversas formas de manifestación psíquica: desde una brisa fresca, pasando por destellos de luz, voces y una leve corriente
de aire alrededor de los pies y las piernas hasta el cosquilleo de una
tela de araña en la piel. La razón es que la gente del Espíritu utiliza
la energía psíquica combinada de todo el grupo para acercarse y
fortalecer su conexión con sus médiums. La primera vez que lo
experimenté no estaba en absoluto asustado, porque sabía que me
hallaba sentado entre un grupo de expertos.

Los círculos de desarrollo deben ser armoniosos en *todas* las
áreas, así que necesitas encontrar aquel que encaje mejor contigo.

Podrías probar en un círculo abierto (de entrada libre para todo el mundo), que por lo general tienen lugar en una iglesia o en una clase de conciencia-psíquica. También hay círculos particulares en casas, a los que solo se puede acceder con invitación. Yo recibo muchos *e-mails* de gente desilusionada porque no encuentra iglesias espiritistas, centros psíquicos ni librerías especializadas en metafísica. Por eso te animo a hacer una búsqueda más exhaustiva. Puede que te sorprenda la cantidad de lugares que encuentras.

Con la tecnología de hoy en día, es posible encontrar grupos *online* que estudian y se ayudan unos a otros en sus habilidades. Alguien me preguntó una vez: «¿Puede un estudiante entusiasta desarrollarse por su cuenta?». Sí, por supuesto que es posible, pero trabajar en grupo con personas de mentalidad parecida que fusionan sus energías es una forma mucho mejor de construir tu poder como médium. Además resulta muy beneficioso para el desarrollo de tus capacidades practicar el procedimiento de confirmación cuando uno de los miembros del círculo recibe un mensaje del mundo del Espíritu; algo que, lógicamente, no podrás experimentar en un foro de Internet. Entrenar con otros médiums en un espacio físico compartido aporta, además, confianza, puesto que tendrás la oportunidad de confirmar si recibes la información del otro lado o es un producto de tu mente o de tu imaginación gracias a las reacciones y observaciones de tus compañeros.

Si, a pesar de todo, te es absolutamente imposible encontrar un círculo de desarrollo, quizá haya llegado el momento de que tú mismo crees uno. Un gran libro (publicado también en Hay House) para ayudarte a realizar esta tarea es *Intuitive Studies: A Complete Course in Mediumship*, de Gordon Smith; un maravilloso médium escocés que fue uno de mis maestros y mentores mientras estudiaba en Inglaterra.

Fui bendecido mientras estuve allí porque me invitaron a participar en un círculo de desarrollo particular durante más de dos años. Allí practiqué en profundidad con mis siete compañeros de círculo. Fue una oportunidad increíble para compartir, desarrollar, experimentar y madurar en un entorno seguro, en el que todos podíamos revisar y analizar nuestras experiencias. Este círculo particular fue para mí la mejor clase espiritual a la que haya asistido nunca.

Nos reuníamos todos los martes a media tarde, exactamente a las seis en punto, y recuerdo que, si no llegabas a tiempo, te encontrabas con las puertas cerradas. Yo me tomaba aquellas veladas como una cita con el Espíritu, con mis seres queridos, mis guías y mis ayudantes espirituales. Después de todo, si ellos eran capaces de llegar a tiempo, yo también. Tomaba un autobús desde mi casa, y procuraba cogerlo con la suficiente antelación, por si acaso.

Recuerdo aquellas primeras semanas, mientras intentaba pillarle el truco y aprendía qué se puede hacer y qué no, o cómo comportarse. Me dijeron que aquel día debía comer algo ligero un par de horas antes, porque, cuando estás meditando, sentado en medio del poder espiritual de todo el grupo y disfrutando de una dichosa paz, no hay nada peor que el hecho de que unas tripas vacías se pongan a rugir y rompan la magia del ambiente.

Al principio me enseñaron a expandir mi aura de manera que se fundiera con la de todo el grupo. La líder del círculo, una mujer muy experta, me mostró cómo controlar y dirigir los pensamientos y emociones de una forma positiva. Ella tenía talento para enseñar, y todo resultaba de lo más natural; a menudo repetíamos un ejercicio varias veces, hasta que ella se quedaba satisfecha con mis resultados. Las sesiones duraban solamente hora, durante la cual nos enseñaba una lección y se establecían metas con relación a nuestras técnicas como médiums. Nada más sentarnos, nos poníamos a meditar para elevar nuestras conciencias e invitar a la gente del Espíritu a acercarse. La segunda media hora se dedicaba a recibir y entregar mensajes. A veces el mensaje estaba dirigido a un miembro del círculo, y, en otras ocasiones, contenía palabras de inspiración de nuestros guías. El resultado era siempre diferente; ninguna sesión se parecía a otra.

Le debo mucho a este círculo de desarrollo, ya que constituyó para mí el fundamento de muchos de mis saberes; allí aprendí qué se *siente* cuando los espíritus se acercan. Me entrenaron a salir de mí mismo y a fundirme con ellos, y un tiempo después comencé a practicar la entrega de los mensajes y de la información que recibía, de manera que podía validarla. Aprendí también a reconocer cuándo mis guías estaban presentes, y a escucharlos y tener en cuenta su inspiración y consejo. Creo sinceramente que, si estás destinado a hacer este trabajo, serás guiado hacia la actividad y el lugar que necesitas.

Si pretendes unirte a un círculo, entonces, por favor, recuerda que no todos van a *encajar* necesariamente contigo. Si sientes que determinado grupo no tiene ninguna resonancia en ti, entonces te animo a encontrar otro más adecuado con lo que estás buscando. El círculo debe estar siempre liderado por un médium o profesor experimentado, la sala debe ser limpia y cómoda, la luz y la música tienen que favorecer la meditación. Todos los asistentes deberían aportar una energía positiva a su entorno y tener intenciones igualmente positivas, además de la voluntad de apoyar y ayudar a los demás. Busca a un buen maestro; uno que te instruya en la actividad del médium, que te enseñe prácticas seguras y que te inspire una buena ética. Algunos profesores piensan que basta con sentarse a meditar, pero yo creo firmemente que hay una razón por la cual se llama círculo de desarrollo. He oído muchas historias en las cuales la energía subida de tono del ego de uno de los miembros interrumpía una sesión. El líder es el encargado de mantener al grupo integrado, equilibrado y en un estado espiritual positivo, aportando uniformidad y armonía al equipo. No te preocupes, encontrarás el lugar perfecto en el momento preciso.

Si te pone nervioso unirte a un círculo, cualquier buen líder te dará consejos útiles para ayudarte a conectar sin fisuras con todo el grupo. Con toda probabilidad, te sugerirán que intentes llegar antes de la hora para que tengas tiempo de desconectar del día de trabajo. De esta forma te unirás al círculo con menos estrés y más concentración. Siempre es bueno presentarse con la intención de procurar el mayor bien. Y unos cuantos consejos más: ponte ropa cómoda y limpia; no utilices perfumes ni colonias, ya que otros miembros pueden ser muy sensibles a ellos; olvídate de todo lo ocurrido durante el día y de todas tus expectativas, y entra en el círculo con una mente y un espíritu abiertos y receptivos.

Desarrollarse en compañía puede ser una experiencia alentadora y muy rica. No solo tendrás la oportunidad de trabajar en grupo para construir un puente con el Espíritu conforme te vayas haciendo más receptivo al contacto espiritual, sino que además formarás parte de una tribu espiritual de apoyo mutuo, puesto que aprenderéis y compartiréis experiencias. Algunos de los miembros de tu círculo pueden acabar convirtiéndose en tu familia espiritual y en amigos para toda la vida.

Y ahora un detalle importante: mientras desarrollas tu capacidad como médium, es posible que tu habilidad parezca ralentizarse o incluso detenerse del todo. Esto puede ocurrirle incluso a un médium profesional; me sucede a mí y a otras personas que conozco. Pero no te dejes llevar por el pánico. Míralo de esta forma: acabas de alcanzar cierto nivel, y algo está a punto de cambiar en tu capacidad como médium. Para mí es como si tuviera la oportunidad de reconocer cuánto he aprendido y lo lejos que he llegado, y por fin pudiera evaluar si hay alguna lección que necesito repasar. Atravesarás altibajos en tu desarrollo; es de esperar, ya que el médium trabaja a nivel energético. La energía cambia, se mueve y se expande constantemente; igual que tu habilidad. Cada lectura, será una oportunidad nueva para aprender y madurar.

Si llevas ya tiempo integrado en un círculo de desarrollo o en una clase, y sientes que no ocurre gran cosa y que tus habilidades no están progresando significativamente, esto puede deberse a diversas razones. Es posible que quieras aprender demasiado deprisa o que no tengas el suficiente potencial como médium. También podría deberse a que el círculo no encaja contigo, tal y como he mencionado antes. O puede que estés demasiado ocupado con otras áreas de tu vida y que, en este preciso momento, no tengas la suficiente capacidad.

En primer lugar y ante todo, no te preocupes. Tú has nacido con talentos especiales y únicos. Sé que algunos lectores estarán pensando: «Pero yo creía que esto era lo que se suponía que tenía que hacer, y ahora ya no sé qué otro talento puedo tener». Vuelve a la infancia y pregúntate a ti mismo qué te encantaba entonces y cuál es tu pasión hoy en día. Dios nos ha dado a cada uno de nosotros unos talentos concretos, que debemos desarrollar y compartir con los demás. Este es tu don especial... tu firma en este mundo.

La tarea del médium es solo uno de esos dones; hay muchos más, como, por ejemplo, la música, el arte, la escritura, la oratoria o la sanación. Si sientes un deseo ardiente en tu corazón por ayudar a los demás y servirles de utilidad, entonces el mundo del Espíritu identificará esa destreza y te guiará al lugar donde puedas desarrollarla y aplicarla. Solo por el hecho de que no trabajes como médium eso no significa que no estés conectado con el mundo del Espíritu. Lo importante es lo que haces con lo que tienes. Busca tus propias experiencias y alcanzarás tu propia conciencia. Y esto, a su vez, te capacitará para tomar una decisión sobre qué camino espiritual escoger.

La energía y la estructura del mensaje

Todos los médiums que conozco tienen su propio estilo y su forma personal de hacer las cosas; no existe ninguna manera estándar que encaje con todos.

Cuando comencé a hacer demostraciones, mi estilo era diferente del de hoy en día. No estaba familiarizado con la forma en que el Espíritu quería trabajar conmigo, y temía constantemente que la conexión se rompiera antes incluso de empezar. Como consecuencia, a menudo mi forma de hacer las cosas era muy rápida e intensa; solía caminar de un lado a otro, incansablemente, por el escenario. La energía atravesaba mi cuerpo con tal fuerza que mi respuesta natural era no parar de moverme; era como si quisiera quemarla toda de inmediato. Cualquiera habría jurado que entrenaba para los 100 metros lisos o algo así. En aquellos primeros años, mientras todavía estaba diseñando mi esquema de trabajo, mi actividad no solo me resultaba agotadora a mí; estoy convencido de que el público se sentía como si estuviera viendo un partido de tenis. Con el tiempo y la ayuda de mis maestros y guías, finalmente aprendí que no hace falta quemar toda esa energía de golpe, sino que es preferible utilizarla de forma eficaz y con moderación.

Trabajé de esta forma apresurada durante una serie de años, mientras aprendía, refinaba y conquistaba con constancia una conciencia más profunda de cómo quería el Espíritu trabajar conmigo. No es que mi estilo estuviera necesariamente mal, ya que cada cual tiene el suyo; sin embargo con frecuencia acababa por completo exhausto al final de la demostración, tras el subidón de estar conectado con el Espíritu. Me considero un eterno estudiante de esta profesión y, aunque tengo muchos años de experiencia tanto en la enseñanza como sobre un escenario, sé que incluso un buen estudiante olvida a veces lo aprendido.

Durante mi entrenamiento me enseñaron a manejar y conservar mi energía de manera que pudiera entregar el último mensaje con el mismo poder que el primero. No obstante había veces en que olvidaba estas sabias palabras. Pero, como siempre, de algún modo la gente del Espíritu me hizo saber que necesitaba un curso para refrescar mis conocimientos. Así que, una vez más, encontraron la forma de darme otra lección. Hace relativamente pocos años, ellos decidieron que tenía algo que aprender.

Me rompí un hueso del pie, lo que me obligó a llevar escayola durante unos cuantos meses. Al principio me panteé la idea de guardar reposo, pero al final tuve que seguir adelante y apañármelas. Necesitaba trabajar y me era imposible cancelar mis actuaciones públicas. Tenía que hacer una lectura y una demostración en una conferencia en la costa sur de Massachusetts. Iba a ser la primera vez que subía a un escenario con una escayola, así que no podría caminar frenéticamente de un lado para otro como tenía por costumbre. Sin embargo, de algún modo, supe que la gente del Espíritu se las arreglaría. Subí renqueando a escena y le expliqué al público por qué llevaba una escayola (para su gran diversión) y señalé que tendría que hacer la lectura sentado.

Como siempre, al comienzo de la demostración expliqué brevemente al público cómo funcionaba todo para que tuvieran una mejor comprensión de lo que iba a ocurrir. Les conté qué podían esperar, les dije que sus seres queridos se encontraban bien, y les aseguré que serían capaces de reconocer los signos que ellos nos enviaran para confirmar que están con nosotros en algunos momentos especiales. El propósito de esta explicación introductoria es mostrar el proceso de la mediación y educar acerca de la vida después de la muerte; de esta manera, incluso aquellos que se marchan a casa sin mensaje, al menos se llevan algo. Me gusta que todo el público salga de mi demostración con un sentimiento de esperanza e inspiración. A veces les basta con mis palabras para seguir adelante. Cuando la gente oye un mensaje para otra persona, este hecho supone de algún modo una confirmación de la continuidad de la vida, y, por tanto, ofrece el consuelo de saber que nuestros seres queridos ya fallecidos siguen existiendo.

Pues, bien, estaba sentado con mi escayola, sintiendo cómo se aproximaba la gente del Espíritu. Cualquiera que me conozca me habrá oído decir alguna vez: «¡Pero si esto está abarrotado!», cuando en el escenario solo se me ve a mí. Y en aquella ocasión, era como si allí se hubiera reunido el reparto completo, todos esperando con paciencia su turno para hablar. Los mensajes fueron entrando de uno en uno, y todos con fuerza. Entonces me di cuenta enseguida de que no era necesario caminar de un lado a otro por el escenario para que la energía siguiera fluyendo; quedarse sentado resultaba igual de poderoso y, si acaso, la conexión con la gente del Espíritu era incluso más fuerte. Me di cuenta de que la energía que antes utilizaba en correr como un poseso la estaba usando para atraer a los espíritus junto con todas sus pruebas y validación. Me estaban proporcionando infinidad de detalles sobre sus personalidades, costumbres e historias personales con el fin de confirmar sus identidades.

Hoy en día ya no camino de un lado a otro por el escenario cuando estoy trabajando, sino que me vuelvo hacia el público para verlo. He aprendido a manejar mi energía, a permanecer quieto y a utilizar ese precioso poder para lograr una mediación más clara, más fuerte y con más sentido. Tuve que romperme un hueso del pie para aprender esta lección y convertirme en un médium mejor. Gracias a esta experiencia ahora soy más sabio y trabajo mejor. Siempre hay algo que aprender, ya sientas la experiencia como algo positivo o negativo. Lo importante es aprender. La lección que recibí aquella noche sobre la forma de conservar mejor mi propia energía se ha convertido en una de las técnicas que enseño en mis talleres.

La fórmula CERT para entregar mensajes

Como profesor paso mucho tiempo explicando a los alumnos en desarrollo la importancia de entregar los mensajes con su propia estructura y ritmo. Es fácil saber que un médium no ha entrenado adecuadamente: tiende a desordenar la información y a menudo confunde y mezcla mensajes de distintas personas del Espíritu. Es complicado seguir la argumentación y confirmar la identidad del espíritu. El contenido del mensaje resulta confuso y puede perder el sentido.

Cuando se establece la conexión, el médium recibe una enorme cantidad de energía, y esta circunstancia combinada con el lógico nerviosismo del destinatario del mensaje y su consecuente dificultad para responder con agilidad a las preguntas puede desembocar en un absoluto desastre. Por eso mismo sé que trabajar con una fórmula probada a la hora de entregar los mensajes no solo ayuda al destinatario, sino que también contribuye a mantener continua y constante la energía del médium.

Cuando era estudiante aprendí uno de los mejores métodos que conozco para entregar mensajes: la fórmula CERT. Esta manera única de facilitar la información utilizando una estructura fija es obra de un brillante médium galés llamado Stephen O'Brien. Tuve la increíble oportunidad y el honor de verlo en vivo sobre un escenario, trabajando en estrecha colaboración con Coral Polge, en el Reino Unido. Él facilitaba las pruebas y evidencias mientras ella dibujaba a la persona del Espíritu con la que él había enlazado. Contemplarlos trabajar en equipo para traer a la gente del Espíritu era fantástico.

Pero continuemos con la fórmula CERT. Aunque muchos médiums británicos la utilizan, fue Stephen quien la explicó en público y le dio su nombre. Utilizo esta fórmula cuando enseño y, si el lector está estudiando y desarrollando su capacidad como médium, le recomiendo encarecidamente que la pruebe. Al utilizarla la gente del Espíritu comprende cómo quieres trabajar, y hará todo lo que esté en su mano para colaborar.

Esta útil fórmula nos proporciona un orden secuencial para contactar con el espíritu, confirmar quién es y saber por qué da un paso adelante para hablar con su ser querido o amigo a quien va destinado el mensaje. La fórmula se creó con la intención de hacer todo esto en orden, de manera que haya un flujo natural y lógico de la información. He aquí a qué corresponde cada una de las letras de la fórmula CERT:

- **C = Comunicador.** En primer lugar, es necesario confirmar la identidad del espíritu. El espíritu comunicador enviará información para indicar si es hombre o mujer, adulto o niño, y a qué edad y cómo falleció. A menudo aportan también otros datos, como descripciones físicas o de la relación que mantenía con el destinatario.
- **E = Evidencias.** Una vez identificado el espíritu, nos llegan más pruebas que validan el mensaje. Esta información puede constar de nombres, aficiones, recuerdos especiales, características personales y particularidades individuales. Además puede incluir información geográfica, fechas importantes, mascotas, y con frecuencia una prueba de que el espíritu es consciente de lo que está ocurriendo en la vida del destinatario. Construir esta evidencia es vital, porque le permitirá al mundo del Espíritu edificar el puente por el cual transitará el amor. Todo esto forma parte del proceso de validación del ser querido que se presenta.
- **R = Retorno.** ¿Por qué ha decidido el espíritu retornar con un mensaje en este momento? Es justo ahora cuando el médium

entrega mensajes verdaderamente emotivos. Podría ser porque el espíritu quiere asegurarle a su ser querido que todavía está con él; o podría tratarse de un mensaje de perdón, de amor y de apoyo, además de una guía. Estos mensajes emotivos pueden cambiar la vida de aquellos que atraviesan un duelo. Pero no solo afectan al destinatario; cuando se entregan en público, toda la audiencia se beneficia al saber que sus seres queridos también siguen adelante y están a salvo.

- **T = Trabar los cabos sueltos.** La última parte de la fórmula consiste en atar todos los cabos sueltos y encajar todas las piezas. A veces el médium puede revisar todo el mensaje, y, otras, solo parte de la información recibida. Es también el momento en el que el médium tiene la oportunidad de encajar en su lugar cierta prueba que el destinatario no ha entendido previamente. Ningún asistente debería volver jamás a su casa con más respuestas negativas que positivas. Las palabras de amor también son frecuentes en este momento.

A continuación quiero compartir con el lector una historia real para ofrecer una comprensión más profunda de cómo funciona la fórmula a la hora de dar un mensaje. A lo largo de mi carrera yo he entregado muchas misivas, pero como vienen *a través* de mí y no proceden *de* mí, muchas se me olvidan; estaban destinadas a otras personas, no a ser conservadas en mi memoria. No obstante, en ocasiones, hay mensajes y personas del Espíritu tan extraordinarias, que sigo recordándolas durante mucho tiempo.

Si tuviera que utilizar esta lectura como ejemplo de la fórmula CERT, dividiría el mensaje en las siguientes partes:

El comunicador

Hacía un bonito día de otoño en Arizona cuando asistí como médium invitado a una convención sobre la vida después de la muerte. En el acto participaban muchos oradores: médiums, expertos en duelo, chamanes, científicos, eruditos, terapeutas, médicos, enfermeras y especialistas en cuidados paliativos. El objetivo de la conferencia era proporcionar sabiduría y apoyo a aquellos que se enfrentaban al fin de sus días, además de aumentar la conciencia sobre el tema de la vida después de abandonar el cuerpo físico a través de un acercamiento místico a la muerte y al duelo.

Aquella tarde en particular, mi trabajo consistía en demostrar la comunicación espiritual a través de mi labor como médium, ya que cientos de personas del público jamás habían visto antes trabajar a ningún profesional en vivo. Comencé con mi breve introducción habitual sobre cómo trabajo y qué pueden esperar de la demostración, e inmediatamente sentí que se presentaba el espíritu de un hombre bastante feliz. Me sentía como si estuviera hablando con el caballero más risueño del mundo; en cuanto conecté con él, no pude dejar de sonreír. Aquel hombre amaba la vida y a su mujer, y todo el mundo le quería. Sencillamente estar en su presencia te hacía sentir feliz.

Llegó el momento de entregar lo que estaba recibiendo: «¡Eh, amigos! ¡Tengo aquí a un tipo estupendo con una gran personalidad! Me está alegrando la tarde, y siempre se le ha conocido por estar constantemente feliz. Creo que murió de un ataque repentino al corazón, pasados los setenta años de edad. Quiere hablar con su mujer. Además no hago más que oír un nombre… Suena algo así como Tina, Tiny, Tony o Tino. De lo que sí estoy seguro es de que lleva una *t* y una *n*, y es un nombre corto».

El público era numeroso, pero vi que una mujer levantaba la mano. Me dirigí a ella: «Hola, querida, ¿tú entiendes lo que dice?».

Ella se echó a reír, y todo el público se giró para oírla hablar. «Me llamo Lori, y mi marido murió el año pasado de un ataque al corazón, con 77 años. Era una persona muy feliz, y todo el mundo le quería. Se llamaba Tino».

«¡Estupendo!», contesté yo.

Mientras hablaba con ella, sentí que Tino era un gran amante de los coches grandes; en mi mente lo veía todo orgulloso, feliz y relajado, conduciendo un Cadillac enorme. Así que continué con la lectura: «¡Pues ahora veo cómo pasea en un gran Cadillac! ¿Entiendes eso?»

Lori contestó de inmediato: «¡Ah, es que le encantaban los coches!». Yo sentí que adoptaba las maneras y modos de moverse de Tino; tanto ella como el resto del público estaban muy entretenidos. De hecho comencé a actuar como si fuera él, imitando su forma de conducir y de sonreír. Él había conectado y se fundía tanto conmigo que no pude evitar quedar eclipsado por su espíritu y su personalidad.

«Me está hablando también de no sé qué relacionado con la caridad. ¿Sabes a qué se refiere?», le pregunté a Lori.

«No, John, eso no lo entiendo».

«No importa. Dejémoslo por ahora», contesté.

«Hay una última cosa de la que él me está haciendo muy consciente. Debió de tener varias mujeres, porque me está diciendo que cuando, por fin, se casó contigo finalmente acertó. ¿Lo entiendes tú?».

Lori soltó una carcajada. «Sí, John. Yo fui su cuarta mujer, y al final acertó». Al terminar no pude sino expresar y repetir el amor que él sentía por Lori. «¡Vaya! Tino te quiere de verdad y te sigue amando desde el otro lado. Gracias, Lori, por colaborar conmigo».

Las evidencias

En mi mente, Tino me estaba enseñando sus dos pies, pero yo estaba un tanto confuso porque parecía que no tenía dedos. En mi experiencia vital con los Espíritus, esto podía significar cualquiera de las dos cosas que voy a explicar más adelante. Era un hombre muy inteligente, porque estaba utilizando mis recuerdos para procurarle a su mujer más pruebas de que era él.

«Querida, puedo sentir perfectamente el amor y la felicidad que él supuso tanto para ti como para muchas otras personas. ¡Qué placer conectar con él! ¿Entiendes tú eso de que adoraba el agua?».

«¡Sí, sí!», contestó Lori, que no hacía sino validar continuamente la información, asintiendo con la cabeza.

«Ahora me está enseñando una cosa que no comprendo. Me hace sentir que él no solo ha perdido los dedos de los pies, sino casi los pies enteros. De hecho le han cortado los dos pies. ¿Eso lo entiendes?»

«Sí, por supuesto. Tuvieron que cortarle ambos pies porque desarrolló una diabetes severa», confirmó Lori.

El público no tenía ni idea de lo que estaba ocurriendo en mi cabeza, mientras me fundía con Tino. En mi mente yo veía la imagen del buceo. Supe de inmediato (ya que yo también tengo el certificado de buceador) que él también adoraba el agua. Una vez más, Tino estaba utilizando mis recuerdos personales y mi base de datos visual para mostrarme las pruebas de que era él.

Siempre entrego los mensajes tal y como me llegan, sin analizar en exceso la información, así que continué hablando: «Ahora Tino me está mostrando cuánto le gustaba quedarse nadando en la piscina, y yo le he preguntado cómo podía hacerlo con solo la mitad de los pies y con esas heridas debidas a la diabetes. Pero entonces él me ha enseñado un equipo de buceo que le hicieron especialmente para él, para que pudiera seguir nadando. ¿Tiene sentido esto para ti?».

Era evidente que todo el público estaba disfrutando de la lectura, y que Tino les caía tan bien como a mí.

«Sí, John. Tino tenía unas botas de goma especiales que se sellaban en la parte baja de la pierna y que le mantenían los pies secos».

El retorno

«¡Vaya, este tipo me encanta! —continué—. Tino quiere que sepas que aunque él haya fallecido, tienes que seguir adelante con tu vida y ser feliz. Quiere que te dé las gracias por todo lo que hiciste por él en vida, porque dice que, cuando te conoció, fue la persona más feliz de la Tierra. Él sabe cuánto le echas de menos, pero quiere que pases página. Dice que estará esperándote cuando te llegue la hora, pero que todavía falta mucho. Él no se ha ido a ninguna parte; sigue muy cerca de ti, y siempre te querrá».

Trabar los cabos sueltos

«Bueno —continué—, ahora que voy a cerrar la conexión con él, quiero que sepas cuánto te quería Tino y cuánto amaba la vida. Ya sabes que siempre estaba dispuesto a celebrar una fiesta en la piscina, con unas cuantas copas y unos aperitivos. Además le gustaban mucho los coches, y a pesar de tener solo la mitad de los pies, seguía jugando al golf y viviendo a tope la vida, sin dejar de hacer lo que más le gustaba. ¿No es así?».

«¡Oh, sí, así es», contestó Lori.

«¿Te acuerdas de que antes he mencionado la caridad, y tú no sabías qué podía significar?».

«Sí, lo recuerdo», dijo ella.

«Creo que se refería a una fundación con la que él estaba relacionado».

«Eso sí que lo comprendo; él ayudó a fundarla. La fundación se dedica a ayudar a conservar el ecosistema del lago de Ilopango, en El Salvador», contestó Lori con una sonrisa.

Para terminar le dije a Lori que había sido un placer conectar con Tino para entregarle un mensaje tan especial. Y, por último, añadí: «Él ahora está tan vivo como cuando estaba aquí. De hecho, se siente todavía más vivo allí. Quiere enviarte su amor una vez más. Gracias por trabajar en colaboración conmigo, Lori. Dios te bendiga».

Todos nos beneficiamos de la ventaja de transmitir un mensaje estructurado con una fórmula. Por una parte, el médium conserva su energía, y, por la otra, el destinatario se acuerda mejor, en general, de todo el contenido del mensaje, en lugar de recordar simplemente frases sueltas. Y cuando la lectura se lleva a cabo delante del público, este también se beneficia pues es capaz de seguir el flujo de la comunicación y de entender cómo funciona todo el proceso. Intenta probar esta fórmula. No es el único método, pero, si te resulta ventajoso, entonces permite que la gente del Espíritu sepa que estás intentando llevar a cabo tu tarea de médium de esta forma.

La ética y la moral del médium

Hacer un servicio a aquellos que moran en el mundo del Espíritu, además de a quienes siguen aquí, en el dominio físico, es una vocación sagrada, y como tal debería tratarse. La tarea del médium, cuando se practica de forma profesional, debería ser considerada como una actividad sumamente honorable, pues se trata de dedicar la vida a este servicio.

La gente busca a los médiums por razones diversas. Algunos están afligidos por una pérdida y atraviesan una fase de duelo, mientras que otros puede que busquen la guía espiritual. Pero sea lo que sea lo que necesiten, nuestro trabajo como auténticos profesionales es apreciar esa sensibilidad que tanta falta nos hace. La gente a menudo se acerca a nosotros esperando que seamos capaces de ayudarlos de alguna forma. Nuestra carga y nuestra responsabilidad a la hora de entregar el deseado mensaje son inmensas. Si un día no consigues sintonizar y es imposible crear el vínculo, o si llega otro espíritu en lugar de la persona deseada, entonces es fácil ver la desilusión en el rostro de tu cliente. Y, no obstante, si el enlace es fuerte y el mensaje está a punto de llegar, contemplar esos sentimientos de consuelo, de clausura y de sanación es una delicia. Tenemos que intentar ayudar en la medida de lo posible, y tratar a aquellos que buscan nuestro consejo con la mayor compasión y ternura. Todos los médiums deberían luchar por convertirse en médiums con una alta calidad moral y ética.

Considero un honor y un don el hecho de ser capaz de comunicarme con el dominio espiritual. Como ya he dicho antes, esta habilidad no procede de nosotros mismos. Puede que seamos la vasija o el recipiente receptor, y que hayamos comprendido la mecánica con la que fluye la comunicación con el espíritu; pero debemos recordar que esta capacidad proviene de Dios, la Fuente, un poder más alto, o como quiera que el lector prefiera llamarlo. Y en consecuencia debemos intentar dejar al margen nuestros egos, y no permitir que se aprovechen de esta sagrada y honorable habilidad. Cuando realizo este trabajo, animo a la gente a mostrarse humilde, agradecida y respetuosa con estas capacidades espirituales, y a tener el corazón siempre lleno de gratitud. Acuérdate de que estamos tratando de levantar un puente que una este mundo con el del Espíritu, y que para ello tenemos que elevar nuestra propia conciencia y, con suerte, la de aquellos a los que servimos.

Quiero cerrar esta sección del libro añadiendo que espero que todos mis consejos, además de la información que he compartido, puedan servir de ayuda al lector (bien sea un médium en desarrollo o un profesional) en el momento de ponerse a trabajar con los demás. No debemos olvidar que cuando alguien pide ayuda, sea o no la primera vez que consulta a un médium, se trata de una persona muy vulnerable, y que, por tanto, es posible que surjan muchas emociones y sentimientos durante la sesión. Mostrarte compasivo ayudará a esa persona a resolver el problema y a sanar; a menudo esa única lectura puede abrirles todo un mundo nuevo. A la larga puede incluso ayudarla a conectar con su propio poder espiritual y con su propósito mientras continúa con su vida.

¿Cuál es la ética y la moral del médium?

Yo intento practicar lo que predico, y creo apasionadamente en el valor de tener una ética firme. Dedico parte del tiempo de mis talleres a difundir las siguientes normas éticas entre mis alumnos:

- La honestidad y la sinceridad son absolutamente imprescindibles.

- Trabaja con la mayor integridad y con las mejores intenciones.
- Invoca a esa luz blanca universal para que te rodee, y pídele que envíe solo el mayor bien de todos.
- Debes tratar toda lectura privada con absoluta confidencialidad.
- Los médiums no deberían hacer predicciones. Aprende a discernir entre la información «psíquica» y lo que te llega a través de la comunicación con el «espíritu». Si estás trabajando a nivel psíquico, advierte a tu cliente que la información *no* procede del espíritu, sino que se trata de tu intuición. Dile que el futuro no está escrito en piedra; incúlcale la importancia de la libre voluntad.
- No le hagas creer a aquel que te ha pedido una lectura que eres el único que puede ayudarle. Hazle entender que eres como todos los demás; que no lo sabes todo. Es correcto ayudar cuando puedes, pero ningún médium debería permitir que nadie se hiciera dependiente de él. Haz tu trabajo lo mejor que puedas, con cariño y compasión. Asimilar el hecho de que un ser querido sigue vivo en el mundo del Espíritu y de que continúa formando parte de nuestra vida es algo que depende únicamente del destinatario del mensaje. Puede que alguien necesite además un consejo, si se halla en una fase de duelo, recomiéndale a un terapeuta adecuadamente entrenado.
- No hagas declaraciones o afirmaciones exageradas. Ningún médium puede garantizar qué espíritu en concreto se presentará.
- No predigas una muerte. Yo jamás he recibido este tipo de información durante una lectura, pero en una ocasión me sentí inspirado y le recomendé a una mujer: «Ve a visitar a tu abuela». Tres meses más tarde, la abuela de aquella señora murió, y, si yo no le hubiera dicho eso, ella no habría llegado a tiempo de despedirla. Yo no lo sabía, porque nadie me dijo que iba a morir; sencillamente me sentí inspirado a decir esas palabras.

- No embellezcas el mensaje. No trates de añadir una información que no te consta para intentar que resulte más interesante.
- No entregues nada tuyo con el mensaje; no lo empañes con tus opiniones y creencias personales.
- En el momento de ofrecer la información recuerda que se trata de un equilibrio o término medio entre la *impresión* y la *expresión*. Siempre hay formas y formas de decir las cosas. Por ejemplo, si te ha impresionado ver una escena en la que alguien muere trágicamente, entonces ten cuidado al expresar ese dato. Puede que el destinatario del mensaje se halle todavía en la fase del duelo. No es necesario hacerle revivir la experiencia. Para un médium contar con una naturaleza inherentemente sensible es una gran virtud.
- No abordes directamente a una persona para entregarle un mensaje que has recibido, porque ella no se lo espera. Demuestra siempre el mayor respeto por la fe y las creencias de las demás personas, así como por su intimidad.
- ¡No juegues a ser médico! Incluso aunque sientas preocupación por la salud de una persona, tu trabajo no consiste en hacerle un diagnóstico (a menos que tengas el título oficial). Aconseja siempre a tu cliente que busque asistencia médica.
- Un médium jamás debe dirigir la comunicación espiritual bajo la influencia de las drogas o el alcohol.
- Discierne cuándo una persona necesita a un terapeuta en lugar de a un médium.
- Asiste a clases sobre el proceso del duelo para capacitarte y servir mejor de ayuda a aquellos a quienes entregas los mensajes. No eres un consejero, pero siempre conviene comprender este proceso.

Como médium que practica una buena ética y moral conquistarás no solo el respeto del público que te busca, sino igualmente el de la gente del mundo del Espíritu. No tardarás en convertirte en un médium íntegro, respetado y reverenciado. Creo firmemente en las palabras: «Aquello que siembras, eso recoges».

En otras palabras: haz un buen trabajo, muéstrate siempre humilde y agradecido, y aporta todo lo que puedas. Al hacer esto no solo te serán devueltas las bendiciones del universo y del cielo que compartiste con tus dones, talentos y habilidades, sino que además contribuirás a la revelación de las capacidades de otras personas.

Espero que al leer este libro el lector haya encontrado algún tipo de consuelo y sanación en la idea de que sus seres queridos siguen vivos, vibrantes de salud y en continua comunión con él. También espero haber mostrado que siempre es posible entablar personalmente esta comunicación amorosa con ellos. Si has leído todo este material con la intención de hacerte más perceptivo a nivel psíquico o de desarrollar tu potencial como médium, entonces, por favor, sigue estudiando y progresando para poder continuar por esta senda con humildad y gracia. Intenta por todos los medios ser el mejor médium posible y permanecer enraizado, de manera que puedas resultar útil no solo a aquellos que residen en el dominio espiritual, sino también a los que están aquí. Recuerda que hay muchos tipos diferentes de dones del Espíritu. A uno puede concedérsele la palabra sabia; a otro, el conocimiento y la inspiración; y a un tercero, la bendición de la sanación. Pero sean cuales sean tus dones, lo que realmente importa es qué hagas con ellos.

Una de mis metas al escribir este libro era ampliar las percepciones del lector y ayudarle a apreciar la verdad. La muerte no existe; lo que llamamos «muerte» es, de hecho, la vida al otro lado. También quería mostrar lo magníficamente sensibles que somos los seres humanos, pues disponemos de todo lo necesario para desarrollar y mejorar nuestras habilidades espirituales. Aprende a soltar todo eso que crees que son tus limitaciones humanas. Todos estamos hechos de la misma energía divina que lo impregna todo tanto aquí, en el dominio físico, como al otro lado.

A lo largo de los próximos días y semanas, acuérdate de intentar ver la belleza que reside en todas las cosas. Son demasiadas las personas que lo dan todo por sentado. Haz un esfuerzo cada vez que contemples algo, y trata también de ver y de sentir la belleza de la fuerza de la vida y del Espíritu que reside en el interior y alrededor de todas las cosas; ya sea una persona, un animal, una flor, un árbol o incluso la naturaleza misma. Conforme continúas desarrollando tu yo espiritual interior y cultivando tus habilidades, comenzarás a construir tu propio puente particular que te permitirá viajar más allá de las fronteras del mundo físico. Descubrirás dominios y realidades espirituales de los que anteriormente no eras consciente. Y conforme tus habilidades aumenten, te ayudarás no solamente a ti mismo, sino también a los demás. Entrarán la paz, la armonía y la belleza en tu vida; y esto, a su vez, creará un efecto de onda positivo que llegará mucho más lejos de lo que puedas imaginar.

Así que adelante. Permanece enraizado y abre tu corazón, tu mente y tu alma, de manera que puedas percibir y comprender estas verdades por ti mismo a través de tus propias experiencias. Te deseo lo mejor y mucha felicidad durante el viaje.

Con mis bendiciones,
John

Epílogo

❧

El don

Boston, otoño de 2014

El aire de Nueva Inglaterra resultaba vigorizante en aquel día tan especial; el glorioso follaje del otoño había despertado mis sentidos mientras caminaba haciendo crujir el manto de hojas heladas que formaba un caleidoscopio de colores amarillos, rojos y naranjas. Iba de camino a una gran convención que debía celebrarse en el histórico Back Bay Centre de Boston. El doctor Brian Weiss y yo teníamos que pronunciar sendas conferencias ante un público de más de mil personas, ansiosas por comprender sus vidas pasadas y por comunicarse con sus seres queridos fallecidos. Sin embargo, aún disponía de un poco de tiempo para hacer algunos recados. (Por increíble que pueda parecer, quienes nos comunicamos con el mundo del Espíritu también tenemos «tareas» como ir a la compra, hacer ejercicio y comprar tarjetas de felicitación para el cumpleaños de nuestros amigos). Necesitaba comprar una de estas tarjetas de felicitación porque se acercaba el gran día de un buen amigo mío. Por suerte, tropecé con una de esas características tiendas Hallmark y entré.

Estaba en la sección de cumpleaños intentando encontrar una tarjeta con la frase adecuada, cuando oí algo. Oí a alguien decir *claramente* en mi cabeza:

Compra un Snoopy.

¿Qué? Repite, por favor.

Compra un Snoopy.

No soy de esos que van por ahí comprando peluchines de lujo. Pero, una vez más, tampoco estaba realmente cuestionando esas tres palabras. Jamás lo hago, porque estoy aquí, con la mente abierta. No tardé en llegar a la sección correspondiente y alcanzar uno de esos pequeños Snoopy de peluche. En aquel momento tenía más preguntas que respuestas.

¿Quién sería el destinatario del regalo?

¿En qué momento lo pondría en sus manos?

¿Era para un niño o era un niño quien me daba la orden?

Como es costumbre en mi relación con el mundo del Espíritu, dejé que el asunto siguiera su curso.

De vuelta en el centro de convenciones, Brian hizo un trabajo maravilloso a la hora de explicar la reencarnación y montar grupos de regresión en los que la gente pudiera experimentar los recuerdos de vidas pasadas. Entonces oí las palabras: «Damas y caballeros, por favor, denle la bienvenida al escritor de *best sellers*, médium, psíquico y maestro espiritual, John Holland». Oí el estruendoso aplauso de unas 1.100 personas, y salí bajo el brillante foco de luz del escenario. Mis ojos contemplaron a un público más que preparado para oír de mis labios algo que alterase sus vidas. Pero qué ocurriría a continuación, qué *podía* ocurrir, era algo que todos nos preguntábamos. Cuando haces un trabajo de médium, jamás sabes qué vas a oír o quién se va a presentar. Es la parte más emocionante de la tarea, pero, al mismo tiempo, puede resultar un tanto angustioso. Porque todos *esperamos* que funcione. Y así es, por lo general.

¿Tenía el Snoopy en la mano cuando salí a escena? No. Después de comprarlo se lo di a mi ayudante, que lo dejó en la parte trasera del podio, en el escenario. No quería que nadie lo viera. Me pareció encantador que mi asistente le colocara un enorme lazo rojo al cuello. Yo no quería preguntar abiertamente a todo el público: «¿Alguien de aquí tiene algún tipo de relación con Snoopy?». De haberlo hecho, me imagino que muchísima gente habría levantado la mano, porque de alguna manera todo el mundo puede asociarse con la referencia Snoopy. Estoy convencido de que habría encontrado muchas asociaciones con los perros de raza beagle, con el nombre de Charlie o con cualquiera de los otros nombres de los personajes de la tira cómica. Demasiadas referencias que considerar. Quizá, al final, Snoopy viniera a casa conmigo. Tenía que esperar y seguir las instrucciones y la orientación de la persona del Espíritu que me había dicho que comprara aquel peluche, cosa que esperaba que ocurriera durante mi demostración. Así que tenía que esperar, ver... y confiar.

Pero no hubo tiempo de pensar en nada de esto. La gente del Espíritu se estaba aproximando. Ya habían llegado.

«Yo entrego mensajes», declaré ante los rostros esperanzados del público. Y aquella noche entregué muchos; uno detrás de otro. Los padres se acercaron a ver a los hijos, los maridos a sus mujeres, y los abuelos enviaron su amor, dando pruebas todos ellos de que habían sobrevivido. Hubo tanto risas como lágrimas. Hasta ese momento la tarde había ido bien, pero yo comenzaba a dudar de que fuera a entregar aquel regalo tan especial escondido detrás del podio.

Un pensamiento atravesó mi mente mientras caminaba a lo largo del escenario para dirigirme al público situado a la derecha, hacia las filas de asientos del centro: «¿Quién de los que están sentados en esta zona tiene alguna relación con alguien que trabajaba para la oficina de correos de Estados Unidos? En concreto, estoy viendo las camionetas que conducían los encargados del correo». Observé rápidamente al público, hasta ver una mano alzada. Solo una mano. Así que me acerqué más al borde del escenario, hacia una mujer llamada Tracy.

«Mi abuelo trabajaba para la oficina de correos. Arreglaba las camionetas», dijo ella.

Entonces, añadí amablemente: «Y también perdiste a tu madre».

«De cáncer de pulmón», confirmó ella.

«Tu madre dice que tu hija está aquí, con ella».

Los ojos de Tracy se llenaron de lágrimas. Ella entonces explicó que hacía años había tenido una hija que había nacido muerta.

«Tu hija sabe que tuvo dos hermanos que nacieron después de ella, pero quiere que sepas que se encuentra a salvo, con su abuela», dije yo.

Era cierto que Tracy había tenido otros dos hijos después de aquel bebé. Yo creía que con este último mensaje del más allá la convención iba a llegar a su fin, pero no era más que el principio.

«Espera un momento —continué—. Ahora me están diciendo que una persona a la que conoces ha sufrido una pérdida, y que la fallecida no tuvo tiempo de despedirse de él. ¿Quién es el que no ha contado con la oportunidad de despedirse de su madre?».

Tracy no lo dudó. Señaló a su marido, Jeff, que estaba sentado en silencio a su lado. Era un hombre alto, de rostro triste.

«Mi madre murió repentinamente de un ataque al corazón. No tuvo oportunidad de despedirse».

En ese momento se presentó la madre de Jeff, y sentí el fuerte lazo de amor entre madre e hijo. Vi incluso aparecer el número 1 sobre la cabeza de Jeff, lo que solo podía significar dos cosas: o que era hijo único, o que era su favorito.

«¿Eres hijo único?», pregunté.

«No», dijo él.

«Entonces eras el favorito, ¿no?»

«Sí», contestó él con una sonrisa. Jeff siguió contándome que en ningún momento había tenido la oportunidad de despedirse de su madre antes de abandonar este mundo, pero que sabía que no había sido por su voluntad. De hecho, ella era el tipo de madre que siempre estaba dispuesta a hacer cualquier cosa por el bien de su hijo. Yo ya lo sabía, porque la estaba oyendo decir que tenía un mensaje para su hijo que me entregaría otra persona. En ese momento sentí a otra presencia dar un paso adelante; otro espíritu estaba de pie, junto a ella, al otro lado. Vi la más enorme de las sonrisas en el rostro de un hombre que, evidentemente, era el padre de Jeff.

«Tu padre está aquí», dije yo.

«Papá murió de alzhéimer en una residencia de veteranos —dijo Jeff—. Él no recordaba...».

De pronto surgió la voz de un espíritu en mi cabeza que me recordó el regalo que escondía detrás del podio: *así que esta era la persona a la que tenía que entregarle el Snoopy.*

Rápidamente le envié un mensaje al espíritu: *gracias, esperaba que aparecieras hoy.*

Respiré hondo y dije: «No suelo hacer esto más que muy de vez en cuando, pero, en ocasiones, alguien del otro lado me pide que le traiga un regalo inconfundible y muy especial a una persona del público en una demostración. Jamás sé por qué ni para quién es en el momento de comprarlo; simplemente tengo que confiar. Y el otro día, cuando estaba en una tienda, oí a una voz pedirme que comprara un objeto muy especial». Corrí tras el podio, cogí el Snoopy y lo escondí a mi espalda. «Tengo que hacerte una pregunta extraña, Jeff, aunque puede que ninguna pregunta sea extraña», continué.

Jeff abrió los ojos de par en par.

«¿Tienes alguna relación con Snoopy?», pregunté mientras alzaba el peluche por encima de mi cabeza para que Jeff y todo el público lo vieran.

La respuesta fue evidente en su rostro.

«¡Ay, Dios! Mi padre conocía a Charles Schulz —contestó Jeff—. Viajaba todos los años a California para jugar en el Torneo de Hockey Snoopy. Trabajaba una barbaridad y jamás se tomaba un descanso como no fuera para ir al hockey. ¡Y además se le daba realmente bien! No solo jugaba, sino que también entrenaba a los jugadores y arbitraba los partidos. Y entrenaba a los equipos juveniles de muchos de los institutos de la zona. Fue el presidente de la NIHOA, la Asociación Nacional de Árbitros de Hockey sobre Hielo. ¡Todo el mundo le quería!»

Yo no supe hasta ese momento que el famoso creador de las tiras cómicas de Snoopy adoraba de tal modo el hockey y que había instalado una pista de hielo reglamentaria justo debajo de su despacho.

En 1975 había comenzado el patrocinio del Torneo Snoopy, que continúa hasta nuestros días. El torneo era todo un acontecimiento para los aficionados sénior al hockey sobre hielo y se celebraba en su propiedad de Santa Rosa, en California. Allí llegaban equipos de todo el mundo para competir, aunque solo fuera por un día.

«Charles contaba con su propio equipo, que, naturalmente, competía en el torneo. Por supuesto, se llamaba el Equipo Snoopy. Y siempre le pedía a mi padre que jugara con ellos —dijo Jeff—. Pero papá siempre le respondía con una sonrisa que para él era un honor, pero que no podía defraudar a los miembros de su propio equipo».

«¡Increíble! —dije yo—. Pues este es el mensaje de tu padre. Dice que ya no sufre de alzhéimer, que ahora se acuerda de todo… ¡que ha recuperado la memoria! Y se trata de un espíritu inteligente. ¡Vaya padre! Me llega mucho amor de él».

Me bajé del escenario y le tendí aquel peluche tan especial a Jeff. Las lágrimas resbalaban por su rostro, y todo el público se emocionó al ver aquel muñeco de peluche tan lleno de sentido.

Me pregunto si la gente se da cuenta de que los del otro lado se encargan de planearlo y arreglarlo todo para hacer llegar este tipo de mensajes. Porque yo me quedo atónito cada vez que me sucede algo así. Tuve que oír a la persona del Espíritu decirme que comprara el Snoopy justo en el momento indicado, mientras estaba en la tienda, de manera que pudiera llevármelo, esconderlo y, por fin, entregárselo exactamente a la persona para la que estaba destinado, elegida entre un público de 1.100 personas. Este no es sino otro ejemplo de cómo ellos, de hecho, ven y sienten qué es lo que pasa aquí. El padre de Jeff sabía que su hijo y su nuera asistirían a la convención y aprovechó la oportunidad. Sé que todos los mensajes son maravillosos y únicos, pero cuando me piden que entregue un determinado regalo, entonces sé que se trata de algo verdaderamente especial. Yo me llevo la fama, pero la verdad es que es el mundo del Espíritu el que hace el trabajo.

En cuanto a Jeff, ver a un hombre adulto crear una preciosa conexión entre dos mundos es algo que tanto su familia como él mismo siempre recordarán durante el resto de su vida. También yo.

Quiero recordaros que no existe esa supuesta «desaparición», y que el amor es un puente.

Quiero que sepáis que ellos están con vosotros. Siempre.

Y quiero que busquéis a mensajeros como yo, que estéis atentos a los mensajes, que sintáis su amor.

Pues ellos encontrarán el modo de hacéroslo llegar...

Glosario

Alma: se usa como sinónimo de espíritu. El alma es tu verdadero yo; pura conciencia.

Ángel: ser superior que existe en el plano celestial.

Aporte [paranormal] o regalo: son los objetos que nos envían desde el mundo espiritual.

Aura: es el campo de energía sutil que lo rodea todo y a todos. El aura humana que envuelve el cuerpo contiene información sobre quiénes somos.

Base de datos psíquica: son los recuerdos, imágenes, símbolos y signos que tienen un significado concreto y personal para ti. Puedes extraer los elementos de tu base de datos psíquica para interpretar los mensajes del otro lado.

Centro de energía: *véase* chakra.

Chakra: centro de energía del cuerpo. Hay siete chakras mayores o principales (además de muchos otros de menor relevancia) que juegan un papel muy importante en nuestra vida física y espiritual.

Chi: *véase* prana.

Círculo de desarrollo: conocido también como círculo de meditación, es la reunión de un grupo de médiums que se sientan en actitud de meditación para aprender a conectar, alcanzar y construir una relación con el mundo del Espíritu.

Círculo de médiums: *véase* círculo de desarrollo.

Clariaudiencia: habilidad psíquica para recibir información a través de la escucha subjetiva (en el interior de la mente) u objetiva (del exterior).

Clariestesia: habilidad psíquica para recibir información a través de los sentimientos, y para conocer simplemente esa información.

Cla/ividades: término con el que se conoce a un conjunto de poderes: clariviaudiencia, clariestesia y clarividencia.

Clarividencia: habilidad psíquica para recibir información a través de las señales y símbolos visuales.

Comunicación de mente a mente: *véase* transferencia del pensamiento.

Comunicación tras la muerte (CTM): conocida también como la tarjeta de visita, son las señales y símbolos que nos envían los espíritus desde el otro lado. Estas experiencias pueden producirse de muchas maneras; en general, de una forma muy personal y siempre inspirando cariño, alegría y sentimientos positivos.

Conexión alma-alma: es una forma de telepatía o de transferencia de pensamiento en la cual otra alma de la Tierra o del otro lado conecta con tu mente.

Cordón etéreo: es el cordón que conecta nuestro espíritu con el cuerpo físico cuando dormimos, ya que entonces nuestro espíritu está visitando el mundo del Espíritu para recargarse.

Cordón plateado: *véase* cordón etéreo.

Cuerpo astral: cuerpo espiritual que habitaremos después de la muerte, visible para algunos clarividentes. El cuerpo astral forma parte del plano astral.

Cuerpo espiritual: es el cuerpo más elevado, conectado con los planos más evolucionados de la existencia. Los médiums y los espíritus se comunican a través de este cuerpo.

Cuerpo etéreo: este cuerpo espiritual sirve de enlace entre el cuerpo físico y el cuerpo astral. Es el cuerpo que atrae la energía que nos da la vida, el prana.

Cuerpo físico: es el cuerpo que habitamos mientras vivimos en el plano físico (Tierra).

Cuerpo mental: es el segundo más elevado de los cuerpos espirituales.

Sanación a distancia: es la energía espiritual junto con los pensamientos de sanación de un sanador que se envían a un paciente que está a muchos kilómetros de distancia.

Descarnado: es el estado de ser de aquel espíritu que no se encuentra en un cuerpo físico; una persona espiritual (*véase* también encarnado).

Ectoplasma: materia espiritual; sustancia blanca que parece salir del cuerpo de algunos médiums durante una sesión. Puede constituirse a sí misma en un espíritu materializado o parte de un espíritu.

El otro lado: *véase* mundo espiritual.

Empático: capaz de captar las emociones de los demás.

Encarnado: es el estado del ser de un espíritu dentro de un cuerpo físico (*véase* también descarnado).

Energía espiritual: *véase* prana.

Espacio fino: es el lugar sereno y en paz donde nos sentimos más cerca de Dios, del Espíritu o del Cielo. El nombre procede de la tradición celta.

espíritu: con *e* minúscula, esta palabra se refiere a un individuo que ya no tiene cuerpo físico. Un habitante del mundo del Espíritu.

Espíritu: con la *E* mayúscula, esta palabra se refiere a Dios, la Fuente divina o el universo. En nosotros habita una chispa del Espíritu.

Experiencia cercana a la muerte (ECM): se trata de una experiencia que tiene lugar cuando una persona está próxima a la muerte, cuando el espíritu abandona el cuerpo físico.

Experiencias de muerte compartidas (EMC): fenómeno que experimentan algunas personas durante el cual comparten el inicio de la transición de un moribundo de este mundo físico al siguiente.

Experiencias prenatales (EPN): es el recuerdo de las circunstancias anteriores al nacimiento, ya sea en la Tierra o al otro lado.

Fenómeno de la voz electrónica (FVE): sonidos del Espíritu grabados electrónicamente, pero inaudibles para el oído humano.

Fuente: es otro nombre para el universo, Dios, Espíritu, el Creador, el más alto poder.

Gente espiritual: es otro nombre para los espíritus que se comunican con nosotros, en el dominio físico.

Guía espiritual: son los seres del mundo del Espíritu que nos ayudan con nuestro desarrollo espiritual a través de la inspiración y la orientación o guía en los momentos o acontecimientos importantes de nuestras vidas.

Guía: *véase* guía espiritual.

Intuición: habilidad para recibir una información aleatoria en forma de corazonada.

Lección kármica: se trata de algo que estás destinado a aprender en esta vida debido a los acuerdos con los que te comprometiste en el mundo del Espíritu, o por alguna razón relacionada con algo ocurrido en una vida anterior.

Médium: persona que conecta con el otro lado y transmite esa información. Todos los médiums son psíquicos, pero no todos los psíquicos son médiums.

Meridiano: es una red de sistemas internos del cuerpo.

Mundo espiritual: es nuestro verdadero hogar; el dominio en el que residen nuestros seres queridos fallecidos, así como los maestros ascendidos, profesores, seres celestiales, guías y ángeles. Otros nombres para este dominio son el *otro lado, Cielo, Paraíso* o *Eternidad*. El mundo del Espíritu abarca todos los planos de la existencia.

Plano astral: es el plano hacia el cual gravitamos tras la muerte. También conocido como *Summerland*.

Plano celestial: es el plano más alto y menos denso de la existencia, donde el espacio y el tiempo son irrelevantes. Se trata del lugar de residencia de los maestros ascendidos, profesores, seres celestiales, guías y ángeles.

Plano etéreo: es el plano siguiente al plano físico; el comienzo del mundo no-físico y del universo.

Plano físico: es el mundo físico en el cual vivimos: la Tierra. Es el más denso de los planos de la existencia.

Plano mental: es uno de los más altos y menos densos de los planos de la existencia. En este plano, la energía se mueve más allá del concepto de velocidad, y los objetos y las cosas no permanecen bajo ninguna forma.

Prana: energía que otorga la vida; fuerza vital universal que lo recorre todo, incluyéndonos a nosotros. También llamada energía espiritual o chi en la medicina tradicional china.

Psíquico: es la habilidad para acceder, recibir y transmitir información extraída del aura de una persona o de sus objetos personales, que el psíquico debe sostener para poder leer. (Todos los médiums son psíquicos, pero no todos los psíquicos son médiums).

Revisión crítica de la vida: es el proceso que atraviesan las almas después de abandonar el cuerpo físico (ya sea después de la muerte o tras una experiencia cercana a la muerte), durante el cual experimentan todos y cada uno de los sentimientos que han provocado a los demás.

Summerland: *véase* plano astral.

Tarjeta de visita: *véase* comunicación tras la muerte.

Telepatía: es la habilidad para enviar y recibir mensajes e información a través de la mente.

Tierra: plano físico de la existencia donde residimos cuando estamos vivos.

Transferencia del pensamiento: es un intercambio de energía que funciona como enlace de comunicación sin utilizar los sentidos físicos.

Vida tras la muerte: es el estado de la existencia después de nuestro tiempo en este cuerpo físico en la Tierra.

Visiones en el lecho de muerte (VLM): fenómeno que experimentan ciertas personas justo antes de fallecer, durante el cual reciben la visita del Espíritu.

Recursos y lecturas recomendadas

❦

Bibliografía

Berkowitz, Rita y Romaine, Deborah S.: *The Complete Idiot's Guide to Communicating with Spirits*, Alpha, 2003.

Cooke, Grace: *The Jewel in the Lotus*, White Eagle Publishing Trust, 1973.

Chaney, Rev. Robert G.: *Mediums and the Development of Mediumship*, Psychic Books, 1946.

De Swarte, Lyn: *Principles of Spiritualism*, Thorsons, 1999.

Dreller, Larry: *Beginner's Guide to Mediumship*, Samuel Weiser, 1997.

Dunn, Hank: *Hard Choices for Loving People*, A & A, 2009.

Edwards, Harry: *Life in Spirit*, The Healer Publishing, 1976.

Edward, John: *One Last Time*, Berkley, 1999.

Edward, John: *Infinite Quest*, Sterling Ethos, 2012.

Ford, Arthur: *Unknown but Known*, Harper & Row, 1968.

Grimes, Roberta: *The Fun of Staying in Touch*, CreateSpace Independent Publishing, 2014.

Guggenheim, Bill y Guggenheim, Judy: *Saludos desde el cielo*, Océano Ámbar, 2009.

Hay, Louise L. y Kessler, David: *Usted puede sanar su corazón: encontrar la paz después de una ruptura, un divorcio o una pérdida*, Editorial Urano, 2017.

Holland, John: *Psychic Navigator*, Hay House, 2004

Holland, John: *Power of the Soul*, Hay House, 2007.

Holland, John: *The Spirit Whisperer*, Hay House, 2010.

James, John W. y Friedman, Russell: *Superando pérdidas emocionales*, Grief Recovery Institute, 2001.

Kessler, David: *Visions, Trips, and Crowded Rooms*, Hay House, 2001.

Moody, Raymond: *Destellos de eternidad: testimonios de experiencias de muerte compartidas*, Editorial Edaf, 2010.

Moody, Raymond A.: *Vida después de la vida*, Editorial Edaf, 2016.

Moorjani, Anita: *Morir para ser yo: mi viaje a través del cáncer y la muerte hasta el despertar y la verdadera sanación*, Gaia Ediciones, 2014.

Morse, Melvin: Últimas visiones, Editorial Edaf, 1996.

Nohavec, Janet y Giesemann, Suzanne: *Where Two Worlds Meet*, Aventine Press, 2011.

Northage, Ivy: *Mediumship Made Simple*, College of Psychic Studies, 1994.

Northrop, Suzane: *Second Chance*, Amazon Digital Services, 2012.

O'Brien, Stephen: *The Power of Your Spirit*, Voices, 2003.

Payne, Phoebe: *Mankind's Latent Powers*, Faber & Faber, 1938.

Polge, Coral y Hunter, Kay: *Living Images*, SAGB, 1997.

Rando, Therese A.: *How to Go On Living When Someone You Love Dies*, Bantam, 1991.

Chaney, Rev. Robert G.: *Mediums and the Development of Mediumship*, Psychic Books, 1946.

Roberts, Ursula: *Hints on Mediumistic Development*, Aquarian Press, 1956.

Roberts, Ursula: *Living in Two Worlds*, Regency Press, 1984.

Smith, Gordon: *Intuitive Studies*, Hay House, 2012.

Weiss, Brian L.: *Muchas vidas, muchos maestros*, Ediciones B, 2004.

White Eagle: *Spiritual Unfoldment 1*, White Eagle Publishing Trust, 2000.

White Eagle: *Spiritual Unfoldment 2*, White Eagle Publishing Trust, 2000.

Williamson, Linda: *Mediums and Their Work*, Robert Hale, 1990.

Williamson, Linda: *Contacting the Spirit World*, Piatkus, 1996.

Yogi Ramacharaka: *La vida después de la muerte*, Editorial Humanitas, 2007.

Sitios web de interés

After-Death Communication (ADC) [Comunicación tras la muerte]: una página web muy completa de Bill y Judy Guggenheim, los autores de *Hello From Heaven* (www.after-death.com).

AfterLife TV with Bob Olson [El show de Bob Olson vida tras la muerte]: es el sitio web de Bob Olson, un líder experto en la vida después de la muerte, médiums psíquicos, comunicación tras la muerte, vidas pasadas y experiencias cercanas a la muerte. Contiene entrevistas a expertos y vídeos tanto de sus investigaciones como de las de otras personas que comparten sus experiencias tras la muerte (www.afterlifetv.com).

National Spiritualist Association of Churches [Asociación Nacional de Iglesias Espiritistas]: Sitio web en el que encontrarás una lista con todas las iglesias espiritistas asociadas de los Estados Unidos (www.nsac.org).

Organizaciones

Las siguientes son algunas de las organizaciones con las que he trabajado y a las que admiro, respeto y recomiendo:

Afterlife Conference [Conferencia «Vida tras la muerte»]
Conferencia anual dedicada a proporcionar sabiduría y apoyo a aquellos que se enfrentan al final de su vida o al duelo, y también para aumentar la conciencia de la vida más allá del cuerpo físico (www.afterlifeconference.com).

Afterlife Research and Education Institute [Instituto para el Entrenamiento y la Investigación de la Vida tras la Muerte]
Organización sin ánimo de lucro que apoya los estudios de la vida después de la muerte y a los investigadores, desarrolladores, profesores y practicantes en su trabajo (www.afterlifeinstitute.org).

American Foundation for Suicide Prevention (AFSP) [Fundación Americana para la Prevención del Suicidio]
La AFSP eleva la conciencia, subvenciona con fondos la investigación científica y proporciona recursos y ayuda a aquellos afectados por el problema del suicidio (www.afsp.org).

Association for Research and Enlightenment (AFSP) [Asociación para la Investigación y la Iluminación]
Es la web oficial de Edgar Cayce y de su centro en Virginia Beach fundado hace ya más de 80 años (www.edgarcayce.org).

Circles of Wisdom Bookstore [Librería Círculos de Sabiduría]
La librería favorita de John Holland en Andover (Massachusetts). Una librería metafísica y un centro de recursos que celebra encuentros, lecturas y talleres (www.circlesofwisdom.com).

Hay House Radio [Radio Hay House]
Un canal de radio por Internet muy sugestivo e inspirador, que alberga el show radiofónico semanal de John Holland, *Spirit Connections*, además de muchos otros programas de otros autores de Hay House. www.hayhouseradio.com.

Infinity Foundation [Fundación Infinito]
Esta fundación es el centro para la educación holística líder en la zona de Chicago. La fundación ofrece sus Courses For Life® [Cursos para la Vida],

que son clases experimentales de desarrollo personal, profesional y espiritual (www.infinityfoundation.org).

The Journey Within: Spiritualists' National Union Church [El Viaje Interior: Unión Nacional de Iglesias Espiritistas]

Localizada en Pompton Lakes, en Nueva Jersey, esta reconocida iglesia espiritista es el foro en el que se presenta a muchos profesores de médiums y de otras ciencias psíquicas. Aquí podéis encontrar a algunos de los mejores entrenadores en estas habilidades (www.journeywithin.org).

Leapin' Lizards [Lagartijas saltarinas]

Librería y tienda de regalos con dos sucursales en Maine que ofrece a diario una amplia selección de *merchandising* y de clases, talleres, encuentros especiales, lecturas psíquicas y sesiones de sanación holísticas (www.leapinlizards.biz).

Lily Dale Assembly [Asamblea de Lily Dale]

Creado en 1879, este foro de reunión de espiritistas está localizado en Lily Dale, en Nueva York. El propósito de este centro es promover la ciencia, filosofía y religión del espiritismo. Algunos llaman a este foro el buque insignia del espiritismo de Estados Unidos (www.lilydaleassembly.com).

Mishka Productions: Celebrate Your Life Events! [Producciones/El show de Mishka: Celebra los Acontecimientos de tu Vida]

En este centro de Sedona (Arizona) se organizan conferencias y talleres en los que se presenta a oradores inspirados y a escritores que trabajan en los diferentes campos del cuerpo, la mente y el espíritu (www.mishkaproductions.com).

Omega Institute [Instituto Omega]

El Instituto Omega, situado en Rhinebeck (Nueva York), es una organización educativa sin ánimo de lucro dedicada por completo a una única misión, y que ofrece apoyo económico. Son pioneros en los estudios holísticos, y ayudan tanto a las personas como a las organizaciones a integrar el crecimiento personal y el cambio social para avanzar más allá del «tal y como es» hacia el «tal y como podría ser» (www.eomega.org).

***Spirit of Change* [*Espíritu del Cambio*]**

Publicada de forma independiente por su fundadora, la editora Carol Bedrosian, la revista *Spirit of Change* ha crecido hasta convertirse en la publicación holística gratuita más difundida de Nueva Inglaterra. Además esta revista patrocina la fantástica exposición «New England Natural Living Expo» [«Exposición de la Vida Natural en Nueva Inglaterra»], que se celebra todos los años en Nueva Inglaterra. John Holland afirma que es la mejor exposición a la que ha asistido jamás (www.spiritofchange.org).

Recursos en Reino Unido

Arthur Findlay College [Instituto Arthur Findlay]
Stansted Hall, Stanted Mountfitchet, Essex CM24 8UD, U.K.
El Instituto Arthur Findlay es un centro residencial donde los alumnos
pueden estudiar filosofía espiritista, prácticas religiosas, conciencia,
sanación espiritista, desarrollo espiritual y psíquico y disciplinas afines
(www.arthurfindlaycollege.org).

College of Psychic Studies [Colegio de Estudios Psíquicos]
16 Queensberry Place, London SW7 2EB, U.K.
El Colegio de Estudios Psíquicos (fundado en 1884 con el nombre de London
Spiritualist Alliance [Alianza Espiritista de Londres]) es una organización
sin ánimo de lucro situada en South Kensington, Londres. Es una de las
organizaciones más antiguas de este tipo, y, por lo tanto, la naturaleza de
su trabajo ha ido evolucionando para incorporar una exploración más
general y más amplia de la conciencia más allá de la materia. El núcleo
central de los estudios mantiene un fuerte enfoque sobre el desarrollo y
la comprensión del trabajo del médium, de la habilidad psíquica y sanadora, así como de la capacidad creciente de la ciencia para explicar y explorar estos fenómenos (www.collegeofpsychicstudies.co.uk).

**Spiritualist Association of Great Britain (SAGB) [Asociación Espiritista de
Gran Bretaña]**
11 Belgrave Road, London SW1V 1RB, U.K.
La Asociación Espiritista de Gran Bretaña (SAGB) es una organización espiritista británica. Se fundó en 1872 y actualmente ofrece clases, talleres, lecturas y demostraciones de médiums (www.spiritualistassociation.org.uk).

Información acerca del duelo

Bereaved Parents of the USA [Padres en Duelo de Estados Unidos]
Es una organización nacional, diseñada para ayudar y apoyar a los padres y a
sus familias a luchar para superar el duelo tras el fallecimiento de un hijo
(www.bereavedparentsusa.org).

The Compassionate Friends [Los Amigos Compasivos]
Organización de padres en duelo que ofrecen amistad, grupos de apoyo y
ayuda personal a nivel nacional en Estados Unidos, cuenta con diversos
centros (www.compassionatefriends.org).

Grief.com [Dolor.com]
Sitio web dedicado a la sanación del dolor dirigido por el experto en duelo
David Kessler (www.grief.com).

HelpGuide [Ayuda y Guía]
Página dedicada a la orientación sobre la salud mental y emocional para la comprensión, prevención y resolución de los retos de la vida (wwwhelp-guide.org/mental/grief_loss.htm).

Support After Suicide [Apoyo tras el Suicidio]
La comunidad de Apoyo tras el Suicidio reúne a personas en duelo a causa del suicidio. Proporcionan además educación y desarrollo profesional para la salud, el bienestar y la educación profesionales (www.supportaftersuicide.org.au).

Wings [Alas]
Información e inspiración para aquellas personas en fase de duelo y sus cuidadores. Además publican una revista trimestral sobre historias reales de viajes personales a través del duelo (www.wingsgrief.org).

Lecturas online recomendadas

«Deathbed Visions: Are Dying People Escorted to the Other Side by Loved Ones?», de Stephen Wagner, de *ThoughtCo* (www.thoughtco.com/what-we-know-about-deathbed-visions-2594507).

«The Different Planes of Existence in the Universe», de Enoch Tan, de *Great Genius Insights into Everything* (www.greatgenius.com/the-different-planes-of-existence-in-the-universe).

«Life After Death? Largest-Ever Study Provides Evidence that "Out Of Body" and "Near Death" Experiences May Be Real», de Adam Withnall, de *The Independent* (www.independent.co.uk/news/science/life-after-death-experiences-9780195.html).

«Life Before Birth», de Stephen Wagner, de ThoghtCo (www.thoughtco.com/life-before-birth-2594548).

«Picking Our Parents and Our Life Circumstances», de Erin Pavlina (www.erinpavlina.com/blog/2007/05/picking-our-parents-and-our-life-circumstances).

«Enhancing the Possibility for a Conscious, Connected and Loving End-Of-Life Experience. Shared Death Experience», de Shared Crossing Project (www.sharedcrossing.com/shared-death-experience.html).

«The Global Shared Death Experience – Shared Death Study, the Largest Global Shared Death Experience Study» (www.shareddeathstudy.org).

«What is the Spiritual Self?», de Caracolores: Awakening Our Inner and Inter-connections. (http://caracolores.com/1s-the-individual/what -is-the-spiritual-self).

Agradecimientos

❁

La verdad es que nadie escribe nunca un libro solo. Ya conoces el dicho: «Se necesita una aldea para criar a un niño».

Permitidme que exprese primero mi gratitud a Dios, al universo, al Espíritu y, por supuesto, a mis guías. La orientación y las bendiciones que me han procurado son mis más valiosos tesoros y los guardo en mi corazón y en mi alma. Me siento eternamente bendecido y agradecido. Mi servicio es un honor.

A mi familia, a la que tanto quiero: no sería quien soy sin vosotros. Gracias por todos los recuerdos que hemos compartido juntos. Estoy convencido de que todo puede constituir una experiencia de aprendizaje y un catalizador para el cambio.

Mi agradecimiento especial a mi madre, que falleció después de escribir mi último libro. Aquello que ella y yo vivimos juntos al final de su vida fue una experiencia de aprendizaje que estimo y que jamás cambiaría por nada. ¡Te quiero, Jen!

Gracias, Simon Steel, por *todo* tu apoyo, por tu serenidad, por diseñar una edición tan bonita; y, sobre todo, por ayudarme a crear otro libro… uno que, espero, inspirará a muchas personas a desarrollarse y avanzar todavía más.

A Laura Wooster, gracias por toda tu ayuda en estos dos últimos años: por tu amabilidad, tu colaboración y especialmente… tu paciencia.

Me siento auténtica y eternamente bendecido y agradecido de tener a tantas grandísimas personas a mi alrededor. Aprecio a todos mis amigos y colegas *especiales*, que me han apoyado mientras me hallaba inmerso en el proceso de escritura de este libro. Vosotros sabéis quiénes sois, jamás habría podido seguir adelante sin vuestra amistad, amor y apoyo continuos. Habéis conmovido mi corazón y mi alma para siempre.

A Louise Hay le envío todo mi amor y mi aprecio. Gracias por ser una de las mejores profesoras que he tenido la suerte de conocer y disfrutar en mi vida. Estoy convencido de que ahora inspiras a los ángeles del otro lado.

A todo el equipo de Hay House… Gracias por vuestro apoyo en todos los sentidos y en todos los aspectos. Y gracias, en especial, a Nicolette Salamanca Young, por su orientación y su sabiduría en torno a la edición.

Al equipo que pone en marcha Hay House Radio [Radio Hay House]: gracias por haberme ayudado a insuflar un poco de alma a mi programa radiofónico, *Spirit Connections [Conexiones espirituales]*, durante los últimos 13 años.

Gracias a Ann Hentz, mi diosa del tarot y colaboradora mensual en la presentación de «Psychic Tarot Hour» [«La hora psíquica del tarot»]. ¡Espero con ardor tu presencia todos los últimos lunes de cada mes! Desearía poder seguir trabajando contigo para ayudar al máximo posible de personas… siempre que quieras.

No podría terminar este capítulo de agradecimientos sin mencionar a mi adorada perra Koda. ¡Has bendecido mi vida desde el primer momento en que te vi! Sigues enseñándome y recordándome a diario que esté presente, que sea yo mismo, que me ría y, lo más importante de todo, que juegue.

Gracias en especial a todos aquellos que han compartido sus historias personales en este libro. Vuestros relatos ayudarán e inspirarán a todo el que los lea.

A mis alumnos y a ti, lector, lectora: gracias por ser mis máximos maestros en esta vida.

Y, finalmente, a todas las personas a las que soy incapaz de mencionar: solo el hecho de conoceros ha sido toda una bendición.

Sobre el autor

❦

John Holland es psíquico, médium, profesor espiritual, escritor y presentador de radio de fama internacional. Sus demostraciones proporcionan al público una visión excepcional del fascinante mundo del médium, que él ejerce con su estilo único y personal. En ellas nos explica el delicado proceso de elevar la propia energía vibratorio para conectarse con los mensajeros del otro lado; cosa que él hace con claridad, pasión y la mayor integridad. Estudió intensivamente durante dos años en Reino Unido, tras lo cual ha dedicado su vida al Espíritu. Lleva más de dos décadas trabajando como médium psíquico, y hoy en día se ha convertido en uno de los profesionales más buscados del mundo del escenario internacional.

John ha protagonizado muchos programas especiales de televisión, entre los cuales figura *A&E's Mediums: We See Dead People*, *[Médiums del Canal A& E: Vemos a Personas Muertas]*, donde nos muestra un panorama increíble de su trabajo como «máquina psíquica del tiempo», captando las vibraciones y una información detallada de acontecimientos pasados, ya sea mediante la visión, la sensibilidad o la audición. Es el autor de *best sellers* como *Power of the Soul, Psychic Navigator, Born Knowing, The Spirit Whisperer: Chronicles of a Medium*, y de barajas de cartas como *The Psychic Tarot Oracle Deck, The Psychic Tarot for the Heart* y *The Spirit Messages: The Daily Guidance Oracle Deck*, todas ellas disponibles como aplicaciones.

Este increíble autor cuenta con su propio programa semanal de radio por Internet, *Spirit Connetions [Conexiones espirituales]*, que lleva ya más de diez años emitiéndose en Hay House Radio [Radio Hay House].

John Holland ha dedicado su vida al desarrollo continuo de su don único, y su integridad pone el listón muy alto a los de su profesión. Él mismo asegura: «Si puedo ayudar a las personas a conectar con alguien del otro lado y traerles la paz, el consuelo y quizá cierto sentimiento de conclusión, entonces estimo que he hecho bien mi trabajo».

www.johnholland.com
www.facebook.com/JHollandMedium

Gaia ediciones

MENSAJES DEL ESPÍRITU

El extraordinario poder de los oráculos, los presagios y las señales

COLETTE BARON-REID

La reconocida consejera intuitiva Colette Baron-Reid desvela ancestrales métodos de conexión con la divinidad y propone divertidas técnicas mágicas que permiten dialogar con el Espíritu en un contexto moderno.

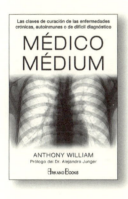

MÉDICO MÉDIUM

Las claves de curación de las enfermedades crónicas, autoinmunes o de difícil diagnóstico

ANTHONY WILLIAM

Anthony William, el único médium reconocido mundialmente como una autoridad en el diagnóstico médico, está ayudando en la actualidad a decenas de miles de personas a curarse de dolencias mal valoradas, erróneamente tratadas o que los doctores no supieron resolver.

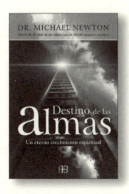

DESTINO DE LAS ALMAS

Un eterno crecimiento espiritual

DR. MICHAEL NEWTON

Es un libro diseñado para quienes desean aventurarse por primera vez en la temática de la vida después de la muerte, y aporta valiosa información a quienes ya conocen los estudios del Dr. Newton, a la vez que permite explorar el significado de la memoria espiritual mientras se leen las historias de personas en profunda hipnosis.